SLOVAK FOR YOU

Slovak for Speakers of English - Textbook for Beginners

by ADA BÖHMEROVÁ

SLOVENČINA PRE VÁS

Slovenčina pre anglicky hovoriacich - učebnica pre začiatočníkov

© PERFEKT 1996, 1998, 1999
© Ada Böhmerová 1996, 1998, 1999
Illustrations © Jitka Součková 1996, 1998, 1999
Photos © Martina Jablonská 1996, 1998, 1999
        Archív TA SR

SLOVAK FOR YOU

Author/Autorka   PhDr. Ada Böhmerová, CSc., M.A.
Illustrations/Ilustrácie   Jitka Součková
Desing/Desing   Ružena Danayová
Photography/Fotografie Martina Jablonská
Reviewers/Lektori   Assist. Prof. Louise B. Hammer, Ph.D.
                       Prof. PhDr. Ján Horecký, Dr.Sc.
                       PhDr. Jana Pekarovičová

Published by/Vydal: PERFEKT, a.s.
                       Karpatská 7
                       811 05 Bratislava
                       SLOVAK REPUBLIC

                       III. vydanie

                       ISBN 80-8046-120-1

                       BOLCHAZY-CARDUCCI PUBLISHERS
                       1000 Brown Street
                       Wauconda, IL 60084
                       USA
                       ISBN 0-86516-331-6

Library of Congress Cataloging-in-Publication Data

Böhmerová, Ada.
   Slovak for you: Slovak for speakers of English: textbook for beginners = Slovenčina pre vás: Slovenčina pre anglicky hovoriacich: učebnica pre začiatočníkov / by Ada Böhmerová.
        p.   cm.
    ISBN 0-86516-331-6 (alk. papier)
    1. Slovak language – Textbooks for foreign speakers – English. I. Title.
PG5239.3.E54B64 1996
491.8'782421-dc20

CONTENTS

Preface 3
Introduction 4
Abbreviations and Symbols 5

1. lekcia: Oslovenie a pozdravy. Zdvorilostné frázy. 6
1.1 Slovak Alphabet 1.2 Reading and Pronunciation 1.3 Feminine Surnames 1.4 *Pán, Pani* and *Slečna* 1.5 *Doktor, Doktorka, Profesor, Profesorka* 1.6 Gender. Exercises.

2. lekcia: Prvé rozhovory. 13
2.1 Cardinal Numerals 1-10 2.2 More on Slovak Spelling 2.3 More Pronunciation Rules 2.4 Personal Pronouns 2.5 *Byť* 2.6 *Mať* 2.7 Absence of Articles 2.8 Reflexive Formants *sa, si* 2.9 Word Order 2.10 Question Formation 2.11 Responses to Yes-No Questions 2.12 Responses to *Ako sa máš/máte?* Exercises.

3. lekcia: Stretnutia a rozhovory. Telefonát. Hotel. 20
3.1 Handwriting 3.2 Cardinal Numerals 11 and above 3.3 Rhythmic Shortening 3.4 Dividing Syllables 3.5 Possessive Pronouns. Exercises.

4. lekcia: Ja a moja rodina. Príbuzní. Dotazník (osobné údaje). 28
4.1 Gender Forms of Adjectives 4.2 Possessive Adjectives 4.3 Gender Forms of Interrogative Pronouns 4.4 Interrogative Pronouns *Kto, Čo* and Adjectives 4.5 Ordinal Numerals 4.6 Feminine Names of Occupations 4.7 Asking About Age. Exercises.

5. lekcia: Môj dom. Inzeráty. Protiklady. Akej farby? 36
5.1 Gender Classification of Nouns 5.2 Gender Predictability 5.3 Negative and Contrary Adjectives. Exercises.

6. lekcia: Univerzita. Pracovňa. 43
6.1 Seasons of the Year 6.2 Months 6.3 Nominative Plural of Nouns 6.4 Nominative Plural of Adjectives and Pronouns 6.5 Nouns Used Only in Plural. Exercises.

7. lekcia: Cestujeme vlakom. Užitočné výrazy. 49
7.1 Days of the Week 7.2 Present Tense 7.3 Negation of Present Tense Forms 7.4 Nouns Formed from Participles and Adjectives. Exercises.

8. lekcia: Na letisku. Letenka. Protiklady. Mapa sveta. Svetové strany. 57
8.1 Nominative Plural of Irregular Nouns 8.2 Present Tense of Irregular Verbs 8.3 Names of Countries 8.4 Gender-Related Forms of Cardinal Numerals 8.5 Concord of Numerals and Nouns 8.6 Concord of Numerals and Verbs. Exercises.

9. lekcia: Na návšteve. Na ulici. V banke. Protiklady. Užitočné výrazy. 66
9.1 Modal Verbs 9.2 Indefinite Pronouns 9.3 Negative Pronouns 9.4 Multiple Negation 9.5 Nouns Referring to Members of Nationalities. Exercises.

10. lekcia: Večera doma. Taxík. V reštaurácii. Užitočné výrazy. Recept. 75
10.1 Accusative Singular of Nouns 10.2 Accusative Singular of Adjectives, Pronouns and Numerals 10.3 Imperative Mood 10.4 Telling the Time. Exercises.

11. lekcia: Nakupujeme: V potravinách. V zelovoci. V mäsiarstve. V novinovom stánku. Na pošte. Koľko? 86
11.1 Accusative Plural of Nouns. 11.2 Accusative Plural of Adjectives, Pronouns and Numerals. 11.3 Accusative Singular and Plural of Personal Pronouns. 11.4 Expressing Quantification. Exercises.

12. lekcia: V kníhkupectve. Ľudia a knihy. Kto je kto? Kedy v minulosti? M. Rúfus: Básnik sa modlí za deti. Literárne žánre. 94
12.1 Past Tense 12.2 Degrees of Comparison of Adjectives 12.3 Possessive Pronoun Svoj. Exercises.

13. lekcia: Hľadáme na mape. Slovensko. Novinová správa. Niektoré slovenské mestá. Niekoľko „naj-". 104
13.1 Forming Adverbs from Adjectives 13.2 Degrees of Comparison of Adverbs 13.3 Conditional Mood 13.4 Conditional Sentences 13.5 *Sa* As an Impersonal or Passive Reflexive Formant 13.6 Adjectives Pertaining to Nationalities 13.7 Adverbs Pertaining to Languages. Exercises.

14. lekcia: Korešpondencia. Pohľadnice a pozdravy. Úradné listy. 114
14.1 Perfective and Non-Perfective Verbs 14.2 Future Tense. 14.3 *Mať* As a Modal Verb 14.4 *Človek* As an Indefinite Generic Reference 14.5. The Adverbial Pronoun Sám 14.6 *Radšej* 14.7 *Nech* As an Imperative Particle 14.8 The Style of Correspondence. Exercises.

Appendix: 1. Spelling Data: a) Words Spelled with *y* b) Words Spelled with *ä* 2. Declension Patterns: a) Nouns b) Adjectives c) Pronouns 3. Measures and Weights 4. Names in the Calendar 5. Bank Holidays 6. Bibliography of Selected Books on the Slovak Language and Slovakia 7. Brief Survey of Slovak History 122

Dictionary 128
Map of Slovakia 142

Preface

The idea of writing this textbook arose during the first year of my Fulbright lectureship of Slovak language and culture at John Carroll University in Cleveland, the USA.

Although I was familiar with practically all the available teaching materials and their merits, I still very intensively felt the need for a textbook of Slovak that would suit the teaching of my regular full-time university students, as well as the students in my evening classes who were mostly enthusiasts from the Slovak American community and their family members or friends. I felt the need for a textbook that would, above all, be written in modern contemporary Slovak by a native speaker, but at the same time from the point of view of a learner who is a native speaker of English. As I went along in teaching, I kept preparing my own little materials and strategies for my students, trying to fill this need. At some point in 1993, within the first year, I realized I might as well consider writing something more consistent than just individual texts and exercises. It was somewhere then that the idea of attempting a textbook of Slovak for speakers of English was born. What follows are the results of my efforts.

The textbook could not have arisen without my students of Slovak. They were its raison d'être, they were also the first ones to be exposed to and test its initial fragments, they were my challenge and constant inspiration. I owe them a lot of sincere thanks for a number of interesting ideas and useful comments, for their encouragement, their patience with the budding materials and their enthusiasm for Slovak. John Carroll University and its Department of Classical and Modern Languages and Cultures provided for our Slovak studies not only the roof, but a wonderful atmosphere and overall support, for which I would like to express my gratitude.

Now that the textbook is in the final stage of preparation I feel how obliged I am to a number of people without whose help it would not be published. I owe special thanks to its reviewers, Assist. Prof. Dr. Louise B. Hammer, Prof. Dr. Ján Horecký, DrSc., and Dr. Jana Pekarovičová, for their careful scrutiny of the text, their expertise, corrections and valuable contributions to its final version. For suggesting corrections of the English in the book I owe much gratitude to Mr. Martin Ward. Last but not least I am thankful to the Perfekt publishers for all their input into the project and for presenting my text to its best advantage.

Finally, I would like to thank my husband Milo and our son Martin for being always at my side throughout this project, and to our family and friends, both in Slovakia and in the US, for caring.

Ada Böhmerová

INTRODUCTION

This textbook of Slovak is designed for all those who are interested in beginning to learn Slovak. Its intention is to provide texts, linguistic information and guidance to university students who are native speakers of English, as well as to all those coming from various walks of life who decide to master individually or in Slovak classes the basics of this deep-rooted but modern central European Slavic language. With very special thoughts it is intended also for - and, in many ways above all for - the numerous Slovak Americans and people of Slovak descent in other countries who want to rediscover and revive their Slovak legacy. Last but not least, it is designed to help teachers of Slovak in English-speaking environments.

Each of the twelve chapters contains the introductory text(s), the corresponding vocabulary listing the Slovak words and phrases and their English equivalents, grammatical and lexical patterns and linguistic explanations, and a number of exercises. Depending on the extent and intensity of work, the content of the textbook could be mastered within one or two terms.

The introductory texts were written as dialogs and/or monologs exemplifying the functioning of Slovak, and act as linguistic introductions to the particular basic themes. By their content they provide linguistic and non-linguistic information, as well as stimulate the usage of the language. The texts are in standard Slovak, most of the chosen vocabulary items belonging to the most frequently used words and phrases, but also included are some terms and colloquial expressions commonly used in modern contemporary Slovak. However restricting the scope of the familiarity of the students with the language might be in studying the language, in conceiving the textbook we always bore in mind the need for the communicative naturalness and authenticity of the texts. As a result, the choice of the particular grammatical phenomena present in them was not a governing principle, but was a function of the combination of the communicative needs and possibilities within the given stages of learning the language.

The vocabulary accompanying the texts lists the Slovak words used in them, with their grammatical and, if necessary, communicative characteristics, and, of course, their English equivalents. Usually, only the equivalent concerning the actual meaning of the word or phrase in the particular text is given. If at some point later in the textbook the same word occurs in a different meaning, in the vocabulary of that chapter it is listed again, with only the meaning it has in that particular lesson. The vocabulary contained in the lessons of the textbook is compiled into a dictionary which forms a separate section of the textbook and lists each lexical item with all its meanings found in the textbook. The vocabulary in the lessons contains some entries presenting only a particular grammatical form of a word if the form occurs before a systemic grammatical presentation concerning the given word. In the final dictionary the same word is presented in its established dictionary form, i.e. the basic form and the systemic lexicographical data. For the sake of the completeness of the data for reference, the systemic grammatical data are, as a rule, given with each word beginning with the first lesson, and they can be temporarily - so to speak - „disregarded" until they are respectively explained in the textbook. Not included in the dictionary are words used in the textbook only to exemplify some linguistic phenomena (e.g. in the explanations and exercises on rules of pronunciation) and words occurring in the lyrics of songs which as additional vocabulary could be, if necessary, checked in dictionaries. Explanations of abbreviations and symbols and of the way of presenting each word category are given on p. 5. As the textbook was conceived in an American environment and for users many of whom might be Americans, a number of the English equivalents will be found to be Americanisms.

For those users who do not mind grammar and even like it, believing that explanation facilitates language usage and understanding, each chapter offers what is believed to be an explicit and operable account of the chosen linguistic phenomena as they might be viewed from the perspective of a native speaker of English. Stress is laid not on a mere description of the phenomena, but on their contrastive English-Slovak presentation, and on offering as much predictability and transparency as possible. Our intention certainly is not to present a complete grammar of Slovak, but to provide coherent grammatical information relevant for the communicative needs of a beginner in Slovak. As the intended users are both academic and non-academic, in view of the latter users some of the explanations are simplified, simple terminology is used, and some phenomena are not presented in their full intricacy. Grammatically, Slovak is a rather complex language, and some communicative needs can be restricted by this complexity. In view of this the texts were composed in such a way that they both allow for as many communicative functions as possible, but do not confuse or overburden the students with too many grammatical phenomena at one time. The choice of the grammatical phenomena was based on their communicative importance, their frequency and the supposed ease of their acquisition by the speakers of English. Although the actual passages of grammatical explanations could be found rather extensive, the grammar itself is included in small and organized steps. The numeric ordering of explanations allows not only for organizing the linguistic information, but also for cross-referencing which, as we hope, might be found useful. Slovak grammar has of course already been handled in both textbooks and monographs (see the Appendix), some of them written in English. However, we believe that in this textbook, in addition to our perhaps throwing some new light on the functioning of Slovak from a supposed perspective of a native English speaker, thus perhaps making it more user-friendly, we have succeeded in making the explanations as explicit as possible and in presenting also some cross-linguistic issues that have not been observed or formulated so far.

Many learners of languages are badly discouraged from learning a language by the very mention of the word grammar and prefer to believe that a language, even outside its natural linguistic environment, can be learned without learning any grammar. If you are in their number and believe in miracles - which, certainly, do happen sometimes - you will probably not choose to go into reading any extensive grammatical explanations. However, you might still like to take a short glance at the sets of basic grammatical forms and patterns which in charts are highlighted in color for your convenience of quick scanning, and we hope that these can facilitate your using Slovak correctly.

The last and quite extensive part of each lesson consists of exercises. They are intended to provide a variety of tasks for receptive but, above all, productive use of the material within the classes as well as within home assignments. They are a guidance for the communicative conversational or written usage of Slovak and for practising the language and its phenomena in various contexts. In designing the exercises, as well as the texts of the lessons, the author found very useful her extensive experience in teaching English as a foreign language to Slovaks at Comenius University, Bratislava, Slovakia, from modern British, American and Slovak textbooks, as well as in being involved in contrastive English-Slovak linguistic research. For extending the contact with Slovak, some simple instructions to the exercises are given in Slovak, while the rest of them are in English. We hope that the illustrations in the textbook can be found a welcome source of inspiration for communication in Slovak.

In accordance with a long-standing tradition that has been adhered to by a number of authors of Slovak textbooks both from the United States and from Slovakia, the present work contains also lyrics and music of Slovak songs concluding each of the lessons. Most of them are traditional folk songs that are known and cherished by many Slovaks, and several others that have been composed by Slovak authors.

We hope that throughout the textbook, in addition to the linguistic data on which it was focused, there can also be found information on at least some of the basic contemporary Slovak realia, as well as some general data on Slovakia. We believe that in spite of the limitations of the textbook (including its possible extent) it could perhaps be instrumental not only in assisting students in understanding and using Slovak, but also in understanding a bit more about Slovakia.

For reference and further studies the Appendix contains some additional data. These include: some spelling data; conversion charts of measures and weights; Slovak male and female names in the calendar; Slovak bank holidays and most common religious holidays; bibliography of some books on the Slovak language and Slovakia; a brief survey of Slovak history; the dictionary; and a detailed map of Slovakia.

The textbook is designed to be accompanied by tapes with authentic Slovak recordings of texts and exercises and by a computer program for practising Slovak.

With its approximately 2000 vocabulary items (most of them selected on the basis of their communicative frequency) contained in the texts, basic patterns of the chosen grammatical phenomena and numerous exercises, the textbook is designed to enable the student to understand Slovak and use it in common everyday situations, as well as read and produce texts on a number of commonly occurring themes. After studying from it the student can reach an intermediate or lower-intermediate level of command of Slovak.

We hope this textbook can provide guidance, inspiration and gratification from the efforts invested in learning Slovak. To study a language involves a lot of systematic concerted effort but, as we believe, also a lot of fun. We believe the textbook can offer grounds for both, and to those interested can make the Slovak language and Slovakia more accessible as well as more enjoyable.

ABBREVIATIONS AND SYMBOLS

Abbr	abbreviated
Acc	accusative case
+ Acc	requiring to be followed by accusative case
Adj	adjective
Adv	adverb
+Anim	noun referring to an animate being
-Anim	noun referring to an inanimate phenomenon
C	hard consonant
Č	soft consonant
Coll	colloquial
Dat	dative case
F	feminine gender
Fml	formal
Gen	genitive case
(+ Gen)	potentially (if used as transitive verb) requiring to be followed by genitive case
+Hum	noun referring to a human
-Hum	noun not referring to a human
Imper	imperative mood
Infml	informal
Instr	instrumental case
Interj	interjection
Loc	locative case
M	masculine gender
Mod	modal verb
N	neuter gender
Nom	nominative case
Nondecl	nondeclinable
NP	non-perfective verb
P	perfective verb
Pers	person (in conjugation)
Pl	plural number
Sg	singular number
[ ]	brackets enclosing pronunciation

COLORS

- TEXTS
- EXERCISES
- VOCABULARY
- GRAMMAR
- USEFUL PHRASES

METHOD OF VOCABULARY DATA PRESENTATION

NOUNS:

	1	2	3	4	5	6
profesor,		-a;	-i,	-ov	M	(male) professor
kniha,		-y;	-y,	kníh	F	book
auto,		-a;	-á,	áut	N	car
deň,	dňa;	dni,	dní		M	day

1. basic form - nominative singular,
2. ending or form of genitive singular
3. ending or form of nominative plural
4. ending or form of genitive plural
5. gender
6. English translation

ADJECTIVES AND RELATED WORDS

	1	2	3	4
pekný				nice
studený			Adj	cold
ktorý,		-á, -é		which
môj,	**moja, moje**			my; mine

1. basic form - masculine nominative singular
2. endings or forms of feminine and neuter
3. *Adj* indicating the word category when the English equivalent is not an adjective, or when it belongs to more word categories
4. English translation

Notes:

a) When the adjective has regularly formed feminine and neuter endings and corresponds to an English adjective, the endings and *Adj* are not given.
b) As a rule, feminine gender form ends in *-á/a/ia* and neuter gender form in *-é/e/ie*, e.g. *pekná, pekné; krásna, krásne; cudzia, cudzie*; for more details see rules in 4.1.
c) Possessive, indefinite, interrogative and negative pronouns having the same or analogous forms as adjectives are listed with their feminine and neuter endings or forms.

VERBS:

	1	2	3	4	5	6
čítať,		-am,	-ajú		NP	(+ Acc)
vidieť,		-ím,	-ia;	Past videl	NP	(+ Acc)
mať,		mám,	majú		NP	+ Acc
písať,		píšem,	píšu		NP	(+ Acc)
prísť,		prídem,	prídu;	Past prišiel	P	

1. basic form - infinitive
2. 1st person singular present tense
3. 3rd person plural present tense
4. past tense (listed only when irregular or not quite transparently predictable)
5. perfective *(P)* or non-perfective *(NP)* verb
6. requires (or potentially requires if intransitive) to be followed by the particular case or cases. Usually only the cases occurring in the texts of this textbook are listed.

Imperative:

1	2
čítaj/čítajte	*(Imper of čítať)*

1. 2nd person Sg - informal
2. 2nd person Pl; 2nd person Sg - formal

For the formation of the imperative see 10.3.

SLOVAK FOR YOU

1. lekcia

Oslovenie a pozdravy

pán Horák
pani Horáková
slečna Nováková
pani Eva
slečna Mária
Katarína
Peter
otec
mama
pán doktor
pani doktorka
pán profesor
pani profesorka

Dobré ráno!
Dobrý deň!
Dobrý večer!
Dobrú noc!

Dovidenia!
Zbohom!
Ahoj!
Ahojte!
Čau!
Nazdar!
Servus!

SLOVNÍK

a and
abeceda, -y; -y, abecied *F* alphabet
ahoj *(Infml Coll greeting between two friends; used also between children and teenagers)* hi, bye
ahojte *(Pl of* ahoj*; used in the same situations as* ahoj*, but when greeting more than one person)* hi, bye
angličtina, -y; -y, angličtín *F* English language
cesta, -y; -y, ciest *F* trip; road
cvičenie, -ia; -ia, -í *N* exercise
čau/te *(Infml Coll greeting, used mostly by young people)* hi/bye
čítaj/te *(Imper of* čítať*)* read
čítať, -am, -ajú *NP + Acc* to read sth
ďakovať, ďakujem, ďakujú *NP + Dat + za + Acc* to thank sb for sth

ďakujem (I) thank (you/sb)
deň, dňa; dni, dní *M* day
dobré ráno good morning
dobrú chuť bon appétit
dobrú noc good night
dobrý *Adj* good
dobrý deň greeting during daytime *(not in the evening or at night; compare to Australian „good day")*
dobrý večer good evening
doktor, -a; -i, -ov *M* male doctor
doktorka, -y; -y, -riek *F* female doctor
dovidenia see you, good-bye
fráza, -y; -y, fráz *F* phrase
lekcia, -ie; -ie, -ií *F* lesson
mama, -y; -y, mám *F (Infml)* mom

6 SLOVAK FOR YOU

Nech sa páči./Prosím.
Ďakujem.
Prosím.

Dobrú chuť!
Ďakujem. Podobne.
Ďakujem.

Na zdravie!
Na zdravie!

Na zdravie!
Ďakujem.

Šťastnú cestu!
Ďakujem.

Zdvorilostné frázy

1.1 SLOVAK ALPHABET - Slovenská abeceda

		dĺžeň		¨ ^		mäkčeň	
A a	Adam, auto	Á á	Ábel, áno	– ä	mäso		
B b	Betka, brat						
C c	Cyril, cesta					Č č	Čína, prečo
D d	Dana, dom					Ď ď	Ďuro, meď
Dz dz	Dzurilla, bryndza					Dž dž	džús
E e	Eva, pero	É é	Éter, pekné				
F f	Filip, film						
G g	Gabriel, gitara						
H h	Helena, hora						
Ch ch	Chorvát, chlapec						
I i	Ivan, pivo	Í í	Ír, víno				
J j	Ján, ja						
K k	Katarína, káva						
L l	Ladislav, lampa	– ĺ	– vĺča			Ľ ľ	Ľuda, ľad
M m	Mária, mama						
N n	Nórsko, noc					Ň ň	ňuch, dlaň
O o	Oto, otec	Ó ó	óda, gól	Ô ô	ôsmy, kôň		
P p	Pavol, pán						
Q q	Quaker, aqua						
R r	Róbert, dobrý	– ŕ	– vŕba				
S s	Stanislav, syn					Š š	Šariš, náš
T t	Tatry, toto					Ť ť	Ťahanovce, ťažký
U u	Urpín, ruka	Ú ú	Úbrež, úhor				
V v	Viera, voda						
W w	Walter, watt						
X x	Xénia, xerox						
Y y	Yveta, ty	Ý ý					
Z z	Zita, vozí					Ž ž	Žilina, žena

1.1.1 Reading the Letters of the Slovak Alphabet (as represented by Slovak spelling)

A - á	H - há	N - en	U - ú
B - bé	Ch - chá	O - ó	V - vé
C - cé	I - í	P - pé	W - dvojité vé
D - dé	J - jé	Q - kvé	X - iks
E - é	K - ká	R - er	Y - ypsilon
F - ef	L - el	S - es	Z - zet
G - gé	M - em	T - té	

SLOVAK FOR YOU

1.1.2 Comments on the Slovak Alphabet

1.1.2.1 Printed letters are basically the same in Slovak as in English. For both the letters of the Latin alphabet are used.

1.1.2.2 However, some Slovak letters have the so-called diacritical marks or diacritics above or to the right side of them, and these diacritics change the phonetic (i.e. sound) quality of the letters. There are the following diacritical marks in Slovak:

′ **dĺžeň** - length mark: á, é, ó, í, ý, ú; ĺ, ŕ; Á, É, Ó, Í, Ý, Ú; note that long ĺ and ŕ do not have counterparts in capital letters;

˘ ′ **mäkčeň** - palatalization mark; the phonetic value of its two graphical variants is the same; their distribution in printed texts is conventionally conditioned by the shape of the letters (˘ for „low" letters and capitals, ′ for „tall" letters): e.g. ň, Ď, š, Č, ď, ľ, ť;

^ **vokáň** - occurs only with ô and changes its pronunciation into [wo]: kôň, ôsmy, nôž;

¨ **prehláska** - occurs only with ä. In literary and formal Slovak it is pronounced as [æ], otherwise as [e]: mäso, päť. Capital Ä can be found only in foreign words or names. In foreign words this diacritical mark can occur also with other vowels (e.g. ö, ü).

1.1.2.3 **dz, dž** - though being characters of the Slovak alphabet, are usually not enumerated within it. Similarly, usually left out in conventional enumeration are long vowels and consonants, the soft consonants ď, ľ, ň, ť and sometimes also the letter w.

1.1.2.4 **q, w, x** occur only in foreign words, e.g. aqua, whisky, taxík...

Note 1: The above letters also occur as capital letters (see 1.1), except for ä, long ĺ and ŕ which only occur as small letters.
Note 2: For the division of consonants into hard, soft and neutral see 2.2.

1.2 READING AND PRONUNCIATION
- Čítanie a výslovnosť

1.2.1 Stress

1.2.1.1 In Slovak stress is on the first syllable and it is not very marked (the stressed syllable is underlined here):
ruka, demokratický, Bratislava, Slovensko. In Slovak stress is independent of the length of vowels:
ráno, volá, veselý.

1.2.1.2 Some monosyllabic words are not stressed (unless they are the bearers of contrastive emphasis). Among these unstressed words are:
a/ monosyllabic conjunctions:
a (and), aj (also, too), i (and), že (that);
b/ monosyllabic personal pronouns in their so-called enclitic, i.e. short form, the stress being on the word preceding them:
ma, ťa, ho, mi, ti, mu, jej, ju;
c/ forms of the auxiliary verb byť:
som, si, je, sme, ste, sú.

1.2.1.3 As in Slovak prepositions are mostly pronounced together with the following word (i.e. non-syllabic and mono-syllabic prepositions), syllabic prepositions are the bearers of stress and the word that follows them is not the bearer of stress:
pred domom, za korunu, pre slečnu.

1.2.2 Relationship of Letters and Sounds

1.2.2.1 In Slovak the spelling is phonetic, i.e. there is a relatively regular and predictable relationship (except for foreign words) between letters and sounds.
In English the relationship of spelling to pronunciation is historical, and hence synchronically rather unpredictable, the same letters being read differently in different words, e.g.
drought/draught, pink/pine, I read / I have read, some/home, daughter/laughter.

1.2.2.2 As a rule, in Slovak one letter regularly corresponds to one and the same sound:
zem, rak, noha, dym.

1.2.2.3 However, there are the following exceptions to the above (1.2.2.2):
a) ô, q, x, being single letters, are pronounced as two sounds each, i.e. [wo], [kv], [ks] respectively: nôž, quartz, fax;
b) dz, dž, ch, being two-letter characters, are pronounced as one sound each:
bryndza, džem, chyba;
c) in foreign words the original spelling can be preserved: juice, computer; however, borrowed words can also have their Slovak, assimilated spelling: džús, kompjúter;
d) the regular pronunciation of some consonants can be influenced by their voiced or voiceless environment within assimilation and assibilation (for more details see 2.3), e.g.
s bratom [z bratom], vstaň [fstaň].

1.2.2.4 d, l, n, t are pronounced as palatalized (soft) if followed by -e, -i, -í, -ia, -ie, -iu in non-foreign words, e.g.

1.1.2.5 Letter Charts

Vowels	
Short Vowels:	a, e, i/y, o, u, ä
Long Vowels:	á, é, í/ý, ó, ú
Diphthongs:	ia, ie, iu, ô
Consonants	
Voiced:	b, d, ď, dz, dž, g, h, z, ž, v
Voiceless:	p, t, ť, c, č, k, ch, s, š, f
Voiced Unpaired:	m, n, j
Voiced Syllabic:	a) Short: l, r
	b) Long: ĺ, ŕ
Without „mäkčeň":	c, d, dz, l, n, s, t, z
With „mäkčeň":	č, ď, dž, ľ, ň, š, ť, ž

nazdar (slightly old-fashioned) hello; bye
na zdravie 1. to your health, cheers
　　　　　　2. God bless you (to sb who is sneezing)
nech sa páči 1. here you are
　　　　　　　2. (when offering sth) please
　　　　　　　3. after you
noc, -i; -i, -í F night
odpovedať, -ám, -ajú NP to answer
odpovedz/te (Imper of odpovedať) answer
oslovenie, -ia; -ia, -í N addressing sb
otec, -a; otcovia, otcov M father
pán, -a; -i, -ov M Mr, sir, gentleman
pani, -i/-ej; -i/-ie, paní F Mrs, lady, madam
podobne the same (to you)
pozdrav, -u; -y, -ov M greeting

deti, vidí, deň, letí, nič, neviem, ticho, platím, divadlo, nízky, diaľka, liať, dieťa, niekto, paniu.

1.2.2.5 However, there are the following exceptions in which the consonants d, l, n, t followed by -i, -í or -e are read as hard ones:
   a) the pronouns: *ten* (that), *tento* (this), (and their gender and case forms, e.g. *tej, títo, tieto,* etc.);
   b) the words: *jeden* (one), *žiaden* (none), *teda* (hence), *teraz* (now), *vtedy* (then), *slečna* (Miss);
   c) case endings of adjectives or words declined like adjectives, e.g.
      peknej, jednej, šiestemu, pekní, desiateho;
   d) in derived words in which the prefix ends in -d followed by -i/í: *predizba, predísť, odísť,* etc.;
   e) in some names: *Tibor, Dita, Tereza, Martin;*
   f) of course (as also follows from 1.2.2.4 above), no palatalization occurs in foreign words, whether proper names, e.g. *Denisa, Leonard, Denver, Nero*, or generic words (not proper names) of foreign origin (that have not become phoneticaly assimilated), e.g.
      demokracia, telepatia, liberál, termín, technika, matematika, kozmetika, terapia, študent, neón, idea, teória, displej etc.

1.2.2.6 **v** occurring in a word after a vowel or after *r* in the same syllable is pronounced as English *w*:
   spev, krivda, domov, krv.

1.2.3 Vowels

1.2.3.1 Slovak vowels differ from English vowels.
1.2.3.2 The Slovak vowels *a, e, i/y* (the latter are graphical variants of the same sound), *o, u* are more tense than their English counterparts. In their pronunciation this actually (in a simplified form) means the following:

a is pronounced with more open lips: *Adam, Alena, Dana;*

e, i/y are pronounced with more horizontal stretching of lips: *vedel, Peter, vina, kino, tenis, ryby;*

o, u are pronounced with more rounded lips: *dom, oko, zub, dub.*

1.2.3.3 The above (see 1.2.3.2) also applies for the long vowels **á, é, í/ý, ó, ú** which are pronounced as longer in comparison with their short counterparts:
   ráno, pekné, víno, nový, rybí, sóda, vedú.

1.2.3.4 As length of vowels can differentiate words, it is important to differentiate between short and long vowels in Slovak pronunciation, e.g.
   mám (I have), *mam* (delusion); *pani* (lady), *páni* (gentlemen); *dom* (house), *dóm* (cathedral); *sud* (barrel), *súd* (trial; court house), *babka* (grandma), *bábka* (puppet); *rad* (line), *rád* (glad; religious order; award).

1.2.3.5 **ä** in literary formal Slovak is pronounced as [æ], otherwise as [e]: *päsť, zmätok.*

1.2.4 Diphthongs

1.2.4.1 *ia, ie, iu, ô* are the four Slovak diphthongs. They are pronounced in the way that by English spelling could be represented as: *ia* [ya], *ie* [ye], *iu* [yu], *ô* [*wo* in *swop*], and, in addition, they are pronounced as more tense:
   viac, piatok, viem, vietor, cudziu, psiu, nôž.

1.2.4.2 With regard to length, Slovak diphthongs count as long vowels.

1.2.5 Consonants

1.2.5.1 The pronunciation of most Slovak consonants is practically identical with English consonantal sounds (though some of them having different spelling in each language), namely:

b	bol, byt, bábika	
č	čaj, číta, čin	(in English spelled as *ch*)
dž	džem, džez, džavot	(„ *j*)
f	film, fit, fajn	
g	gágať, gunár, gombík	
j	ja, moja, jedlo	(„ *y*)
m	mama, myš, dom	
n	noha, sen, nový	
s	syn, sova, sito	
š	škola, šaty, štýl	(„ *sh*)
v	víno, voda, dva	
x	fax, xerox, Xénia	
z	zima, zuby, rezať	
ž	žena, žaba, ryža	(„ *zh* in *Zhivago*)

1.2.5.2 **j, q, w** are pronounced differently from the way these letters are pronounced in English. Their Slovak pronunciation could graphically be represented in English as [y], [kv] and [v] respectively, e.g.
   jama, aqua, watt.

1.2.5.3 The following Slovak consonants differ from their English counterparts:
   a) **d, k, p, t** are not aspirated in Slovak, i.e. they are not accompanied by the [h] sound:
      dom, Dánsko, veda; kino, Katka, kilo; pero, Peter, pivo; tona, tenis, Betka;
   b) **h** is pronounced with more „force": *hora, noha, hala;*
   c) **l** is not pronounced as „dark", i.e. not with the tongue-tip turned backwards, but forwards:
      láska, lom, hala;
   d) **r** is „trilled", i.e. similar to its pronunciation in Scottish or Irish English: *ryba, rana, drevo;*
   e) **l, r** can be syllabic in Slovak, i.e. in combination with another consonant/other consonants they can form syllables:
      vlk, vrt, vlna, Štrba, žlna, trpí.

---

preložiť, -ím, -ia P + do (into) Gen (+ Acc sth) to translate
prelož/te (Imper of preložiť) translate
preložte do angličtiny/slovenčiny translate into English/Slovak
profesor, -a; -i, -ov M (male) profesor
profesorka, -y; -y, -riek F (female) professor
prosím 1. here you are
   2. (when offering sth) please
   3. (in response to ďakujem; *in Slovak it is impolite not to say anything*) you are welcome
   4. after you
   5. please
prosiť, -ím, -ia NP + Acc to ask sb
ráno, -a; -a, rán N morning
servus (old-fashioned; used by older people) hello; bye

1.2.5.4 Slovak has the following consonants which do not exist in English:
  a) *ď, ľ, ň, ť* are palatal ("soft"). They are pronounced not by touching the roof of the mouth with the tip of the tongue, but with the flattened front part of the tongue behind its tip: *meď, Ďuro, ľan, peľ, dlaň, tôňa, ťuká, ťava*; this palatalization also occurs in the cases of *d, l, n, t* followed by *i/í, e, ia, ie, iu* (see also 1.2.2.4 above).
  However, these sounds can be found in some variants of English, e.g. in *dew, lure, new, tune.*
  b) *ĺ, ŕ* which are long and (similarly to *l, r*) syllabic (see 1.2.5.3 e): *vĺča, tĺcť, kŕč, hŕba, vŕta, kŕmi*;
  c) *c* which is pronounced as [ts] in very quick succession: *cena, vec, citrón*;
  d) *dz* which is pronounced as [dz] in very quick succession: *hrádza, nevädza*;
  e) *ch* which is pronounced similarly to *h*, but with the back of the tongue approaching the back part of the roof of the mouth: *chata, chyba, chlieb.*

1.3 FEMININE SURNAMES - Ženské priezviská

1.3.1 Feminine surnames can have the following forms:
  a) *-ová* is the most frequently occurring suffix and it is added to the male family surname:
  Novák - Nováková
  Pekár - Pekárová.
  The final *-a* is dropped before adding *-ová*:
  Mrkvička - Mrkvičková
  b) If the surname is lexically an adjective in Slovak, *-ová* is not added. Instead, the final masculine adjectival ending *-ý/-y, -í/-i* is changed into the feminine adjectival ending *-á/-a* (the short vowel is used only when the syllable preceding the ending is long):
  Veselý - Veselá, Vážny - Vážna;
  c) Foreign feminine surnames also take *-ová*:
  Kellöová, Streisandová, Nagyová.

1.4 PÁN, PANI AND SLEČNA

1.4.1 The words *pán* and *pani* are polite references to adults, *slečna* is a reference to an unmarried young girl or woman. They are used with last names, degrees and professions, but often also with first names. In contrast to the speakers of English, the Slovaks do not use these with their own names.

1.4.2 Note that *pán* and *pani* are capitalized only at the beginning of sentences or statements, e.g. *Pán Novák nie je doma. Doma je pán Starý.*

1.4.3 The above words can also serve to address strangers. If used without a name, *pane* is used, which is the vocative case of the word *pán*. E.g. *Prepáčte, pane, kde je tu banka?* (Excuse me, (sir), where is the bank here?)
Pani and *slečna* do not change their form in this usage, e.g. *Prepáčte, pani/slečna.*

1.5 DOKTOR, DOKTORKA, PROFESOR, PROFESORKA

1.5.1 The words *doktor, doktorka* refer to a medical doctor and/or to the bearer of an academic title.

1.5.2 If the words *doktor, doktorka* refer to an academic title only, as a rule the Slovak bearers of these titles do not use them when introducing themselves. The same also applies for *profesor, profesorka*.

1.5.3 When addressing a doctor or professor, in Slovak, in contrast to English, the title is preceded by *pán* or *pani* (*slečna* is not used), e.g. *pán doktor, pani profesorka*.
To address a person as e.g. *profesor* or *doktorka* only would be impolite.

1.5.4 When referring to a third person, in polite or formal conversation the words *pán* and *pani* are used, too, e.g.
Je tam pán profesor Brown. Má to pani profesorka.

1.5.5 When somebody is both a Doctor and a Professor, in Slovak the latter is used when addressing the person: *Pán profesor Slivka* (Prof. PhDr. Jozef Slivka).

1.6 GENDER - Rod

1.6.1 Slovak nouns have one of the 3 grammatical genders: masculine *M*, feminine *F* and neuter *N*.
These are relevant for their case forms and gender concord. As the gender is not „natural" but grammatical, it has to be learned together with each noun.

1.6.2 In the vocabulary of this textbook we indicate the gender of each noun by *M, F* and *N* respectively (for gender predictability see 5.2). We also present the relevant case forms which are important for the pattern type and declension of each noun, and which constantly characterize each noun. The vocabulary presents the basic nominative gender singular form, then the ending or form of the genitive singular, after the semicolon the nominative plural, and the last form is the genitive plural, e.g.
večer, -a; -y, -ov *M*
mama, -y; -y, mám *F*
ráno, -a; -a, rán *N*
The case forms themselves will be studied only in the following chapters. However, for the sake of the completeness and systemic character of the vocabulary data, we present their basic forms with each word beginning in the first chapter already (for guidance on the vocabulary presentation see p. 5).

1.6.3 With adjectives we present in the dictionary their masculine form (see p. 5). As a rule, the feminine ends in *-á/a/ia* and the neuter in *-é/e/ie*, e.g.
šťastný *M*, -á *F*, -é *N*, **cudzí** *M*, -ia *F*, -ie *N*
(for more details see 4.1).

---

slečna, -y; -y, -čien *F* miss, young lady, unmarried woman
slovenčina, -y *F* Slovak language
slovník, -a; -y, -ov *M* vocabulary; dictionary
šťastnú cestu have a nice trip
šťastný happy
večer, -a; -y, -ov *M* evening
zbohom good-bye
zdvorilostný polite, concerning politeness *(used only with inanimate nouns)*

CVIČENIA

I. Čítajte, prosím:

(This and the following pronunciation exercises are aimed only at reading, hence the meanings of the words are neither given nor required to be identified or learned.)

- oko, okno, dom, dóm, domov, vodovod, bod, ráno, noc, Karol, Róbert, tony, tóny, Tono, Toronto, hotovo, okolo, Oregon, Európa, Slovensko
- mama, sama, ráno, máme, mame, rána, rana, kabát, noha, padá, rády, rady, pas, pás, hlava, jama, dáma, pani, pán, páni
- baví, robí, číta, vina, vína, viní, mína, kiná, ryby, rybí, zimy, myši, myší, uši, vlasy, syčí, vozy, vozí, nosy, nosí, činy, Čína, sily, silí, syry, závislý, rýdzi, milý
- duša, ruža, muž, rub, rúb, zub, kus, vezú, Zuzana, zuby, pulz, haluz, núdza, Turecko, Luxemburg, Utah
- kôň, nôž, vôl, vôbec, tôňa, dôvod, pôvod, kôš, tobôž, rôsol, kôpor, bôľ, kôra, stôl, pôsobí, rôzny
- viac, diaľka, piatok, sviatok, Vianoce, vidia, riad, riadi
- viem, sieť, dielo, piesok, vietor, miesto, pieseň, Viedeň, biely, svieti, lieta, piest, tieň, niečo, kvietok
- cudziu, väčšiu, menšiu, lepšiu, staršiu

II. Čítajte:

- tuto, tento, totálny, tenis, tričko, treba, tráva, tri, traja, trón, tradícia, trochu, Nitra, Prešov
- dom, dym, doba, Dana, Dušan, dobre, dva, dáva, doma, dúha, dodá, háda, rada, Dunaj
- kino, kilo, káva, kúpi, kam, kedy, kto, kolo, kapusta, kakao
- pero, pivo, pán, pani, Peter, preto, práca, pije, spí, právo, potom, popol, stop
- bubon, bábika, byt, bál, bol, treba, slabý, bar, brat, bonbón, býk, bosý, chrbát, báseň

III. Prosím, čítajte:

- ryba, rak, ráno, dobre, dobrý, večer, prosím, premiéra, príroda, robí, robota, poriadok, prúd, trúba, vrčí, hrčí, Paríž, Rím, Praha, Amsterdam, Rakúsko, Rumunsko, Bardejov, Bratislava, Stará Turá, Trenčín, Trnava, Ružomberok, Poprad
- vlna, plný, slnko, hlboký, hĺbka, dĺžka, dlhý, trpí, tŕpne, vŕzga, hŕba, kŕdeľ, kĺzačka, vĺča, vŕta, stĺp, kĺb, kŕmiť, mŕtvy, bŕ

- chyba, chorý, strach, prach, duch, chlap, chlapec, páchnuť, pochvala, chudák, charakter, chór, chlór, chabý, chata
- cena, vec, cibuľa, citrón, Cyril, Cecília, ocot, celý, otec, celkom, cval, práca, cvik, cvičenie, vrabec, chlapec, umelec
- Čína, čaj, čas, čačky, počasie, pečiem, koláč, čaro, čo, čie, čomu, plač, tečie, stačí
- fax, xerox, xylofón, Xaver, box, extra, prax
- za dom, pred dom, pri škole, pod mostom, od mamy
- život, džavot, šaty, šije, hrádza, šum, plaší, smaží, džem
- spev, hnev, dievča, krv, div, vplyv, vplyvný, dav, splav, prv, prvší, novší, stav

IV. Čítajte, prosím:

deti, dedo, delo, telo, divý, nedeľa, neviem, dediť, ďaleko, ten, ťava, ťahať, otec, teória, ťažký, titul, niť, ňuchať, dlaň, kôň, ľavý, leží, ľúbiť, ľan, jeden, tento, ľad, laď, ľadový, hľaď, vtedy, nikto, nikdy, nemá, slečna, dedí, hodí, hody, hady, hadí, Detva, Devín, ďakujem

V. Give the corresponding feminine surnames:

Novák, Kováč, Rybár, Horák, Baláž, Nový, Vážny, Veselý, Šťastný, Starý, Široký, Polák, Moravčík, Hora, Pravda, Smith, Wilson

VI. Odpovedzte:

Dobrý deň.
Ahoj.
Na zdravie.
Dobrú noc.
Šťastnú cestu.

VII. What greetings would you use in Slovak:

1. in the morning
2. during the day
3. in the evening?

VIII. Odpovedzte, prosím:

1. How would you wish somebody well in Slovak?
2. What do you say in Slovak when you offer something to somebody?
3. What do you say in Slovak when somebody sneezes?
4. How do you address people in Slovak?
5. Do you wish anything in Slovak to somebody who is eating or going to eat?
6. How would you bid farewell in Slovak?
7. Above what letters can you find ˇ and ¨ in Slovak?

IX. Preložte do angličtiny:

1. Nech sa páči.
2. Ahojte.
3. Na zdravie.
4. Šťastnú cestu!
5. Dovidenia.
6. Zbohom.
7. Servus.

X. Correct the following:

1. Dobrý chut.
2. Podóbňe.
3. Dakujém, páni doktorka.
4. Dobré véčer.
5. Dobrý noc, šľečňa Maria.

XI. Say and write down what the characters in the following situations would say:

XII. Fill in:

1. Dobrú ....
2. .... zdravie!
3. Dobrý ....
4. .... cestu!
5. Dobré ....
6. .... chuť!
7. pani .... (*doctor*)
8. pani .... (*profesor*)

XIII. Learn the following proverb:

*Všade dobre,
doma najlepšie.*

(East or west, home is best.)

XIV. Learn the following song: ▶

Tancuj, tancuj...

Stojí vojak na varte, na varte,
v roztrhanom kabáte, kabáte.
Od večera do rána, do rána,
rosa naňho padala, padala.

12 SLOVAK FOR YOU

lekcia 2.

Prvé rozhovory

Pán Horák: Dobrý deň.
Slečna Nováková: Dobrý deň.
Pán Horák: Ako sa máte, slečna Nováková?
Slečna Nováková: Ďakujem, dobre. A vy, pán Horák?
Pán Horák: Ďakujem, tiež dobre.
Slečna Nováková: Dovidenia.
Pán Horák: Dovidenia.

Peter: Ahoj, Mária.
Mária: Ahoj, Peter.
Peter: Ako sa máš?
Mária: Ďakujem, dosť dobre. A ty?
Peter: Bohužiaľ, nie veľmi dobre.
Mária: Prečo?
Peter: Lebo zajtra mám skúšku.
Mária: Tak veľa šťastia. Ahoj.
Peter: Ahoj.

•

Pán Mrkvička: Dobré popoludnie, pani Veselá. Tak ako?
Pani Veselá: Ďakujem, chvalabohu, celkom dobre. A vy?
Pán Mrkvička: Jaj, nie dobre. Mám chrípku.
Pani Veselá: Už dlho?
Pán Mrkvička: Už tri dni.
Pani Veselá: Ajajaj. No, všetko dobré. Dovidenia.
Pán Mrkvička: Dovidenia.

•

Pán Sokol: Dobrý deň, pán Straka.
Pán Straka: Dobrý deň.
Pán Sokol: Vitajte.
Pán Straka: Ďakujem. Ako sa máte?
Pán Sokol: Ja dobre. Ale ako sa máte vy?
Pán Straka: Ďakujem, dobre. Len som trochu unavený. Je to dlhá cesta. Ale som rád, že som už tu.
Pán Sokol: Nech sa páči, sadnite si.
Pán Straka: Ďakujem. Máte pekný dom.
Pán Sokol: Ďakujem. Prosíte si kávu, čaj alebo whisky?
Pán Straka: Prosím si kávu.
Pán Sokol: Moment. Nech sa páči, káva.
Pán Straka: Ďakujem. A kde je pani Sokolová?
Pán Sokol: Nie je doma. Je v práci. Ale o chvíľu je tu.
Pán Straka: Prepáčte, prosím, máte cukor?
Pán Sokol: Áno, nech sa páči, cukor je tam.
Pán Straka: Ďakujem. Káva je veľmi dobrá, silná.
Pán Sokol: Fajn. Som rád, že ste tu.

SLOVNÍK

ako sa máš? how are you? *(addressed to a person with whom one is on informal terms)*
ako sa máte? how are you? *(addressed to more than one person, or to one with whom one is on formal terms)*
ale but
áno yes
bohužiaľ unfortunately
byť, som, sú; *Past* bol *NP* to be
celkom quite
cukor, cukru *(usually only Sg) M* sugar
čaj, -u; -e, -ov *M* tea
číslo, -a; čísla, čísel *N* number
číslovka, -y; -y, -viek *F* numeral
desať ten
deväť nine
dlho for a long time
dlhý *Adj* long
dobre *Adv* well, fine
dobré popoludnie good afternoon
dobré predpoludnie good morning *(used during later morning hours till noon)*
dom, -u; -y, -ov *M* house
dosť sufficiently, quite
druhý second (in sequence)
dva two
fajn all right, fine
chrípka, -y; -y, chrípok *(usually only Sg) F* flu, influenza; **mám chrípku** I have the flu

SLOVAK FOR YOU 13

2.1 CARDINAL NUMERALS 1-10
- Základné číslovky 1-10

číslo	číslovka	číslo	číslovka
0	nula		
1	jeden	6	šesť
2	dva	7	sedem
3	tri	8	osem
4	štyri	9	deväť
5	päť	10	desať

2.2 MORE ON SLOVAK SPELLING
- Ešte o slovenskom pravopise

2.2.1 *i/y* and *í/ý* are in Slovak positional graphical variants only (see also 1.2.3.2), and the pronunciation of each pair of these variants is the same, i.e. [i] and [í] respectively.

2.2.1.1 The distribution of *i/y* and *í/ý* in principle depends on the preceding consonant, on its being soft, hard or neutral, e.g.:
dym, divý, chyba, cibuľa, nohy, deti, etc.

2.2.1.2 As to the opposition *soft - hard* the Slovak consonants are divided into:

Soft:	c,	dz,	j	and	all	with	*mäkčeň*
Hard:	d,	g,	h,	ch,	k,	l,	n, t
Neutral:	b,	f,	m,	p,	r,	s,	v, z

2.2.1.3 *i/y* and *í/ý* are distributed according to the following basic rules :
 a) *-i/-í* is written after soft consonants, or after those which are pronounced as soft, i.e. palatals:
  cit, hrádzi, vecí, bojí, stojí; čin, živý, šije; divý, ticho, deti, nič;
 b) *-y/-ý* is written after hard consonants, e, g.:
  nohy, hýbe, chyba, chýba, vlaky, taký, dym, chudý, rany, ranný, ty, dotýka.

2.2.1.4 The distribution of *i/y* and *í/ý* does not depend on the preceding consonant in the following instances:
 a) when the spelling is governed by the form of the grammatical ending (suffix), e.g.:
  pekný (Adj M Nom Sg), pekní (Adj M Nom Pl);
 b) when the word is a foreign one, in which case the foreign spelling can be preserved:
  kilo, kybernetika, chirurg, bicykel, civil, história, hystéria, nihilizmus, nymfa, titul, etc.
 In these instances the presence of *i/í* or *y/ý* is not caused by the rules of Slovak spelling, but by the spelling in the foreign source of borrowing. The spelling of foreign words can also depend on the degree of their assimilation in Slovak, e.g. the English word *team* can be spelled as *team* or *tím*.

2.2.1.5 Neutral consonants, i.e. *b, f, m, p, r, s, v, z* potentially allow for the writing of either *i/í* or *y/ý*, their distribution in the particular words being conditioned historically and traditionally. Examples:
biť, byť, fičí, harfy, myš, pije, pyšný, hríb, ryba, sivý, syn, vidí, vysoký, zima, jazyk.
In Slovak elementary schools the children learn lists of words, the so-called „vybrané slová" (selected words), in which *y/ý* is written after these consonants. To exemplify them, let us present here the list of Slovak words in which *y* is written after *b*:
by, aby, byť, bystrý, Bystrica, Bytča, byt, nábytok, bydlisko, bývať, príbytok, dobytok, obyčaj, kobyla, býk.
In the Appendix to this textbook (see p. 122) a complete list of „vybrané slová" is presented.

2.2.1.6 In grammatical endings the distribution of *i/í, y/ý* depends on the given grammatical pattern or paradigm. Examples:
slabý (Adj M, Nom Sg), slabí (Adj M, Nom Pl), stoly (Noun M, -Hum Nom Pl), bolí (Verb Pres 3rd Sg), dvory (Noun M, -Hum Nom Pl), doktori (Noun M, +Hum Nom Sg).

2.3 MORE PRONUNCIATION RULES
- Ďalšie pravidlá výslovnosti

2.3.1 The pronunciation of some letters can be influenced by voicing assimilation, i.e. by the change caused by a voiced or voiceless environment.

2.3.1.1 With regard to their being voiced or voiceless, Slovak consonants are divided into the following groups:

voiced unpaired:	j, l, ľ, ĺ, m, n, ň, r, ŕ
voiced paired:	b, d, ď, dz, dž, g, h, v, z, ž
voiceless paired:	p, t, ť, c, č, k, ch, f, s, š

2.3.1.2 Within assimilation the following changes take place:
 a) (paired) voiced consonants devoice in word-final position:
  dub [dup], *obed* [obet], *voz* [vos];
 b) the last consonant in a cluster determines voicing:
  1. *hladká* [hlatká], *všade* [fšade], *ťažko* [ťaško], *vzpierač* [fspierač], where *d, v, ž, vz* become devoiced before the voiceles consonant;
  2. *kde* [gďe], *nikdy* [ňigdi], where *k* becomes voiced before the voiced consonant.
 Rule b) also applies to words in contact, i.e. sounds at the end of one word and at the beginning of the following word, e.g.
  1. *z práce* [spráce], *bez toho* [bestoho], *plod stromu* [plotstromu]; but *z domu* [zdomu], *bez boja* [bezboja], *plod jablone* [plodjaboňe], where devoicing (see 2.3.1.2 a)) does not occur because of the following voiced consonant;
  2. *s bratom* [zbratom], *dnes doma* [dnezdoma].

2.4 PERSONAL PRONOUNS
- Osobné zámená

2.4.1 In Slovak there are nine personal pronouns, five for singular and four for plural. Out of these 3rd person singular has three forms and 3rd person plural 2 forms.

---

chvalabohu fortunately, thank God/goodness
chvíľa, e; -e, chvíľ *F* a (little/short) while
ja I, me
jaj(!) *(expressing pity or displeasure; in other cases also a reaction to pain or to being frightened)* wow (!)
je *(3rd Pers Sg of* byť*)* (he/she/it) is
káva, -y; -y, káv *F* coffee
kde where
lebo because
len only, just
mať, mám, majú *NP* to have
moment, -u; -y, -ov *M* moment; just a moment
my we, us
naučiť sa, -ím sa, -ia sa *P + Acc* to learn sth
nauč/te sa *(Imper of* naučiť sa*)* learn

ja	I	my	we
ty	you	vy	you
on	he	oni	they (M +Anim)
ona	she	ony	they (M - Anim, F, N)
ono	it		

2.4.1.1 *ty* is used as a reference to a person with whom we are on informal terms:
Mária, ty máš zajtra skúšku?

2.4.1.2 *vy* is used either as a plural reference (to more than one person), or to a person with whom we are on formal terms:
Vy máte chrípku, pán profesor?

2.4.1.3 *on* (he), *ona* (she), *ono* (it) are used as pronoun references to the respective three genders.

2.4.1.4 As has already been mentioned (see 1.6), gender in Slovak is not a „natural" category, but a grammatical one. As a result, e.g. inanimate nouns can be of any of the three genders, cf.:
stôl (table) M, *stolička* (chair) F, *okno* (window) N. Similarly, nouns referring to animate beings do not necessarily have the gender logically corresponding to their sex, cf.
dievča (girl) N, *chlapčisko* (derogatory for boy) N, *ryba* (fish, both male and female) F.
Consequently, pronominal references are used according to the gender, not the sex, nor according to the opposition animate-inanimate. Hence, e.g. *dievča – ono, chlapčisko – ono*. The gender has to be learned with each noun. For gender predictability see 5.2.

2.4.1.5 *ony* is used as a reference to M -Anim, N and F. However, it tends to be declining in use and is often replaced by *oni*.

2.4.1.6 In Slovak, personal pronouns are often dropped because the verbal endings express the categories of person and number.

2.4.1.7 Personal pronouns are sometimes preserved in initial statements, and usually preserved when they need to be communicatively stressed or contrasted. Cf:
Ja som Peter Nový. Som profesor.
Oni sú z Clevelandu. Sú Američania.
My sme zo Slovenska. My nie sme Američania. Oni sú Američania.

2.5 BYŤ - To Be

2.5.1 The verb *byť* is irregular and two different roots *s-* and *j-*, are used for its present tense conjugation:

byť				Negation: **nebyť**			
Sg		Pl		Sg		Pl	
(ja) som	I am	(my) sme	we are	(ja) nie som		(my) nie sme	
(ty) si	you are	(vy) ste	you are	(ty) nie si		(vy) nie ste	
(on) je	he is	(oni) sú	they are	(on) nie je		(oni) nie sú	
(ona) je	she is	(ony) sú		(ona) nie je		(ony) nie sú	
(ono) je	it is			(ono) nie je			

2.5.1.1 The form *si* of the verb *byť* is used within an informal relationship to the addressee:
Peter, si unavený?

2.5.1.2 The form *ste* of the verb *byť* is used as a plural form, or within a formal relationship to the addressee, e.g.
Ste tu, Peter a Mária? Ste unavený, pán Novák?

2.5.1.3 Note that *si* is homonymous with the reflexive formant *si*, e.g.
Ty si tu?
Prosím si kávu. (see also 2.8)

2.5.1.4 After the demonstrative pronoun the choice of 3rd Pers Sg or Pl depends on whether the noun that follows is in Sg or Pl:
To je môj doktor. - To sú moji doktori.
The same also applies for concord with other verbs.

2.5.1.5 The conjugated forms of the verb *byť* are negated with the help of the negative particle *nie* placed before the appropriate verbal form, e.g.
On nie je profesor.

2.5.1.6 The infinitive form of the verb *byť* is negated with the help of the negative prefix *ne-*. Hence, in Slovak Hamlet's famous statement reads:
Byť či nebyť, to je otázka.

2.6 MAŤ - To Have

2.6.1 The verb *mať* is conjugated in the following way:

mať				Negation: **nemať**	
Sg		Pl		Sg	Pl
(ja) mám	I have	(my) máme	we have	(ja) nemám	(my) nemáme
(ty) máš	you have	(vy) máte	you have	(ty) nemáš	(vy) nemáte
(on) má	he has	(oni) majú	they have	(on) nemá	(oni) nemajú
(ona) má	she has	(ony) majú		(ona) nemá	(ony) nemajú
(ono) má	it has			(ono) nemá	

2.6.1.1 *mať* is negated with the help of the negative prefix *ne-* (this prefix is also used to negate all other verbs except *byť*):
Nemá dom.

2.6.1.2 Note that the root vowel is short in the infinitive and the 3rd person plural: *mať, majú*, while in other forms it is long.

2.6.1.3 The reflexive verb *mať sa* is conjugated the same way as *mať*, e.g. *Mám sa dobre. Aj on sa má dobre.*

2.7 ABSENCE OF ARTICLES
- Neexistencia členov

2.7.1 Slovak does not have any articles (counterparts of the English *a, an, the*) accompanying nouns:
a/the new car - *nové auto*
an/the old house - *starý dom*
a/the good student - *dobrý študent.*

2.7.2 In some contexts the English *a/an* can be translated by the numeral *jeden/jedna/jedno* (one) or by an indefinite pronoun, e.g. *nejaký/nejaká/nejaké* (some):
There is a student there. - *Je tam jeden/nejaký študent.*

2.7.3 In some contexts the English *the* can be translated by the demonstrative pronouns *ten/tá/to* (that)
tí/tie (those), e.g.
The doctor is tired. - *Ten doktor je unavený.*
Tá doktorka je unavená.

2.8 REFLEXIVE FORMANTS SA, SI
- Zvratné formanty sa, si

2.8.1 In Slovak there are two reflexive formants (often called reflexive pronouns), *sa* and *si*. They take the second „slot" (syntactic member position) in the sentence:

1	2		1	2	
Máme	sa	dobre.	My	sa	máme dobre.
Prosíte	si	kávu?	Vy	si	prosíte kávu?

Notice that the first syntactic member can be composed of several words, e.g.

	1	2	
Nový americký profesor		sa	má dobre.

(where *nový americký profesor* counts as one syntactic member, in this case the subject).

2.8.2 The reflexive formants *sa* and *si* are used with all grammatical persons of reflexive verbs (i.e. verbs of which the reflexive formants are a part in the Slovak vocabulary), e.g.
Mám sa dobre. Majú sa dobre.
Peter si prosí kávu. My si prosíme kávu.

2.8.3 Reflexive formants can be dropped in responses, e.g.

Máte sa dobre?	Mám.
Prosíte si kávu?	Áno, prosím.
	Nie, neprosím.

2.8.4 Verbs with reflexive formants are conjugated the same way as the corresponding verbs without these formants, e.g.
Učím matematiku.   I am teaching mathematics.
Učím sa matematiku.   I am studying/learning mathematics.

2.9 WORD ORDER - Slovosled

2.9.1 The word order in Slovak often has the same pattern as in English, i.e. subject, predicate (verb), object. However, Slovak word order is relatively free, which is in contrast to English, this being due to the fact that in Slovak grammatical endings mark the words as to their syntactic roles (nominative case marks the subject, other cases the objects of the sentence). Consequently, in Slovak the roles of the words can be identified in spite of the free word order:

Peter píše otcovi. Otcovi píše Peter. - both meaning:

Peter writes to (his) father.

Otec Píše Petrovi. Petrovi píše otec. - both meaning:

Father writes to Peter.
(see also 10.1.0 and 10.1.1)

2.9.2 The actual word order is influenced by functional sentence perspective, i.e. by what we want to present as new or important information, and what we want to stress:
Peter píše otcovi. - Peter writes to (his) father.

Peter otcovi píše. - *To father Peter writes/is writing.
   Peter does write to (his) father.
Otcovi píše Peter. - Peter writes to father.
   It is Peter who writes to father.
Otcovi Peter píše. - Peter does write to father.
   *To father Peter does write.

Note: Sentences marked with * are possible, but not very probable.

2.9.3 Adjectives, as a rule, precede the nouns which they modify:

Adj	Noun
dobrý	deň
pekná	pieseň

2.9.4 However, in your later studies of Slovak you will find that adjectives can follow the nouns which they modify:
a) in terminology, above all in botanical and zoological nomenclature:
   fialka trojfarebná (heartsease, wild pansy)
   mucha domáca (domestic fly);
b) in poetry and song lyrics:
   dievča krásne (beautiful girl)
   láska sladká (sweet love).

2.10 QUESTION FORMATION - Tvorenie otázok

2.10.1 In Slovak, questions are formed in one of the following ways:
a) by inversion (using predicate-subject word order), e.g.:
   Peter je doma.   Mama má čas.
   Je *Peter doma?*   **Má** *mama čas?*

b) with the help of question words, e.g.:

Ako	sa máte?
Kde	je pani Sokolová?

c) by question intonation only, without any word order changes:

Peter sa má dobre? Pán Straka je doma?

2.11 RESPONSES TO YES-NO QUESTIONS - Odpovede na zisťovacie otázky

2.11.1 The basic positive response is *áno*, the basic negative response is *nie*:

Prosíte si kávu?	Áno.
Prosíte si cukor?	Nie.

---

nie   1. no *(as a sentential negative response)*
   2. not *(with the conjugated forms of the verb* byť *or with non-verbal negation)*
no   well, so *(a hesitation or a contact word)*
odpoveď, -e; -e, í *F (na + Acc)*   answer (to sth)
o chvíľu   in a (little/short) while
on   he
ona   she
oni   they
ono   it
ony   they *(referring to F, N, M -Hum)*
osem   eight
otázka, -y; -y, otázok *F*   question
päť   five
pekný   nice, nice-looking, pretty

pieseň, -sne; -sne, -sní *F*   song
poludnie, -ia; -ia, -dní *N*   noon
popoludnie, -ia; -ia, -dní *N*   afternoon
porekadlo, -a; -á, -diel *N*   proverb
práca, -e; -e, prác *F*   work
prečo   why
predpoludnie, -ia; -ia, -dní *N*   time between (early) morning and noon
prepáčiť, -im, -ia *P*   to excuse
prepáč/te *(Imper of* prepáčiť*)*   excuse me/us
prosím si   I would like (to have); *(asking for something)* please
prosiť si, -ím si, -ia si *NP + Acc*   to be asking for sth/sb
prosíte si kávu?   would you like coffee?
rád, rada, rado; radi   glad
rozhovor, -u; -y, -ov *M*   dialogue

2.11.2 A polite response often contains also at least the verb (or verbal part of the predicate), e.g.:

Prosíte si kávu?	Nie, neprosím.
Je Mária doma?	Áno, je.
Je Peter unavený?	Nie, nie je.

2.11.3 Of course, the answer can also have the form of a complete sentence, e.g.:

| Je Peter unavený? | Áno, Peter je unavený. |

2.12 RESPONSES TO AKO SA MÁŠ/MÁTE? - Odpoveď na Ako sa máš/máte?

2.12.0 English *How are you?* is translated as *Ako sa máš?* when addressing one person with whom we are on informal terms, and *Ako sa máte?* when addressing more persons or one person with whom we are on formal terms, i.e.

| How are you? | Ako sa máš? | Sg Infml |
| | Ako sa máte? | Pl or Sg Fml |

2.12.1 The usual responses are:
Ďakujem, dobre.
Ďakujem, celkom/dosť dobre.
In colloquial style the response can be:
Ďakujem, fajn.

2.12.2 Although the basic linguistic situation in these responses is the same in both English and Slovak, there are the following communicative differences:
a) The English *How are you?* is sometimes used as the end of a greeting - a mere contact phrase to which no answer is expected and/or given except for the same *How are you?* The Slovak *Ako sa máš/máte?* is not the end of the greeting but the beginning of a conversation, however short it might be. An answer is always expected after it - it would be rude not to say anything in response, or „respond" by *Ako sa máš/máte?*
b) In contrast to English, in Slovak in informal situations the response is more governed by sincerity than sheer politeness. Hence the responses often are

Ďakujem, nie (veľmi) dobre.
Bohužiaľ, dosť zle.

(not only when speaking e.g. to a doctor), etc. This can also be due to a preference of understatment in this response. Actually, responses like

Ďakujem, výborne. (Great, thank you.)

are used only when something unusually good has happened, or ironically, or else they are conceived of as too optimistic or even boastful.
These attitudes to the responses in Slovak are also governed by the fact that a standard positive answer (conventional and communicatively unmarked) does not have to be a stimulus for conversation, while a negative or over-positive answer tends to stimulate it.

CVIČENIA

I. Čítajte, prosím:

zub, kozub, správa, vták, plod, včela, hlad, sme, s baletkou, z kina, nikdy, bodka, druh, dokáž, bez, bež, odváž, chod, choď, zrod, pravda, krivda, z práce, bez čoho, pre koho, hrad, sklad, haluz, stav, bravčový, krvný, dievča

II. Čítajte, prosím:

- lebo, leto, lenivý, len, hole, do vôle, list, lístie, ligot, ľavý, ľad, bôľ, Ľan, ľanový, ľud, ľudový, lepí, letí, lev, Paľo, Ľuda, Leonard, Ľudo, Ľudovít
- tenký, tesný, teta, telo, tetiva, tebe, ťava, tieň, ďateľ, ďatelina, deň, jeden, teoretický, ťažký, ťahať, ťarcha, ťukať, dediť, háďa, ďaleko, mať, mater, Teodor, Tereza, Terchová, Tekov, Bardejov
- neviem, nerozumiem, nič, niť, sníva, dane, nehnuteľnosť, nikdy, nihilizmus
- vrčí, trčí, treba, tri, tráva, ráno, ryba, kapor, rak, tára, ráta, kára, rachot, rozbor, tvorba, súper, super, Štrbské Pleso
- vŕba, tŕň, kŕč, hŕstka, tŕpka, vŕta, kŕdeľ, vŕzga, stŕpnuť, bŕ
- kĺb, stĺp, hĺbať, Sĺňava, dĺžka, hĺbka, vzbĺknuť
- box, tenis, basketbal, futbal, golf, hokej, volejbal, karate, gymnastika, parašutizmus
- taxík, auto, autobus, univerzita, kompjúter, anekdota, šou, fit, hit, hotdog, bilbord, hazard, biznis, telefón, televízor, video, videokamera

III. Explain why the following words are spelled with -i/-í or -y/-ý:

hady, cibuľa, chyba, stojí, cit, čit, žito, vozy, vozí, hovädzí, taký, sila, syn, rany, raní, roky, kilo, ty, deti, život.

IV. Odpovedzte:

1. When would you use „Ako sa máš?" and when „Ako sa máte?"?
2. When could you use „vy" for one person?
3. When would you use „Vitaj!" and when „Vitajte!"?
4. Do „prepáč" and „prepáčte" mean the same?

V. Čítajte telefónne čísla:

397 4371, 569 2418, 338 4295, 011 427 339 294, 155, 157

---

sadni/te si *(Imper of* sadnúť si*)* sit down
sadnúť si, sadnem si, sadnú si; *Past* sadol si *P* to sit down
sedem seven
si *(2nd Pers Sg of* byť*)* (you Sg) are
silný strong, hefty
skúška, -y; -y, -šok *F* examination, exam;
  mám skúšku I have an exam
sme *(1st Pers Pl of* byť*)* (we) are
som *(1st Pers Sg of* byť*)* (I) am
som rád/rada/rado I am glad
ste *(2nd Pers Pl of* byť*)* (you Pl) are
sú *(3rd Pers Pl of* byť*)* (they) are
šesť six
šťastie, -ia; -ia, -í *N* happiness; (good) luck
tak *(a hesitation or contact word to begin a statement)* well, so

SLOVAK FOR YOU 17

VI. Odpovedzte, prosím:

1. Ako sa máte?
2. Ste rád, že ste tu?
3. Máte chrípku?
4. Máte pekný dom?
5. Máte doma cukor?
6. Prosíte si kávu?
7. Ste unavený?
8. Máte zajtra skúšku?
9. Ste Peter?
10. Kde je Peter?
11. Ste milionár?
12. Ste šťastný?

VII. Fill in:

1. Ako ... máš? 2. Bohužiaľ, ... dobre. 3. Už tri dni ... chrípku. 4. Som ... unavená. 5. Ale som ..., že som tu. 6. Nech ... páči, káva. 7. Je to ... cesta. 8. Káva je ... 9. Nie som doma, som v ... 10. Prosíte ... cukor?

VIII. Change the following statements, using all the personal pronouns in turn:

(ja) nie som unavený
(ja) mám skúšku
(ja) som profesor
(ja) nemám kávu
(ja) mám sa dobre
(ja) som doma
(ja) nie som v práci

IX. Give short answers.

Example:
Otázka: *Máš čas?*
Odpoveď: *Nie, nemám.*

1. Ste doma? 2. Ste na Slovensku? 3. Ste v USA? 4. Máte sa dobre? 5. Ste unavený? 6. Prosíte si čaj? 7. Máte doma cukor? 8. Máte doma whisky? 9. Máte dom? 10. Máte mercedes? 11. Máte šťastie?

X. Preložte do angličtiny:

1. Veľa šťastia.
2. Už štyri dni mám chrípku.
3. Sadnite si.
4. Som rád, že som tu.
5. Nech sa páči.
6. Vitajte.
7. Šťastnú cestu.
8. Zbohom.
9. Prosíš si cukor?
10. Je mama doma?
11. Otec nemá čas.

XI. Correct the following sentences:

1. Ako máš sa?
2. Fšetko dóbre.
3. Som trohu unáveny.
4. Neh sa pačí.
5. Dovídenja.
6. Pani Nováková, máš skúšku?
7. Ja nesom Peter.

XII. Form sentences from the following words:

1. mať sa, ja, dobre
2. čaj, dobrý, je, to
3. byť, pieseň, to, pekný
4. šťastie, ona, mať
5. profesor, on, byť
6. si, kávu, prosiť, vy

XIII. Change the following sentences into negative ones:

1. Som profesor. 2. Otec je unavený. 3. Mama sa má dobre. 4. Eva má chrípku. 5. Zajtra mám skúšku. 6. Mám kávu. 7. Sú doma. 8. Je popoludnie. 9. Mária je šťastná. 10. Tu je cukor.

XIV. Ask somebody in Slovak to do the following:

please, sit down
read
translate
answer

---

tak ako? well, how are you? *(in style and tone similar to „how are you doing?")*
tam there
tiež also, too
tri three
trochu a bit, a little
tu here
ty *(2nd Pers Sg Infml)* you
unavený tired
už already, yet
už tri dni for three days already/now *(už is usually not placed at the end of the sentence or statement)*
veľa šťastia (lots of) good luck
veľmi very
vitaj(!) welcome *(to somebody with whom we are on informal terms)*
vitajte(!) welcome *(to two or more persons, or to somebody with whom we are on formal terms)*
všetko everything, all
všetko dobré all the best; best wishes
vy you *(also a formal address to one person)*
whisky *(Nondecl) F* whisky
zajtra tomorrow
že that *(relative conjunction)*

XV. Rozhovory

1. Greet your friend Katka, ask her how she is and say goodbye. Wish her good luck.
2. Mária and Mr. Novák meet in the morning. They are both fine.
3. Jozef and Peter meet in the afternoon. Peter is fine, Jozef is not, he has an exam tomorrow. Peter wishes him good luck.
4. Your friend meets you in the evening. He is fine, but you are not. Tell him why. Offer him something to drink. Ask him where Mária (his wife) is. Tell him that Eva (your wife) is at work. But in a while she will be (in Slovak use the present tense) at home.
5. Your father comes to visit you. You welcome him, ask him how he is, and offer him a seat and coffee.
6. Make a toast to a professor, wish him a nice journey and good luck.

XVI. What would the characters say in the following situations:

XVII. Naučte sa porekadlá:

Aký otec, taký syn.
Aká matka, taká Katka.

(Like father, like son.)

XVIII. Naučte sa pieseň: ▶

Jedna ruža, dve ruže

Jed - na ru - ža, dve ru - že,
dve ru - žič - ky čer - ve - né, hej,
kto - že bu - de, kto - že bu - de boz - ká - vať
mo - je líč - ka čer - ve - né?

2. Bozkával ich Janíček, ale už ich nebude,
/: hej, akože ťa, akože ťa duša má, akože ťa zabudnem?:/

SLOVAK FOR YOU

3. lekcia

Stretnutia a rozhovory

Pani Široká: Dobré ráno, pani doktorka.
Doktorka Hrušková: Dobré ráno, pani Široká. Tak ako sa máte dnes?
Pani Široká: Bohužiaľ zle, pani doktorka. Zas to srdce.
Doktorka Hrušková: Dobre, pani Široká. Tu je, prosím, liek.
Pani Široká: Ďakujem pekne, pani doktorka. Tak dovidenia.
Doktorka Hrušková: Dovidenia.

•

Muž: Dobrý deň. Je tu, prosím, voľné miesto?
Žena: Dobrý deň. Áno, je. Nech sa páči, sadnite si.
Muž: Ďakujem. Ja som Vlk.
Žena: Teší ma. Ja som Zajacová. Ste z Bratislavy?
Muž: Nie, som z Nitry. Idem domov. A vy ste odkiaľ, pani Zajacová?
Žena: Ja som zo Žiliny. Tam máme dom. Žilina je pekné mesto.

•

Pán Starý: Dobrý deň. Mám už, prosím, fotografie na vízum hotové?
Pani Nová: Dobrý deň. Ako sa, prosím, voláte?
Pán Starý: Á, prepáčte. Ja som Starý. Volám sa Ján Starý.
Pani Nová: Počkajte, prosím, pán Starý. Áno, už sú hotové. Nech sa páči.
Pán Starý: Ďakujem. Čo platím?
Pani Nová: Dvesto korún.
Pán Starý: Nech sa páči, tu sú peniaze.
Pani Nová: Ďakujem.
Pán Starý: Dovidenia.
Pani Nová: Dovidenia. A šťastnú cestu.

•

Mária Krátka: Dobrý deň. Prepáčte, je tu, prosím, profesor Slivka?
Profesor Slivka: Ja som profesor Slivka. Prepáčte, vy ste kto?
Mária Krátka: Ja som Mária Krátka. Som slovenská študentka. Som zo Žiliny. Toto je Peter Young. Je z USA.
Peter Young: Dobrý deň, pán profesor. Ja som americký študent. Študujem tu slovenský jazyk. Teraz budem váš študent.
Profesor Slivka: Vitajte.
Peter Young: Ďakujem, pán profesor.
Profesor Slivka: Odkiaľ z USA ste?
Peter Young: Som z Clevelandu.
Profesor Slivka: Ste tu dlho?
Peter Young: Nie, jeden mesiac.
Profesor Slivka: Tak veľa šťastia.
Peter Young: Ďakujem. Dovidenia.
Profesor Slivka: Dovidenia.

SLOVNÍK

á *Interj* oh
ako sa voláš? what is your name? *(Sg within an informal relationship)*
ako sa voláte? what is your name? *(Pl; or Sg within a formal relationship)*
americký *Adj* American
blízko *Adv* near, nearby
budem *(Future Tense of* byť*)* I will be
čas, -u; -y, -ov *M* time
čo what
čo platím? how much is it? *(literally: „how much do I pay?")*
ďakujem pekne thank you very much
ďaleko *Adv* far

deväťdesiat ninety
devätnásť nineteen
dlho (for a) long time
dnes today
do to, into
do kina to the movies/cinema
doma at home
domov home *(direction)*
doobeda *Adv* before noon
doplniť, -ím, -ia *P + Acc* to fill in
doplň/te *(Imper of* doplniť*)* fill in
dvadsať twenty
dvanásť twelve
dvesto two hundred
dvesto korún two hundred crowns

20 SLOVAK FOR YOU

Telefonát

Ferko: Haló! Dobrý deň. Tu Fero.
Mama: Haló! Prosím? Prepáčte, nerozumiem. Kto je tam?
Ferko: Tu Fero. Je, prosím, Katka doma?
Mama: Áno, je. Moment. Katka, máš telefón.
Katka: Haló, prosím?
Ferko: Ahoj, Katka. Tu Fero. Ako sa máš?
Katka: Dobre. A ty?
Ferko: Fajn. Máš čas?
Katka: Prečo?
Ferko: Poď do kina.
Katka: Kedy?
Ferko: Teraz.
Katka: Dobre.
Ferko: Tak čau v kine.
Katka: Čau.

Hotel

Pán Taylor: Prepáčte, prosím, kde je hotel Lux?
Muž: Tu vľavo. Nie je ďaleko. Je veľmi blízko.

R e c e p c i a
Pán Taylor: Dobrý večer.
Recepčná: Dobrý večer. Prosím?
Pán Taylor: Je tu rezervovaná izba na tri noci na meno Samuel Taylor? Som z USA.
Recepčná: Moment. Áno, mám to. Nech sa páči. Je to izba č. 213. Je tam aj WC, kúpeľňa, teplá a studená voda, telefón a televízor. Dobre?
Pán Taylor: Áno, dobre.
Recepčná: Prosím si váš pas, pán Taylor, potrebujem jeho číslo.
Pán Taylor: Nech sa páči.
Recepčná: Ďakujem. A toto je váš kľúč. Dobrú noc.
Pán Taylor: Dobrú noc.

Kedy?

ráno	in the morning
predpoludním; doobeda	before noon
na poludnie; na obed	at noon
popoludní; poobede	in the afternoon
večer	in the evening
v noci	at night
teraz	now
potom	then

---

fajn well, fine
fotografia, -ie; -ie, -ií *F* photograph; **fotografia na vízum** visa photograph
haló hallo
hotel, -a; -y, -ov *M* hotel
hotový ready, finished
idem *(1st Pers Sg of* ísť*)* I am going
idem domov I am going home
ich their(s)
ísť, idem, idú *NP* to go
izba, -y; -y, -ieb *F* room
jazyk, -a; -y, -ov *M* language
jedenásť eleven

jeho *(M/N Possessive Pronoun)* his; its
jej her(s)
kedy when
kino, -a; -á, kín *N* movies, cinema; **v kine** at/in the movies/cinema
kľúč, -a; -e, -ov *M* key
koruna, -y; -y, korún *F* crown *(Slovak monetary unit)*
kto who
kto je tam who is calling; who is there, who is it
kúpeľňa, -ne; -ne, -ní *F* bathroom *(the toilet is usually not part of it)*
liek, -u; -y, -ov *M* medication, medicine
máš telefón you have a telephone/telephone call
matka, -y; -y, matiek *F* *(slightly Fml)* mother
meno, -a; -á, mien *N* name; first name

SLOVAK FOR YOU 21

3

3.1 HANDWRITING - Písmo písané rukou

3.1.1 Although so far this has not been acknowledged in textbooks of Slovak, there are considerable differences between Slovak and English handwriting. These can lead to difficulties in reading handwritten texts, or even to misinterpretation or illegibility, and cause obstacles above all in personal correspondence and in hand-written documents.

3.1.2 Therefore, this textbook, for the sake of demonstration, comparison, and correct usage or reading presents the standard Slovak handwriting as taught at Slovak schools and, along with it, the American handwriting (see p. 23) as taught at American elementary schools (the latter from *Bowman/Noble: Handwriting,* Bowman/Noble Publishers, Inc.).

SLOVAK HANDWRITING

A a	A a	ako, mama, Adam	ako, mama, Adam
B b	B b	byť, dobre, Brezno	byť, dobre, Brezno
C c	C c	celý, ulica, Cyril	celý, ulica, Cyril
D d	D d	dom, študent, Devín	dom, študent, Devín
E e	E e	leto, je, Eva	leto, je, Eva
F f	F f	film, telefón, Filip	film, telefón, Filip
G g	G g	gajdy, liga, Gabčíkovo	gajdy, liga, Gabčíkovo
H h	H h	hotový, noha, Helena	hotový, noha, Helena
Ch ch	Ch ch	chvíľa, trochu, Choč	chvíľa, trochu, Choč
I i	I i	idem, nič, Irena	idem, nič, Irena
J j	J j	jem, moja, Ján	jem, moja, Ján
K k	K k	kedy, pekná, Katka	kedy, pekná, Katka
L l	L l	len, malý, Levoča	len, malý, Levoča
M m	M m	mám, doma, Mária	mám, doma, Mária
N n	N n	naša, dnes, Nitra	naša, dnes, Nitra
O o	O o	ona, sto, Orava	ona, sto, Orava
P p	P p	prosím, teplý, Poprad	prosím, teplý, Poprad
Q q	Q q	quarz, aqua, Quebeck	quarz, aqua, Quebeck
R r	R r	ráno, prepáč, Rožňava	ráno, prepáč, Rožňava
S s	S s	som, mesto, Slovensko	som, mesto, Slovensko
T t	T t	tam, otec, Trenčín	tam, otec, Trenčín
U u	U u	už, musím, Uh	už, musím, Uh
V v	V v	voda, dva, Viera	voda, dva, Viera
W w	W w	watt, Walter	watt, Walter
X x	X x	xerox, box, Xavier	xerox, box, Xavier
Y y	Y y	my, syn, Yvona	my, syn, Yvona
Z z	Z z	zima, raz, Zuzana	zima, raz, Zuzana
1 2 3 4 5 6 7 8 9 10			1 2 3 4 5 6 7 8 9 10

---

mesiac, -a; -e, -ov *M* month; moon
mesto, -a; -á, miest *N* town; city
miesto, -a; -a, miest *N* seat; place
milión, -a; -y, ov *M* one million
môj, moja, moje my; mine
muž, -a; -i, -ov *M* man; (*Infml*) husband
na meno in the name
na obed at noon
na poludnie at noon
nerozumieť, -iem, -ejú; *Past* nerozumel *NP* not to understand
odkiaľ where from
osemdesiat eighty
osemnásť eighteen
pas, -u; -y, -ov *M* passport

päťdesiat fifty
pätnásť fifteen
pekne nicely
pekný nice, pretty, handsome
peniaze, peňazí (*only Pl*) money
platiť, -ím, -ia *NP* to pay
po anglicky *Adv* (in) English
po slovensky *Adv* (in) Slovak
počkať, počkám, počkajú *NP* (*+ACC*) to wait (for)
poď/te (*Imper of* ísť) come
poobede in the afternoon
popoludní in the afternoon
potom then
potrebovať, -buje, -bujú *NP + Acc* to need

AMERICAN HANDWRITING

3.1.3 Of course, in addition to the differences in the two standards of handwriting presented above, there also occur individual differences making the situation still more complicated cross-linguistically. As to American handwriting, let us now present what are considered handwriting demons in American individual handwriting (from *Bowman/Noble*, p. 42):

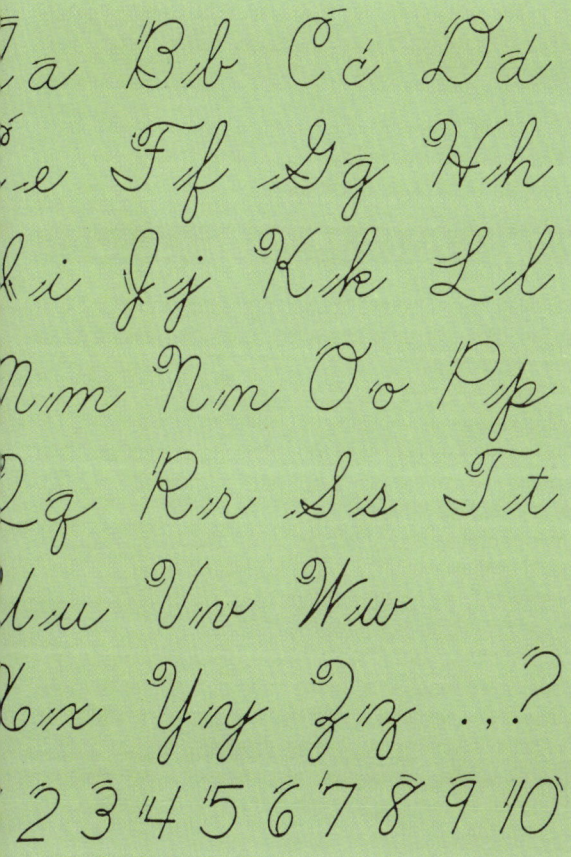

3.1.4 As you may have noticed, interestingly enough, some of the samples of demons in American handwriting currently occur in the standard or individual handwriting of many Slovaks.

3.1.5 As to the American and Slovak standard handwritings, please note the most striking differences:

---

povedz/te *(Imper of povedať)* say
povedať, poviem, povedia; povedz *P* to say
predpoludním before noon
prepáčiť, -im, -ia *P + Dat* (sb) + *Acc* (sth) to excuse
prepáč/te *(Imper of prepáčiť)* excuse me
príklad, -u; -y, -ov *M* example
prosím? 1. *(when answering the phone)* hallo?
2. *(when not understanding or hearing something well)* pardon me?
recepcia, -ie; -ie, -ií *F* reception *(office in a hotel)*
recepčná/-ý *F/M* receptionist (female/male)
rozumieť, -miem, -mejú; *Past* rozumel *NP* to understand
sedemdesiat seventy
sedemnásť seventeen
Slovensko, -a *N* Slovakia

srdce, -a; srdcia, sŕdc *N* heart
sto one hundred
stretnutie, -ia; -ia, -í *N* meeting
studený *Adj* cold
šesťdesiat sixty
šestnásť sixteen
štrnásť fourteen
študent, -a; -i, -ov *M* (male) student
študentka, -y; -y, študentiek *F* (female) student
ten *M*, **tá** *F* that
televízor, -a; -y, -ov *M* television set
teraz now
telefón, -u; -y, -ov *M* telephone; *(Coll)* telephone call; **máš telefón** you have a phone call
telefonát, -u; -y, -ov *M* telephone call

SLOVAK FOR YOU 23

3.2 CARDINAL NUMERALS 11 AND ABOVE - Základné číslovky od 11 vyššie

3.2.1 The following table lists cardinal numerals from 11 above:

11	jedenásť				
12	dvanásť	20	dvadsať	21	dvadsaťjeden
13	trinásť	30	tridsať		
14	štrnásť	40	štyridsať	46	štyridsaťšesť
15	pätnásť	50	päťdesiat		
16	šestnásť	60	šesťdesiat		
17	sedemnásť	70	sedemdesiat	72	sedemdesiatdva
18	osemnásť	80	osemdesiat		
19	devätnásť	90	deväťdesiat		
100	sto	1 000	tisíc	1 000 000	milión
200	dvesto	2 000	dvetisíc		
300	tristo	3 000	tritisíc		
400	štyristo	4 000	štyritisíc		

3.2.2 *11-19* (incl.) end in *-násť*.
3.2.3 *Štrnásť* contains a reduced form of the word *štyri*.
3.2.4 *20-40* end in *-dsať* which is pronouced as (*-cať*).
3.2.5 *50-90* end in *-siat*.
3.2.6 *100, 1 000, 1 000 000*, i. e the English *one hundred, one thousand* and *one million* correspond in Slovak to *sto, tisíc* and *milión* respectively, i. e. the numeral corresponding to one is currently not lexically present here in Slovak. It is used only in special instances, e.g. when filling in financial documents, in which there should be written *jednosto, jedentisíc, jedenmilión*.
3.2.7 Each three digits are separated by a space. Note that in Slovak sometimes a period is used in the numeric representation of *thousand* and *million* (unlike the period on English), e.g. 2.523, 3.000.000. However, usually the numeral is written without any period. Instead, a space is left out, e.g. 18 745.
3.2.8 In Slovak there also exist the so-called group numerals of which in forming compound cardinal and ordinal numerals and compound words the following are above all used:

jedno-, dvoj-, troj-, štvor-

e.g. *jednosto, jednoizbový, dvojstý, trojstý, štvorstý, dvojposteľový, trojizbový, štvorposteľový* (see also 4.5.5 e)
If *5-9* occur in compound ordinal numerals and in compound words, the former are in their cardinal forms, e.g. *päťstý, osemstý, šesťizbový, deväťposteľový*.

3.3 RHYTHMIC SHORTENING - Rytmické krátenie

3.3.1 Rhythmic shortening does not allow a long vowel/syllable to be followed by another long one in Standard Slovak. Note that diphthongs count as long. Consequently, a regulary long ending is shortened if the preceding syllable is long, e.g.:

> *kolo, kolá* (*Nom Pl* of *N*); **but:** *sólo, sóla, miesto, miesta pekný* (*Adj M*); **but:** *vážny, smiešny, múdry, horúci nesú* (*3rd Pers Pl*); **but:** *píšu, viažu*

Exceptions to the rhythmic shortening are rare (e.g. *v lístí* - among the leaves, *od kvietia* - from the blossoms) and are given in dictionaries.

3.4 DIVIDING SYLLABLES - Delenie slabík

3.4.1 In Slovak, syllables are divided differently from English, on the basis of different rules, e.g. *dem-o-crat-ic* vs *de-mo-kra-tic-ký*.
3.4.2 In Slovak syllables are divided on the basis of the following rules:
   a) after a vowel and defore the following consonant or a separate vowel (which is not part of a diphthong): *rá-no, vi-de-o, ďa-ku-jem*,
   b) consonantal clusters occurring on the morphological boundaries between a prefix and the root are divided according to these boundaries, e.g. *po-chvá-liť, roz-vŕ-tať, pri-pra-viť, vy-zdvih-núť;*
   c) in other consonantal clusters the division is made between two consonants, in the case of a cluster of more than two consonants, the division is usually made after the first consonant: *drob-nosť, brat-ský, hor-stvo;*
   d) remember that in Slovak also l/ĺ, r/ŕ, are syllabic (cf.1.25.3 e) and 1.25.4 b)), hence: *vl-na, hĺb-ka, hr-niec, kŕ-deľ*,
   e) note the fact that the pairs of letters which are pronounced as one sound, i.e. *dz, dž, ch* are indivisible, e.g. *me-dza, há-dže, mu-cha*.

3.5 DEMONSTRATIVE PRONOUNS - Ukazovacie zámená

Slovak demonstrative pronouns (in the nominative case) are:

Singular				Plural			
M	F	N		M	F	N	
ten	tá	to	that	tí	tie		these
tento	táto	toto	this	títo	tieto		these

---

teplý warm
teší ma nice to meet you
tí *M+Anim* **tie** those
tisíc one thousand
to it, that
toto this
tretí third (in sequence)
tridsať thirty
trinásť thirteen
tu (je) (*when identifying oneself in a telephone call*) this is
tvoj, tvoja, tvoje (*Infml 2nd Pers Sg Possessive Pronoun*) your(s)
v/vo + *Loc* at, in, **v kine** at/in the movies/cinema
váš, vaša, vaše (*2nd Pers Pl or Fml 2nd Pers Sg Possessive Pronoun*) your(s)

vízum, víza; víza, víz *N* visa
vľavo on the left; to the left
v noci at night
voda, -y; -y, vôd *F* water
volám sa my name is
volať sa, -ám sa, -ajú sa *NP* to be called, to have some name
voľné miesto available seat
voľný available, free
WC (*véce*) (*Nondecl*) *N* toilet, restroom (ladies' room, men's room)
z from
zas again
zle badly
zo from (*used before z, s, or a consonantal cluster*)
žena, -y; -y, žien *F* woman, (*Infml*) wife

3.6. POSSESSIVE PRONOUNS
- Privlastňovacie zámená

3.6.1 In Slovak there are the following possessive pronouns (in the nominative case):

Singular				Plural			
M	F	N		M	F	N	
môj	moja	moje	*my*	náš	naša	naše	*our*
tvoj	tvoja	tvoje	*your*	váš	vaša	vaše	*your*
jeho	jeho	jeho	*his*	ich	ich	ich	*their*
jej	jej	jej	*her*				
jeho	jeho	jeho	*its*				

3.6.2 In Slovak, possessive pronouns for the 1st and 2nd persons singular and plural have three different form each for the respective genders of the single phenomenon with regard to which possessiveness is expressed, e.g.:

M	F	N
môj otec	moja mama	moje šťastie
tvoj liek	tvoja univerzita	tvoje číslo
náš doktor	naša skúška	naše rádio
váš problém	vaša Amerika	vaše mesto

3.6.3 Note that the choice of the possessive pronoun does not depend on the sex or gender of the „owner(s):
Peter, to je tvoja káva. Mária, to je tvoja káva.

3.6.4 The possessives for 3rd persons singular and plural do not have differing forms for each of the genders of the phenomena possessed. 3rd person singular has two forms:

M, N	F
jeho (his; its)	*jej* (her)

3rd person plural has only one form: *ich* (their).

3.6.5. Similarly to the situation in personal pronouns (see 2.6.1.1., 2.6.1.2.), the 2nd person singular pronoun is used for one person with whom we are on informal terms, the 2nd person plural for more than one person or one person with whom we are on formal terms, e.g.
Peter, to je tvoja káva.
Priatelia, to je vaša fotografia.
Pán doktor, to je vaše pero.

3.6.6 In Slovak there does not exist the opposition of non-emphatic and emphatic possessive pronouns corresponding to English *my - mine, your - yours*, etc. In Slovak the above listed Slovak pronouns (see 3.4.1) are used in both situations.

That is my coffee.	To je moja káva.
That coffee is mine.	Tá káva je moja.

3.6.7. The above listed Slovak possessive pronouns (see 3.6.1) are used for singular phenomena only. For their plural see 6.4.2.1.

CVIČENIA

I. Divide the following words:

večer, slovenský, dobrý, hrdina, mesiac, osemnásť, prepáčte, dĺžka, stretnutie, doplňte, vrchný, brmbolec, odporný, srdce, tridsať, hrdlo, brzdil, študentka, vlčí, dermatologický, oceľ, hotel, mestský, krmivo, prirodzený, obchádzať, oceliarsky, environmentálny, univerzitný

II. Doplňte *mať (mám, máš,...)*:

1. Peter ... chrípku. 2. (Ja) ne... liek. 3. My ... čas, ale oni ... . 4. Ty ... zajtra skúšku? 5. Vy ... pekný dom. 6. ... Mária telefón? 7. Ty ... jeho číslo? 8. Kde ... pán Novák dom? 9. Pani Široká už ... liek. 10. Ja ne... pas.

III. Read the following words slowly, record your reading on a tape, and then listening to your recording write down, without the help of your textbook:

a) deň, dom, dobrý, cit, čit, cín, čin, šiška, šťastný, nebojí sa, hrádza, roky, strach, rany, syn, sila, šila, dym, divá, ticho, ďakujem

b) Dobrú chuť. Prosím, preložte to. Šťastnú cestu. Bohužiaľ, zajtra mám skúšku. Som trochu unavený. Prosím si čaj a cukor. Prepáčte, čo platím? Nech sa páči, toto je jeho číslo. Odkiaľ je táto žena? Slečna, prosím si kľúč.

IV. Doplňte *byť (som, si, ...)*:

1. Ty ... študent? 2. Áno, ja ... študent. 3. ... slovenský študent. 4. Jean ... americká študentka. 5. Vy ... unavený. 6. Odkiaľ ... pani Youngová? 7. ... z New Yorku. 8. Mária ... šťastná. 9. My ... doma. 10. Oni ... v práci. 11. ... to ďaleko? 12. Vy ... z Bratislavy? 13. Kde ... ich hotel?

V. Rozhovory:

1. Ask a person about his or her name. Ask where he/she is from. Tell the person where you are from.
2. Over the phone invite your friend to the movies.
3. Visit professor Nováková. Introduce your American friend who studies Slovak to her.
4. Ask whether a professor whom you don't know is present. Introduce yourself and say you are his student of Slovak.
5. Go to pick up your medication. Ask whether it is ready and how much it is.
6. You are a waiter. Your customer asks you for something but you do not understand what. The customer repeats it. You tell the person to wait a moment, and then bring what was asked for.
7. Ask at a hotel whether a room is reserved for your friend for 2 nights.

VI. Doplňte:

Pani Nová: Dobrý deň, ... doktorka.
Doktorka Hrušková: Dobrý deň, pani Nová. Ako sa ...?
Pani Nová: Ďakujem, dnes nie ... dobre.
Doktorka Hrušková: Prečo?
Pani Nová: ... chrípku.
Doktorka Hrušková: Počkajte. - Áno, je ... chrípka. Tu ... liek.
Pani Nová: Ďakujem, ... doktorka. Dovidenia.
Doktorka Hrušková: Dovidenia. A všetko ... .

3

VII. Povedzte po slovensky:

now, today, tomorrow, why, when, where from, welcome, excuse me, to the movies, nice to meet you, bye, all the best, good luck, unfortunately, fortunately, excuse me, I do not understand, I do not know, just a moment

VIII. Write down as words the following numbers:

15, 45, 50, 9, 73, 139, 1.268, 5.879.356

IX. Somebody has just said something and you have not understood part of it. Say „Prepáčte, nerozumiem", and then ask with the help of the words in brackets:

Príklad: *John je doma. (kto) Prepáčte, nerozumiem. Kto je doma?*

1. Peter je z USA. *(odkiaľ)*
2. Mária sa má dobre. *(ako)*
3. Otec je unavený. *(kto)*
4. Zajtra mám skúšku. *(kedy)*
5. Mária nemá šťastie. *(čo)*
6. Pán Starý nemá čas. *(kto)*
7. Ten muž sa volá Ján. *(ako)*
8. To je Peter. *(kto)*
9. Tu je tvoja káva. *(kde)*
10. Tam je cukor. *(čo)*
11. Pas mám doma. *(kde)*
12. Ján je doktor. *(kto)*
13. Tu nie je recepcia. *(čo)*
14. Jeho manželka je z Bratislavy. *(odkiaľ)*
15. Tam je váš liek. *(kde)*

X. Explain why the following words are spelled with -i/-í or -y/-ý:

unavený, whisky, dobrý, páči, pekný, prosím si, číslo, ty, vy, kino, kedy, vitajte, slovenčina, slovenský, angličtina, americký, pani, zo Žiliny, teší, nie, vietor, filharmónia

XI. Preložte do angličtiny:

Pani Zajacová: Je tu rezervovaná izba na meno Zajacová?
Recepčná: Nie, nie je.
Pani Zajacová: A máte voľnú izbu?
Recepčná: Áno, máme. Na dnes?
Pani Zajacová: Na dnes a na zajtra. A je tam kúpeľňa?
Recepčná: Áno, je.
Pani Zajacová: Dobre. Čo platím?
Recepčná: Osemsto korún.

XII. Use Slovak possessive pronouns corresponding to the English ones given in brackets:

(his) čas; *(my)* liek; *(our)* doktorka; *(your)* šťastie; *(their)* kino; *(our)* profesor; *(my)* chrípka; *(your)* srdce; *(her)* pas; *(your)* káva; *(their)* študent; *(our)* univerzita; *(your)* dom; *(his)* skúška; *(my)* kúpeľňa; *(her)* kľúč

XIII. Protest against the following statements:

Example: *To je môj liek.*
    Prepáčte, to nie je váš liek. To je môj liek.

1. To je naša izba.
2. To je jeho profesor.
3. Tu je ich telefón.
4. Peter je ich študent.
5. Tu je jej káva.
6. Toto je môj pas.
7. To je moja koruna.
8. To je ich liek.
9. To je môj čaj.
10. To je môj problém.

XIV. Odpovedzte:

1. Kedy máte čas? *(in the evening)*
2. Kedy je pán Brown v hoteli? *(at night)*
3. Kedy má Mária skúšku? *(in the morning)*
4. Kedy si prosíš kávu? *(in the afternoon)*
5. Kedy ide Katka do kina? *(now)*
6. Kedy študujete slovenčinu? *(before noon)*

XV. Čítajte, prosím:

Ivan, Hlohovec, Železničná ulica číslo 11, Gabčíkovo, Peter, zima, prepáčte, totálny chaos, Zvolen, dom číslo 1719

XVI. Preložte do slovenčiny:

1. Here you are – this is my passport.
2. That is his mother.
3. Excuse me, that is my whisky.
4. Professor, excuse me, that is her seat.
5. Excuse me, doctor, where is my medication?
6. His father and mother are in the USA.
7. Mary has my house and my heart.

XVII. Preložte do slovenčiny a odpovedzte:

1. What is your name?
2. Where are you from?
3. Are you a Slovak?
4. Are you an American?
5. Have you been in the USA/Slovakia a long time?
6. Are you a student?
7. What do you study?
8. How are you today?
9. Are you tired?
10. Are you happy?
11. Do you have time?
12. Do you have your passport here?
13. Is this your key?
14. Do you have a telephone here?
15. Would you like coffee?

XVIII. Doplňte po slovensky:

1 three
2 million
3 seven
4 fifty
5 twenty
6 six

(The box should contain a word for a number ending in zero.)

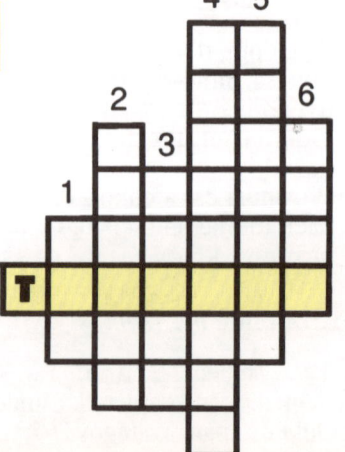

26 SLOVAK FOR YOU

XIX. Write down what the characters in the following situations could say:

XX. Naučte sa porekadlo:

*Oko za oko,
zub za zub.*

(An eye for an eye,
a tooth for a tooth.)

XXI. Naučte sa pieseň:

Anička, dušička, kde si bola

1. A-nič-ka, du-šič-ka, kde si bol-la, keď si si čiž-mič-ky za-ro-si-la? Bo-la som v há-jič-ku, ža-la som trá-vič-ku, du-ša mo-ja, du-ša mo-ja.

2. A ja som po tri dni trávu kosil,
ja som si čižmičky nezarosil.
/: A ja som hrabala, teba som čakala,
duša moja, duša moja. :/

4. lekcia

Ja a moja rodina

Ja som Peter Young. Som z USA, z Clevelandu. Teraz som na Slovensku. Študujem slovenčinu.

Moja rodina nie je veľká: moji rodičia – otec a mama, moji súrodenci – sestra a brat a moji starí rodičia – stará mama a starý otec. Môj otec je úradník v banke. Moja mama je učiteľka. Moja sestra je ešte malá, má 8 rokov. Volá sa Ann. Je žiačka. Môj brat má 20 rokov. Je šofér, teraz vlastne taxikár. Volá sa John. Je vysoký, veľmi veselý a sympatický. Ženatý nie je, ale má už dievča. Je Francúzka, má 18 rokov a je manekýnka. Samozrejme, je štíhla a pekná.

Moja stará mama je otcova mama. Je zo Slovenska, ale už je Američanka. Býva v USA od roku 1942. Je už stará, má 83 rokov. Je nízka a trochu tučná. Vždy je veľmi veselá, milá a dobrá. Môj starý otec je otcov otec. On je z Írska, ale už je tiež Američan. Je tu už 65 rokov. Je veľmi šikovný a múdry. Má rád históriu. Moji starí rodičia sú manželia už 60 rokov a sú na penzii. Bývajú v New Yorku, ale myslím, že teraz sú na Floride. Aj tam majú byt. Mamin otec a mamina mama už zomreli.

Pozrite, tu je naša fotografia. Sú tam aj moji bratranci a moje sesternice, moji strýkovia a moje tety.

Moja priateľka Mária je Slovenka. Študuje na univerzite angličtinu. Jej otec je lekár a mama je predavačka. Mária je zo Žiliny. Jej brat má 14, je ešte žiak. Niekedy je veľmi zlý, ale inak je veselý a zábavný.

Môj otec je veľmi rád, že študujem slovenčinu. On nevie po slovensky. Po slovensky vie len moja stará mama a ja. Viem už celkom dobre písať aj čítať, len hovoriť ešte neviem veľmi dobre.

Ale čo nie je, môže byť. A tak sa učím.

SLOVNÍK

adresa, -y; -y, adries F address
aj   also, too
aký, -á, -é *(about quality, kind, etc.)*   what, of what kind ...
Američan, -a; -ia, -ov M   American (male)
Američanka, -y; -y, -niek F   American (female)
angličtina, -y F   English (language)
babka, -y; -y, babiek F *(Infml)*   grandmother
banka, -y; -y, bánk F   bank
brat, -a; -ia, -ov M   brother
brat(r)anec, -nca; -nci, -ncov M   male cousin
byt, -u; -y, -ov M   apartment
čí, čia, čie   whose
číslo pasu   passport number

čo   what *(about a substance, phenomenon, thing)*
dátum, -u; -y, -ov M   date
dcéra, -y; -y, dcér F   daughter
dedo, dedko, -a; -ovia, -ov M *(Infml)*   grandfather
desiaty   tenth
deviaty   ninth
dievča, -čaťa; -čatá, -čat N   girl
dotazník, -a; -y, -ov M   questionnaire, personal data form
ešte   still; yet
Florida, -y F   Florida
Francúz, -a; -i, -ov M   Frenchman
Francúzka, -y; -y, -zok F   Frenchwoman
hádanka, -y; -y, -niek F   riddle
história, -ie *(usually only Sg)* F   history
hlúpy   stupid, dumb

Príbuzní

starí rodičia starý otec, dedo/dedko stará mama, babka manžel manželka strýko; ujo stryná; teta prastarý otec prastará mama	rodičia otec mama švagor švagriná svokor svokra	deti syn dcéra synovec neter zať nevesta	súrodenci brat sestra bratranec sesternica	vnuci, vnúčatá vnuk vnučka pravnuk pravnučka

DOTAZNÍK
(Píšte tlačeným písmom)

Krstné meno: .... Emília..........................
Priezvisko: .... Krátka..........................
Rodné meno: .... Kolárová......................
Dátum narodenia: deň 7. mesiac 11. rok 1953
Miesto narodenia: ....Zvolen .... štát: ....Československo
Vek: .... 43 rokov..............................
Pohlavie: .... ženské..........................
Stav: .... vydatá..........................
Národnosť: .... slovenská......................
Štátna príslušnosť: .... Slovenská republika..........
Adresa: ulica ......Dlhá......... číslo........... 78... mesto/obec .... Žilina
PSČ ....010 00......................
Zamestnanie: .... predavačka..........................
Zamestnávateľ: .... Jednota, Žilina..................
Číslo pasu: 0007779933

Dátum: ....19. 1. 1996..................... Podpis: *E. Krátka*

PROTIKLADY

dobrý	zlý
múdry	hlúpy
zábavný	nudný
šikovný	nešikovný
veselý	smutný
nízky	vysoký
malý	veľký
štíhly	tučný

hovoriť, -ím, -ia *NP* to speak; **hovoriť po anglicky** to speak English; **hovoriť po slovensky** to speak Slovak
inak otherwise; at other times
Írsko, -a *N* Ireland
koho whom
koľko how many
krátky short
krstné meno *N* first name
ktorý, -á, -é which
lekár, -a; -i, -ov *M* (medical) doctor (male)
lekárka, -y; -y, -rok *F* (medical) doctor (female)
malý small, little
mamin mother's
manekýnka, -y; -y, -nok *F* fashion model
manžel, -a; -ia, -ov *M* husband
manželka, -y; -y, -liek *F* wife
milý kind, nice
môcť, môžem, môžu; *Past* mohol *Mod* to be allowed to, can
môže (*3rd Pers Sg of* môcť) (he/she/it) is allowed to, can
múdry clever, bright, educated
mužský male
myslieť, myslím, myslia; *Past* myslel *NP* to think
myslím (*1st Pers Sg of* myslieť) I think, I suppose
na Floride in Florida
na penzii in retirement, retired
národnosť, -ti; -ti, -tí *F* (ethnic) nationality
na univerzite at a/the university
nevedieť, neviem, nevedia; *Past* nevedel *NP* not to know
nevesta, -y; -y, neviest *F* daughter-in-law; bride
nevie (*3rd Pers Sg of* nevedieť) he/she/it does not know

4

4.1 GENDER FORMS OF ADJECTIVES
- Tvary prídavných mien podľa rodu

4.1.1 Slovak adjectives have different forms for each of the three genders, i.e. the gender of the noun requires concord of the gender form of the adjective (as we will see later, there is also concord in number and case).

4.1.2 The relevant gender endings of adjectives are as follows:

	after a hard/neutral consonant		after a soft consonant	
Masculine	-ý/-y	nový, múdry	-í/-i	cudzí, horúci
Feminine	-á/-a	nová, múdra	-ia/-a	cudzia, horúca
Neuter	-é/-e	nové, múdre	-ie/-e	cudzie, horúce

The short ending is used when the preceding vowel is long (or after a diphthong, which counts as a long vowel), e.g.
starý otec, stará mama, staré číslo
but: *štíhly doktor, štíhla doktorka, štíhle dievča, cudzí dom, cudzia univerzita, cudzie číslo.*

4.1.3 The above forms of adjectives are in the singular number, i.e. are used when referring to singular phenomena. For the plural forms of adjectives see 6.4.

4.1.4 The vocabulary of this textbook presents the masculine form. The feminine and the neuter are formed as presented above in 4.1.2. Only in cases where differences from English equivalents might make it difficult to identify the Slovak words as adjectives are all their three gender forms stated in the vocabulary, e.g. *iný, -á, -é* other (see the vocabulary of Lesson 6).

4.2 POSSESSIVE ADJECTIVES
- Privlastňovacie prídavné mená

4.2.1 In Slovak possessive nouns from proper names and from words referring to human beings are usually formed with the help of the following suffixes:

from masculine nouns:	-ov, -ova, -ovo	Martinov, -a, -o bratov, -a, -o
from feminine nouns:	-in, -ina, -ino	Katkin, -a, -o mamin, -a, -o

4.2.2 When the masculine name or noun ends in *-ec, -er*, the *-e-* is usually dropped, e.g.:
Peter - Petrov, otec - otcov
But note also: Malec - Malecov

4.2.3 When the feminine name or noun ends in *-a*, this is dropped before adding the suffix *-in*, e.g.
Mária - Máriin, žiačka - žiačkin.

4.3 GENDER FORMS OF INTERROGATIVE PRONOUNS - Rod opytovacích zámen

4.3.1 In addition to the interrogative pronouns *kde, kam, kedy, prečo, odkiaľ*, etc., which do not change their form, and to *kto* and *čo* which only have nominal case forms (see 10.2.23), there are also interrogative pronouns which have adjectival gender forms. These are:

M	F	N	
aký	**aká**	**aké**	(of what kind,
aký štát	aká sestra	aké miesto	quality, etc.)
čí	**čia**	**čie**	(whose)
čí syn	čia dcéra	čie auto	
ktorý	**ktorá**	**ktoré**	(which)
ktorý dom	ktorá žena	ktoré mesto	

Note that each of these pronouns has gender forms, i.e. is governed by concord with the gender of the particular noun it modifies.

4.4 INTERROGATIVE PRONOUNS *KTO, ČO* AND THE FORM OF ADJECTIVES
- Opytovacie zámená *kto, čo* a tvar prídavných mien

4.4.1 In questions of the type:

Sg	M
Kto je	sympatický?
Kto je	doma?
Sg/Pl	N
Čo je	nové?
Čo máte	nové?

kto is always used with the masculine form of the adjective (or word having the grammatical forms corresponding to those of adjectives) and *čo* with the neuter form. This is the case regardless of what the gender of the actual noun in the given context is, e.g.

Kto je sympatický? Mária je sympatická.
Kto je unavený? Rodičia sú unavení.
Čo je nové? Dom je nový.
Čo máte nové? Máme nové knihy.

---

niekedy sometimes
nudný boring
obec, obce; obce, obcí *F* community
od since, from the time of; **od roku** since/from the year
otcov father's
otec, otca; otcovia, otcov *M* father
ôsmy eighth
penzia, -e; -e, -ií *F* retirement, pension; **na penzii** in retirement, retired
piaty fifth
písať, píšem, píšu *NP + Acc* to write sth
písmo, -a; -a, písem *N* script, letters; handwriting; (system of) writing
píš/te (*Imper of* písať) write; **píšte tlačeným písmom** print, write in printed letters

podpis, -u; -y, -ov *M* signature
pohlavie, -via; -via, -ví *N* sex
povolanie, -ia; -ia, -í *N* occupation, profession
pozrieť, pozriem, pozrú; *Past* pozrel *P + na + Acc* to look, to (have a) look
pozri/te (*Imper of* pozrieť) look, have a look
prastará mama *F* great-grandmother
prastarý otec *M* great-grandfather
pravnučka, -y; -y, -čiek *F* great grand daughter
pravnuk, -a; pravnuci, pravnukov *M* great grand son
predavač, -a; -i, -ov *M* shop assistant, attendant (male), sales person
predavačka, -y; -y, -čiek *F* shop assistant, attendant (female)
priateľ, -a; -ia, -ov *M* friend (male)
priateľka, -y; -y, -liek *F* friend (female)

4.5 ORDINAL NUMERALS - Radové číslovky

4.5.1 The following is a list of Slovak ordinal numerals:

1.	prvý, -á, -é	11.	jedenásty, -a, -e
2.	druhý	12.	dvanásty
3.	tretí, -ia, -ie	13.	trinásty
4.	štvrtý	14.	štrnásty
5.	piaty, -a, -e	15.	pätnásty
6.	šiesty	16.	šestnásty
7.	siedmy	17.	sedemnásty
8.	ôsmy	18.	osemnásty
9.	deviaty	19.	devätnásty
10.	desiaty	20.	dvadsiaty
30.	tridsiaty	31.	tridsiaty prvý
40.	štyridsiaty	47.	štyridsiaty siedmy
50.	päťdesiaty		.
60.	šesťdesiaty		.
70.	sedemdesiaty		.
80.	osemdesiaty		.
90.	deväťdesiaty		.
100.	stý, -á, -é	155.	stopäťdesiaty piaty
200.	dvojstý	279.	dvestosedemdesiaty deviaty
300.	trojstý		.
400.	štvorstý		.
500.	päťstý		.
1 000.	tisíci, -a, -e		.
2 000.	dvojtisíci, -a, -e		.
10 000.	desaťtisíci		.
1 000 000.	miliónty		.

4.5.2 Ordinal numerals end in:

Pronunciation	Spelling	Examples
a) [í, á, é]	-ý, -á, é	prvý, štvrtá, sté;
b) [i, a, e]	-y/-i, -a, -e	siedmy, tisíci, desiata, miliónte *(The short ending is due to rhythmic shortening.)*
c) [í, ia, ie]	-í, -ia, -ie	only: tretí, tretia, tretie

4.5.3 In numeric representation ordinal numbers in Slovak are followed by a period, e.g.

English	Slovak
3rd	3.

When referring to ordinal numerals in the following explanations, their Slovak representation will be used.

4.5.4 By their grammatical form, ordinal numerals correspond to adjectives as they have three different endings for their gender forms, e.g.

M	F	N
prvý deň	prvá dcéra	prvé auto

4.5.5 Presented in 4.5.1 are the masculine forms of the ordinal numerals. To exemplify the formation of the corresponding feminine and neuter cardinal numerals, their endings are listed with the first occurrence of each type, and the following numerals are formed accordingly. For more details about the gender endings see 4.1. and 4.5.6 a) below.

4.5.6 Ordinal numerals are formed in the following ways:

a) *1.–10.* are formed from the modified roots of cardinal numerals to which -ý/-y, -á/-a, -é/-e are added. With *3.* the endings are -í, -ia, -ie, i.e. *tretí, tretia, tretie* (see 4.5.1 and 4.5.2 above). With *päť* to *desať* the root modification involves lengthening of the syllable before the ending by the vowel changing into a diphthong, e.g. *šesť - šiesty, osem - ôsmy.*

b) *11.–19.* are formed by changing the final *ť* into *t* and adding -y, -a, -e, e.g. *jedenásty, trinásta, sedemnáste.*

c) *20., 30., 40., 50., 60., 70., 80., 90.* are formed by changing the final *-dsať/-siat* into *-dsiaty/-siaty* and adding -y, -a, or -e respectively, e.g. *dvadsiaty, päťdesiata, osemdesiate.*
- With *20., 30.* and *40.* the syllable before the ending becomes lengthened by the vowel changing into a diphthong, e.g. *dvadsať - dvadsiaty.*
- In numerals between the decades both of the numerals are in their ordinal forms, e.g. *štyridsiaty tretí, deväťdesiaty ôsmy.*

d) *100.* is formed by replacing the final *-o* in *sto* by *-ý*, i.e. *stý.*

e) *200., 300.,* and *400.* are formed from group numerals (see 3.2.8) to which *-stý* is added, i.e. *dvojstý, trojstý, štvorstý.*

f) *500. – 900.* are formed from the corresponding cardinal numerals followed by *-stý.*

g) When the last two digits of an ordinal numeral above 100 are not zero, the numerals *sto, tisíc* and above are in their cardinal form and the rest of the numeral in the ordinal form, e.g. *sto dvadsiaty piaty, tisíc dvesto päťdesiaty druhý.*

h) *1000., 5000. ... 18000. ... 999000.* are formed by adding to tisíc the endings -i, -a, -e, e.g. *tisíci, päťtisíca, osemnásťtisíce, deväťsto deväťdesiatdeväť tisíce).*
2000., 3000. and *4000.* use for the first digit the group numeral words (see 3.2.8), i.e. *dvojtisíci, trojtisíci, štvortisíci.*

i) *1000000. ...... 5000000.* etc. are formed by adding to milión the endings *-ty, -ta,* or *-te*: *miliónty, päťmiliónta.*

4.5.7 To ask about which in order we use *ktorý, ktorá, ktoré*:

Ktorý dom je to?	*Je to druhý dom.*

4.6 FEMININE NAMES OF OCCUPATIONS - Prechýlené ženské názvy osôb podľa povolania

4.6.1 In Slovak, names of professions or occupations usually have a different form for the masculine and feminine genders:
profesor M, profesorka F.

4.6.2.1 The feminine gender is formed mostly by adding the suffix *-ka*, e.g.

M	F
....	........+ka
učiteľ	učiteľka

4.6.2.2 When the masculine noun ends in *-a*, this is dropped before adding the suffix *-ka*:

..............a	..........a̷ + ka
futbalista	futbalist + ka
sólista (soloist)	sólist + ka

When the masculine ends in *-k*, this is changed into *-č*, and when in *-ch*, this is changed into *-š* before adding *-ka*, e.g.

..........k/ch	.......č/š + ka
úradník	úradníč + ka
žiak	žiač + ka
beloch (white man)	beloš + ka

4.6.2.4 When the masculine form ends in *-ec*,
  a) the final *-c* changes into *-č* and *-ka* is added, e.g.

.......c	......č + ka
herec (actor)	hereč + ka

b) the final *-ec* is dropped and *-kyňa* added, e.g.

.........ec	.........ec̷
umelec (artist)	umel + kyňa

4.6.3 The other endings used for forming such feminine nouns are, e.g.:

-ička: chirurg (surgeon)	- chirurgička,
-yňa: kolega (colleague)	- kolegyňa,
-iná: švagor	- švagriná
-ica: učeň (apprentice)	- učnica

4.6.4 When referring non-specifically to both men and women, the masculine noun is used, e.g. *žiaci, doktori.*

4.6.5 For nouns formed from participles and adjectives see 7.4.

4.7 ASKING ABOUT AGE - Ako sa pýtame na vek

4.7.1

Koľko máš rokov?	(How old are you? - *Sg Infml*)
Koľko má rokov?	(How old is he/she/it?)
Koľko máte rokov?	(How old are you? - *Pl or Sg Fml*)
Koľko majú rokov?	(How old are they?)

The above are the questions used for asking about somebody's age. After *koľko* we use the relevant form of the verb *mať*.

4.7.2 The pattern used in the answer is:

Mám ..... rokov.	(I am ...... years old.)

In the phrase the noun *rok* is usually in the form of genitive plural, i.e. *rokov*. The age is stated by giving the appropriate cardinal numeral, e.g.

Mám dvadsať	*rokov.*
On má päťdesiatpäť	*rokov.*

The genitive plural is used from 5 years above.

4.7.3 With lower numerals the situation in the answer is as follows:
  a) With *1* the answer is:

Má jeden	*rok.*

Here the noun *rok* is in the nominative singular.
  b) With *2-4* the answer is:

Má dva/tri/štyri	*roky.*

Here the noun is in the nominative plural form. For the concord of numerals and nominal phrases see also 8.5.

---

príbuzná, -ej; -é, -ých *F* a relative (female)
príbuzný, -ého; -í, -ých *M* a relative (male)
priezvisko, -a; -á, priezvisk *N* last name, surname
protiklad, -u; -y, -ov *M* an opposite, sth having opposite meaning
PSČ (*Abbr from* poštové smerovacie číslo) (postal) zip code
rodič, -a; -ia, -ov *M* parent
rodina, -y; -y, -dín *F* family
rodné meno *N* surname at birth; maiden name
rodokmeň, -a; -ne, -ňov *M* family tree
rok, -u; -y, -ov *M* year; **má osem rokov** (he/she/it) is eight years old
rozvedený *Adj* divorced
samozrejme of course

sesternica, -e; -e, -níc *F* female cousin
sestra, -y; -y, sestier *F* sister
siedmy seventh
slobodný single; free
Slovák, -a; Slováci, Slovákov *M* Slovak (male)
Slovenka, -y; -y, Sloveniek *F* Slovak (female)
smutný sad
stará dievka, -y; -y, -vok *F* (derogatory) old maid
stará mama *F* grandmother
starý old
starý mládenec *M* bachelor
starý otec *M* grandfather
starý rodič grandparent
strýko, -a; -ovia, -ov *M* uncle (father's brother)
stryná, -ej; -é, strýn *F* aunt (father's sister)

32 SLOVAK FOR YOU

CVIČENIA

I. Prosím, čítajte:
a) 73, 98, 55, 47, 82, 1968, 1465, 1291, 1492, 460 000, 1776, 863, 1863, 1918, 1989
b) 1. dom, 15. miesto, 20. ulica, 79. študent, 100. deň, 1.000. koruna, 5.000.000. Slovák, 3. syn, 7. pani, 18. lekcia, 356. bicykel, 5.237. deň

II. Odpovedzte:
1. Odkiaľ je Peter Young?
2. Koľko má rokov?
3. Kde je teraz?
4. Čo študuje?
5. Kde na Slovensku študuje?
6. Aké povolanie má jeho otec?
7. Aké povolanie má jeho mama?
8. Je jeho otec vysoký?
9. Je jeho brat vysoký?
10. Je jeho mama štíhla?
11. Koľko rokov má jeho brat?
12. Koľko rokov má jeho sestra?
13. Je jeho brat študent?
14. Je jeho brat zlý?
15. Má jeho brat dievča?
16. Je jeho dievča Američanka?
17. Je jeho stará mama z USA?
18. Kde je teraz jeho stará mama a starý otec?
19. Študuje Petrova priateľka slovenčinu?
20. Vie už Peter dobre po slovensky?

III. Doplňte:
1. Slovenčinu študujem od roku .....
2. V meste .... bývam od roku.....
3. V USA som od roku .....
4. Som ženatý/vydatá od roku .....
5. Auto mám od roku ......
6. Dom mám od roku ......
7. Veľa peňazí mám od roku .....
8. Čas nemám od roku.....

IV. Change the following sentences into negative ones:
1. Moja sestra má 22 rokov.
2. Môj brat má rád históriu.
3. Moja priateľka vie po anglicky.
4. Viem písať po slovensky.
5. Jej mama je predavačka.
6. Jeho brat je šofér.
7. Myslím, že sú na Floride.
8. Jej brat je veľmi zlý.
9. Tvoj otec je v banke.
10. Peter má šťastie.
11. Môj otec sa volá Filip.
12. Tvoja manželka cestuje na Floridu.
13. Jeho druhé auto je mercedes.
14. Moja matka je lekárka.
15. Jeho švagriná býva na Aljaške.

V. Preložte do slovenčiny:
1. He is in Slovakia. He studies Slovak.
2. She has already been in Florida for several days. She is happy.
3. Peter is at home. He is tired.
4. Her father is in the USA. He is old.
5. His mother works in a bank. She is nice.
6. Mary studies at the university. She is bright.
7. This is her first day at the university. She is happy.
8. Mother's brother is a bank officer. He is amusing.
9. I do not know how old his girlfriend is. She is a fashion model.
10. I can read and write in Slovak, but I cannot speak well yet. I study Slovak.
11. My friend lives in New York. She is single. I am not.
12. She is from the USA. Her father is not.
13. I am glad to be here. John is not.
14. William and Ann are fine. We are not.

---

súrodenec, -nca; -nci, -ncov *M* sibling *(while* sibling *is not frequently used,* súrodenec *is a common and frequent reference to brothers and/or sisters)*
svokor, -kra; -krovia, -krov *M* father-in-law
svokra, -y; -y, -kier *F* mother-in-law
sympatický nice, pleasant
syn, -a; -ovia, -ov *M* son
šiesty sixth
šikovný handy, skillful
šofér, -a; -i, -ov *M* driver
štátna príslušnosť *F* citizenship
štátny *Adj* pertaining to state
štíhly slim
študovať, -ujem, -ujú *NP + Acc* to study sth
študuje angličtinu (he/she/it) studies English

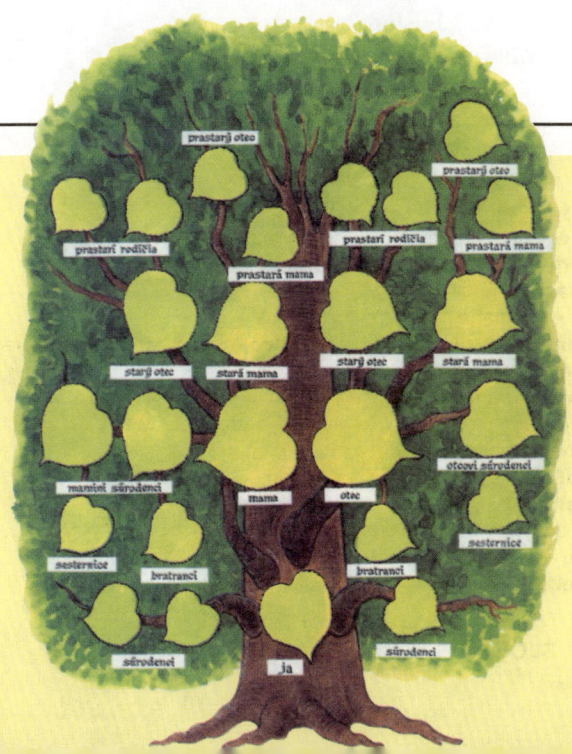

VI. Doplňte:

(starý) ... mama, (malý) ... brat, (americký) ... študentka, (slovenský) ... história, (môj) ... šťastie, (manželkin) ... práca, (prvý)... skúška, (bratov) ... priateľ, (bratov) ... dievča, (otcov) ... číslo, (tretí) ... dcéra, (milý) ... stará mama, (múdry) ... otec, (jeho) ... doktorka, (matkin) ... sestra, (sympatický) ... úradník, (ich nový) ... manekýnka

VII. Complete the sentences, using possessive nouns.

Example: *Profesor má auto. To je profesorovo auto.*
1. Otec má liek. To je ....
2. Mama má kávu. To je ....
3. Brat má pekné dievča. To je ....
4. Sestra má nový dom. To je ....
5. Priateľka má skúšku. To je ....

VIII. Give opposites to the following words:

ženský, ženatý, slobodný, veselý, zábavný, blízko, dobrý, múdry, dlhý, starý

IX. Odpovedzte:

1. Je vaša rodina veľká?
2. Je váš otec profesor?
3. Je váš otec úradník?
4. Je váš otec taxikár?
5. Čo je váš otec?
6. Je váš otec sympatický?
7. Koľko má rokov?
8. Je vaša matka učiteľka?
9. Je vaša matka predavačka?
10. Čo je vaša matka?
11. Koľko má rokov váš brat?
12. Koľko má rokov vaša sestra?
13. Máte dom?
14. Koľko rokov má váš dom?
16. Máte auto?
17. Je nové? Je staré?
18. Koľko má rokov?

X. Suppose that you have been told the following sentences, but you have not heard clearly the words in brackets, and so you want to ask about them, using *kto, čo, aký, čí, ktorý*.

Príklad: *Moja mama je (mladá). Aká je tvoja mama?*
1. Jeho otec je veľmi (zábavný). 2. (Mamina) sestra je Američanka. 3. (Táto) manekýnka je pekná. 4. Ten starý pán je (Petrov) otec. 5. (Tento čaj) je silný. 6. (Otcova) sestra je veľmi šťastná. 7. Ich syn je veľmi (sympatický). 8. Ich univerzita je (nová). 9. (Vaša matka) je múdra. 10. (Jej) brat je žiak. 11. (Toto) auto je americké. 12. Majú (nový) dom. 13. (Jeho svokra) je milá. 14. (Tento dom) je starý.

XI. Produce and fill in a Slovak questionnaire giving the following data:

First Name: Eva
Last Name: Porubská
Maiden Name: Vranová
Date of Birth: 7/12/57
Place of Birth: Svit   **State:** SR
Sex: F
Marital Status: divorced
Nationality: Slovak
Citizenship: Slovak
Address: Hrachová ulica 15, 821 05 Bratislava
Profession: teacher

XII. Change to refer to women:

predavač, svokor, lekár, úradník, vdovec, starý mládenec, priateľ, rozvedený, zamestnávateľ, vnuk, recepčný, švagor, strýko, šofér, žiak, Slovák, Američan, hokejista, astronaut, manžel, synovec, bratranec, syn, muž

XIII. In a questionnaire form give:

a) your own personal data;
b) the personal data of one member of your family.

XIV. Say in Slovak in what relationship the following family members are to you:

otcov brat, mamin otec, strýkov syn, sestrina dcéra, tetina dcéra, bratov syn, dedov syn, manželova sestra

---

štvrtý fourth
švagor, -gra; -gri, -grov *M* brother-in-law
švagriná, ej; -né, švagrín *F* sister-in-law
taxikár, -a; -i, -ov *M* taxi-driver (male)
teta, -y; -y, tiet *F* aunt (mother's sister)
tlačené písmo *N* printed letters; **tlačeným písmom** in printed letters
učím sa I am learning
učiť sa, -ím sa, -ia sa *NP + Acc* to learn, to study; to be learning/studying
učiteľ, -a; -ia, -ov *M* teacher (male)
učiteľka, -y; -y, -liek *F* teacher (female)
ujo, -a; -ovia, -ov *M* uncle (mother's brother)
ulica, -e; -e, ulíc *F* street
univerzita, -y; -y, -zít *F* university

úradníčka, -y; -y, úradníčok *F* clerk, office worker (female)
úradník, -a; úradníci, úradníkov *M* clerk, office worker (male)
v banke at/in the bank
vdova, -y; -y, vdov *F* widow
vdovec, -vca; -vci, -vcov *M* widower
vedieť, viem, vedia; Past vedel *NP + Acc* to know
vedieť po anglicky/slovensky to (be able to) speak English/Slovak
veľký big
veselý joyful
viem (1st Pers Sg of vedieť) I know
vlastne actually, in fact
vnučka, -y; -y, vnučiek *F* granddaughter
vnuk, -a; vnuci, vnukov *M* grandson
vydatá (about a woman) married

XV. Try to say in another way:

1. Študujem slovenčinu. 2. Otcov brat je predavač. 3. Nie je starý. 4. Toto je manželova sestra. 5. Nie je štíhla. 6. Hotel je ďaleko. 7. To nevadí.

XVI. Preložte do slovenčiny:

1. Sometimes my brother is very amusing.
2. I cannot speak Slovak very well yet.
3. His grandfather is very clever.
4. He can write quite well already.
5. I can read Slovak quite well.
6. Of course, he is very pleasant.
7. Her mother is divorced.
8. She is a sales person.
9. His grandfather is from Slovakia.
10. His grandmother is from Ireland.
11. They have been in Cleveland since 1930.
12. He is kind and handy.
13. How old are you?
14. How old is your brother?
15. How old is your sister?
16. She is short and fat.
17. They are already retired.
18. Give me the questionnaire, please.
19. Write in capital letters.
20. Come to the cinema.
21. Nice to meet you.
22. Wait a moment, please.
23. How much is it?
24. Here you are – here is the money.

XVII. Prepare questions for an interview in Slovak to find out as much data as you can about a person.

XVIII. What would the characters in the following pictures say:

XIX. Hádanka:

Kto je to?
Je malý a milý. Má sedem rokov, ale nevie čítať ani písať. Nevie po anglicky ani po slovensky, ale je to dobrý priateľ. Je múdry, šikovný a sympatický. Volá sa Rex.

XX. Naučte sa porekadlo:

*Kto prv príde,
(ten) prv melie.*

(First come, first served.)

XVI. Naučte sa pieseň:

---

vysoký *Adj* tall, high
vždy always
zábavný amusing, funny
zamestnanie, -ia; -ia, -í *N* employment
zamestnávateľ, -a; -lia, -ľov *M* employer
zať, -a; -ovia, -ov *M* son-in-law
z Írska from Ireland
zomrieť, -iem, -ú; *Past* zomrel *P* to die
zo Slovenska from Slovakia
ženatý *(about a man)* married
ženský female
žiak, -a; žiaci, žiakov *M* pupil (male)
žiačka, -y; -y, -čok *F* pupil (female)

5. lekcia

Môj dom

Toto je môj dom. Vlastne otcov a mamin. Je v Žiline. Nie je veľký, ale myslím, že je pekný. Dom je biely, strecha je červená aj komín je červený. Náš dom nie je nový, ale nie je ani starý. Má 15 rokov.

Dolu v dome je predsieň, kuchyňa, jedáleň, obývačka, spálňa, kúpeľňa, WC a garáž. Kuchyňa je veľká a pekná. Samozrejme, je tam sporák, chladnička, mraznička, mikrovlnná rúra, umývačka riadu a sú tam skrinky. Toto je naša jedáleň. Je tu veľký okrúhly stôl a stoličky.

Obývačka je tiež veľká a je svetlá. Steny sú zelené, koberec svetlohnedý. Vpredu sú kreslá a malý stolík, vzadu je kozub, veľký farebný televízor a video. Vpravo je lampa a obraz, vľavo je okno.

Spálňa je malá. Je to otcova a mamina spálňa. Všetko je tam modré alebo biele.

Naša garáž nie je veľká. Je tam naše auto. Je tu aj záhrada a bazén.

Moja izba je hore. Pozri, tu je široká posteľ, tmavohnedé skrinky, moderná lampa, polička, písací stôl, stolička a pohodlné kreslo. Toto sú moje knihy, moje učebnice, môj nový anglicko-slovenský slovník, zošity, perá a ceruzky. Tu je môj počítač. Sú tu aj fotografie, ale neviem, kde je album. Nemám tu veľký poriadok, však?

Toto je sestrina izba. Sestra tu teraz nebýva, študuje v Bratislave. Keď tu nie je na návšteve, jej izba je prázdna. Sestrina izba je malá. Je celá ružová. Ružová nie je moja farba, ale to je jej vec. Je tam veľké zrkadlo, skriňa, posteľ, hranatý stôl a stolička. Moja sestra tam má vždy poriadok. No čo, veď je dievča. My chlapci sme trochu neporiadni. Ale môj otec nie je neporiadny, on má všade poriadok a vždy vie, kde čo má. Škoda, že to nie je dedičné.

SLOVNÍK

album, -u; -y, -ov *M* album
ani either; (with negation) neither, nor
anglicko-slovenský English-Slovak
asi probably, perhaps
auto, -a; -á, áut *N* car
bar, -u; -y, -ov *M* bar, saloon
bazén, -a; -y, -ov *M* swimming pool
biely white
brada, -y; -y, brád *F* chin
bývať, bývam, bývajú *NP* to live, to be living (somewhere)
cena, -y; -y, cien *F* price
centrum, -tra; -trá, centier *N* center
ceruzka, -y; -y, ceruziek *F* pencil

čelo, -a; -á, čiel *N* forehead
červený red
čierny black
členok, -nka; -nky, -nkov *M* ankle
črevo, -a; -á, čriev *N* intestine
dedičný hereditary
dlaň, -ne; -ne, -ní *F* palm of the hand
dohodou by negotiation
dolu down, downstairs; downwards
farba, -y; -y, farieb *N* color; **akej farby** of what color
farebný color, colored
garáž, -e; -e, -í *F* garage
hľadať, hľadám, hľadajú *NP + Acc* to be looking for
hlava, -y; -y, hláv *F* head
hlučný noisy

Inzeráty

Predám starý dom v centre mesta. 3 izby, kuchyňa, príslušenstvo, garáž. Cena dohodou. Tel. 773 777.
*

Mladý zamestnaný muž hľadá jednoizbový nezariadený byt na 1 rok.
*

Predám nový luxusný poschodový 5-izbový dom v Žiline. 2 garáže, bazén,
veľká záhrada. Len za valuty.
*

Prenajmem jednoizbový byt, tichý, svetlý, telefón. Len pre ženu.
*

Hotel Krym - výhodné ubytovanie v centre mesta. Jednoposteľové

PROTIKLADY

malý byt	veľký byt
voľná izba	obsadená izba
vysoký dom	nízky dom
tichá ulica	hlučná ulica
svetlá predsieň	tmavá predsieň
prázdna reštaurácia	plná reštaurácia
pekný obraz	škaredý obraz
nový stôl	starý stôl
široká posteľ	úzka posteľ
mladý priateľ	starý priateľ
veselý film	smutný film
štíhla manekýnka	tučná manekýnka
silná káva	slabá káva
teplý čaj	studený čaj
dobrý deň	zlý deň
dobrý deň	nedobrý deň
šťastné dievča	nešťastné dievča
zariadený dom	nezariadený dom
výhodná práca	nevýhodná práca
zamestnaný úradník	nezamestnaný úradník

Akej farby – Of what color

biely	white
červený	red
čierny	black
hnedý	brown
modrý	blue
oranžový	orange
ružový	pink
sivý	gray
zelený	green
žltý	yellow

hnedý brown
hranatý square
hruď, -e; -e, -í *F* chest (of the body)
chladnička, -y; -y, chladničiek *F* refrigerator
chlapec, -pca; -pci, -ov *M* boy
chodidlo, -a; -á, chodidiel *N* sole of the foot
inzerát, -u; -y, -ov *M* advertisement
jedáleň, -lne; -lne, -lní *F* dining room
jednoizbový *Adj* pertaining to one room, one-room
jednoposteľový *Adj* pertaining to a single room
katedra, -y; -y, katedier *F* department (of a faculty)
keď when
koberec, -rca; -rce, -ov *M* carpet
koleno, -a; -á, kolien *N* knee
komín, -a; -y, ov *M* chimney

kozub, -a; -y, -ov *M* fireplace
kreslo, -a; -á, kresiel *N* armchair
krk, -u; -y, -ov *M* neck
kuchyňa, -e; -e, kuchýň *F* kitchen
lakeť, lakťa; lakte, lakťov *M* elbow
lampa, -y; -y, lámp *F* lamp
líce, -a; -a, líc *N* cheek
luxusný luxurious
mihalnica, -e; -e, mihalníc *F* eyelash
mikrovlnná rúra *F* microwave oven
mikrovlnný *Adj* microwave
mimo outside, elsewhere than
mladý young
moderný modern
modrý blue

SLOVAK FOR YOU 37

5.1 GENDER CLASSIFICATION OF NOUNS
- Klasifikácia podstatných mien podľa rodu

5.1.1 As we already know (see 1.3.4), the gender of Slovak nouns is grammatical, i.e. nouns do not belong to gender categories according to their reference to males or females, or to things. This means that Slovak nouns differ from English nouns in this important respect.

5.1.2 Nevertheless, there is some predictability of the gender of Slovak nouns:
   a) most references to males are of masculine gender, and most references to females are of feminine gender, e.g.:

M	F
otec	mama
študent	študentka
medveď (bear)	medvedica (she-bear)

   b) many words referring to young beings (humans or animals) are of neuter gender, e.g.:

N:	dieťa	(child)
	vtáča	(little bird)
	žriebä	(foal)
	dievča	(girl)

5.1.3 Nouns referring to things can belong to any of the three genders. To some extent, their gender can be predicted from their final letter(s)/sound(s) (see 5.2).

5.1.4 The endings of the genders, i.e. the forms of their nominative singular, are relevant for the case/declension patterns which will be learned later.

5.1.5 Following is a survey of the final letters which, for the sake of simplicity, will be referred to as „endings" of Slovak nouns within each gender in nominative singular (*cons.* stands for *consonant*).

M	a) cons.:	(+Hum)	otec, taxikár, priateľ
		(-Hum)	dom, stôl, vlk (wolf)
	b) -a:	(+Hum)	tenista, futbalista, sudca (judge)
	c) -o:	(+Hum)	Janko, dedo, strýko
F	a) hard cons. + a:		mama, stolička, kniha, fotografia
	b) soft cons. + a:		spálňa, ryža (rice), ulica
	c) soft cons. or -s/-p/-v:		posteľ, jedáleň, kosť (bone), hus (goose)
	d) -ná:		kráľovná (queen), princezná (princess)
N	a) -o:		auto, video, rádio, pero
	b) 1. -e:		srdce, pole (field), vrece (bag)
	2. -ie:		poschodie (floor), údolie (valley)
	c) -um:		múzeum (museum), akvárium (aquarium)
	d) -a; -ä:		dievča, chlapča (little boy), vtáča (little bird), holúbä (little pigeon), žriebä (foal)

5.1.6 Foreign words can have different final letters, e.g. *whisky* F, *tabu* N, *marabu* M, *kiwi* N.

5.2 GENDER PREDICTABILITY
- Prediktabilita rodu

5.2.1 As has been stated above (see 5.1), the predictability of the gender of Slovak nouns on the basis of their endings is rather limited. However, such predictability does exist, and if we also know the meaning of the noun, our ability to predict gender becomes much higher and allows us to establish the gender of a large number of Slovak nouns.

5.2.2 Full predictability exists only with the endings:
   a) *-e, -ie, -um,* which indicate neuter:
      srdce, údolie (valley), *múzeum;*
   b) *-ä,* which denotes the young of animals and neuter gender:
      žriebä (foal);
   c) *-á,* which indicates feminine gender:
      kráľovná (queen).

5.2.3 Partial predictability exists with:
   a) final *-o:* 1. If the noun refers to a human and it is not augmentative, it belongs to masculine gender:
      strýko, dedo (Coll for *starý otec*);
      2. If the noun refers to an inanimate phenomenon, or is an augmentative, it belongs to neuter gender:
      auto, okno, chlapčisko (augmentative derogatory for boy).
   b) final *-a:* 1. If the noun refers to an inanimate phenomenon, its gender is feminine:
      univerzita, kuchyňa.
      2. If the noun refers to a human or animate being:
      A. if it does not refer to a young being or youngling, its gender is masculine or feminine according to sex:
      mama F, *turista* M, *turistka* F;
      B. if it refers to a young being or youngling, as a rule, its gender is neuter:
      dieťa (child), *medvieďa* (bear cub).

5.2.4 Table of Noun Classification by Endings (with examples):

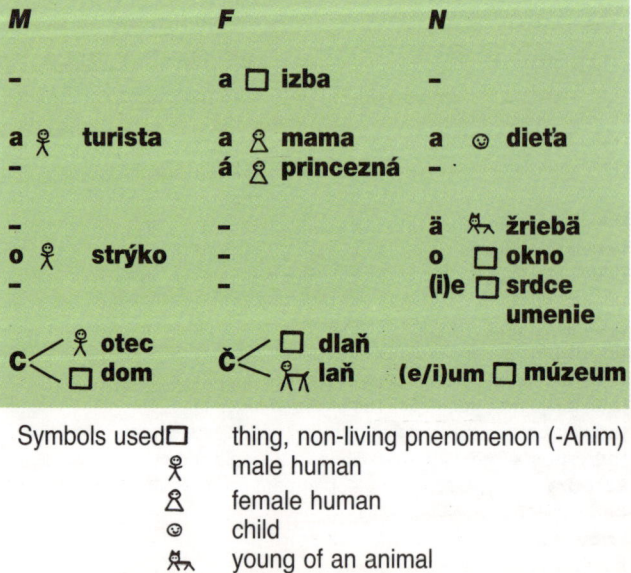

Symbols used:
- ☐ thing, non-living phenomenon (-Anim)
- ♂ male human
- ♀ female human
- ☺ child
- young of an animal
- animal

Translation of the examples used in the Table above: *izba* - room, *mama* - mother, *dieťa* - child, *princezná* - princess, *žriebä* - foal, *strýko* - uncle, *okno* - window, *srdce* - heart, *umenie* - art, *otec* - father, *dom* - house, *dlaň* - palm of the hand, *laň* - hind, *múzeum* - museum.

5.2.5 For completeness it should be added that final -o- also occurs in the neuter in:
a) augmentative nouns (expressing large size) ending in -*sko*, e.g. *medvedisko* (big bear), *domisko* (huge house);
b) derogatory nouns ending in -*sko*, e.g. *chlapčisko* (rascal), *dievčisko* (bad girl).
The augmentative and derogatory function can alternate or coexist in the same words, e.g. *medvedisko* (big and/or ugly/bad bear).
c) diminutive nouns or endearments ending in -*tko*, e.g. *dievčatko* (little/dear girl), *vtáčatko* (little/dear bird).

5.3 NEGATIVE AND CONTRARY ADJECTIVES - Negatívne a protikladné prídavné mená

5.3.1 In Slovak many adjectives are negated with the help of the negative prefix *ne-*, e.g.

nešikovný, neporiadne, nesympatická, nezariadený

5.3.2 Contrary adjectives, similarly to the situation in English, express mutually opposite meanings, e.g.

mladý - starý

It is important to note that one adjective can have different opposites in different meanings, e.g.

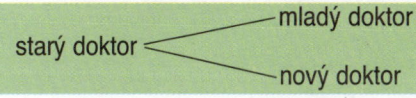
starý doktor — mladý doktor / nový doktor

5.3.3 In many cases the negated adjectives exist parallel to contrary adjectives, e.g.
pekný obraz - nepekný obraz, škaredý obraz.
Here *nepekný* only denies its being nice, while *škaredý* says that it is ugly. Hence, the negated adjective usually expresses a less strong negative statement than the contrary one.

CVIČENIA

I. State the gender of the following nouns on the basis of their form (including also the ones that have not yet occurred in this textbook, i.e. without knowing their meaning):

otec, mama, auto, dom, dedo, káva, video, terárium, konferencia, veda, rádio, pero, kúpeľňa, jedáleň, profesor, problém, génius, prezident, program, kilo, zima, leto, jar, jeseň, taxikár, taxikárka, žaba, medveď, medvedica, lietadlo, letisko, pilot, pilotka, ulica, stôl, stolička, more, oceán, rieka, jazero, pole, hokej, hokejista, hokejistka, olympiáda, pivo, whisky, coca-cola, televízor, rádio, opera, film, fantázia, poézia

II. Check the meaning of the following words in the picture, establish their gender from their form, whenever possible, and with the remaining words check the gender in the vocabulary:

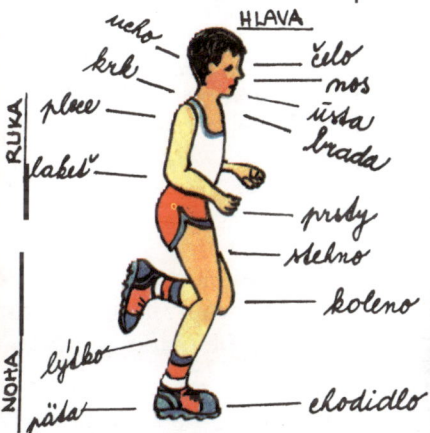

hlava, vlas, oko, ucho, tvár, líce, zub, brada, čelo, nos, obočie, mihalnica, telo, krk, plece, rameno, ruka, lakeť, prst, palec, dlaň, hruď, rebro, srdce, žalúdok, pečeň, črevo, oblička, noha, stehno, koleno, členok, chodidlo, päta

III. Qualify the following nouns by an adjective or a possessive pronoun:

video, spálňa, dom, polica, chladnička, stôl, kniha, taxikár, doktor, futbalista, futbalistka, chlapec, dievča, pero, ceruzka, zošit, fotografia, zrkadlo, počítač, komín, strecha, stena, bazén, katedra

---

mraznička, -y; -y, mrazničiek *F* freezer
na návšteve visiting, on a visit
návšteva, -y; -y, návštev *F* visit
nebývať, -am, -ajú *NP* not to live at
neporiadny *Adj* disorderly
no čo *(Coll)* so what; well
noha, -y; -y, nôh *F* leg; foot
nos, -a; -y, -ov *M* nose
nový new
oblička, -y; -y, obličiek *F* spleen
obočie, -ia; -ia, -í *N* eyebrow
obraz, -u; -y, -ov *M* picture, painting
obsadený *Adj* occupied
obývačka, -y; -y, obývačiek *F* living room
okno, -a; -á, okien *N* window

oko, -a; oči, očí *N* eye
okrúhly *Adj* round, having a round shape
oranžový *Adj* orange
palec, palca; palce, palcov *M* thumb
pečeň, -ne; -ne, -ní *F* liver
písací stôl *M* desk
plece, -a; plecia, pliec *N* shoulder
plný full
počítač, -a; -e, -ov *M* computer
pohodlný comfortable
polička, -y; -y, poličiek *F* shelf
poriadok, -dku; -dky, -dkov *M* order
poschodový *Adj* having two floors or more than one floor
posteľ, -e; -e, -í *F* bed
prázdny *Adj* empty

IV. Use the following adjectives (in their appropriate gender form) with nouns:

písací, pohodlný, šikovný, zábavný, prázdny, veselý, svetlý, neporiadny, ružový, nesympatický, tučný, malý, zlý, unavený, nudný, nový, pekný, americký, silný, nezariadený, dlhý, smutný, modrý, šťastný

V. Give the feminine nouns corresponding to the following nouns:

doktor, študent, žiak, učiteľ, taxikár, predavač, Američan, lekár, Slovák, Francúz, profesor, šofér, manekýn, tenista, futbalista, pilot, astronaut, Kanaďan, hokejista, prezident

VI. Fill in the words *rád, rada, rado,* or *radi*:

1. Mária je veľmi ...., že ste tu.
2. Som veľmi ...., že bývam v USA.
3. Sú ...., že študujú slovenčinu.
4. Samozrejme, Peter je ...., že má šťastie.
5. Sme ...., že viete písať po slovensky.
6. Som ...., že je to dobrý liek.
7. Mama je ...., že jej syn je šikovný.
8. Nie som ...., že už ide domov.

VII. Match the following adjectives (in their appropriate gender forms) with as many of the nouns as possible:

široký	auto
tučný	film
sympatický	ulica
farebný	prezident
štíhly	byt
zábavný	kuchyňa
moderný	predavač
šikovný	manekýn
vysoký	kniha
žltý	televízor
nezamestnaný	počítač
zariadený	manžel

VIII. Give answers to the following questions according to the text of Lesson 5:

1. Čí je ten dom?
2. Je to len jeho dom?
3. Kde v Žiline býva?
4. Je jeho izba hore alebo dolu?
5. Je jeho izba ružová?
6. Prečo?
7. Má tam poriadok?
8. Prečo?
9. Má tam fotografie?
10. Býva tam jeho sestra?
11. Kde je sestrina izba?
12. Má tam sestra poriadok?
13. Má jeho rodina video?
14. Majú počítač?
15. Majú americký počítač?

IX. Odpovedzte:

Príklad: *Je ten čaj studený? Nie, je horúci.*

1. Je ten film dobrý?
2. Je to miesto obsadené?
3. Je tá žena tučná?
4. Je ten obraz pekný?
5. Je tá káva silná?
6. Máte starý dom?
7. Máte malý dom?
8. Je váš televízor starý?
9. Je váš dom prázdny?
10. Je váš učiteľ dobrý?

X. List your family members and give their names and age.

XI. Preložte do angličtiny:

1. Vždy vie, kde čo má.
2. To je jeho vec.
3. Má tam poriadok.
4. Pozri, tu je tvoj slovník.
5. To je všetko.
6. Myslím, že profesor je tu.
7. Môj otec nie je neporiadny.
8. Vpredu je kozub, vzadu kreslo.
9. Tu je môj anglicko-slovenský slovník.

XI. Describe:

a) your room at home
b) your room in the dormitory
c) your house or apartment
d) the house of your friend or relative
e) your friend
f) a member of your family

---

predať, predám, predajú *P + Acc* to sell sth
predsieň, -ne; -ne, -ní *F* entrance hall
prenajať, prenajmem, prenajmú *P + Acc* (to offer) to rent sth
príslušenstvo, -a; -á, -stiev *N* bathroom and toilet
protiklad, -u; -y, -ov *M* an opposite
prst, -a; -y, -ov *M* finger
rameno, -a; -á, ramien *N* arm
rebro, -a; -á, rebier *N* rib
reštaurácia, -ie; -ie, -ií *F* restaurant
riad, -u; -y, -ov *M* (can also be used in the singular number as a collective noun) dishes
ruka, -y; -y, rúk *F* hand; arm
rúra, -y; -y, rúr *F* oven
ružový pink
sivý *Adj* grey

skriňa, -e; -e, skríň *F* cabinet, wardrobe
skrinka, -y; -y, skriniek *F* cabinet
slabý weak
smutný sad
spálňa, -e; -e, spální *F* bedroom
sporák, -u; -y, -ov *M* range, stove (for cooking)
srdce, -a; -ia, sŕdc *N* heart
stehno, -a; -ia, stehien *N* thigh
stena, -y; -y, stien *F* wall
stolička, -y; -y, -čiek *F* chair
stolík, -a; -y, -ov *M* little table
stôl, stola; stoly, stolov *M* table
strecha, -y; -y, striech *F* roof
studený *Adj* cold
svetlo- light-coloured; **svetlohnedý** light-brown

XII. Translate the following colors into Slovak and use each of them with a noun:

green, brown, orange, yellow, white, black, pink, red, blue, gray, light-blue

XIII. Correct the following phrases:

mikrovlnný rúra, neporiadni otec, sestrino izba, ružový stena, slovenské slovnik, môj spalňa, velké garáž, otcova dom, moderné lampa, náš obývačka, pekná dievča, moji knihy, tvoje stará otec, moja rádio, pohodlné zariadené byt

XIV. Form negative adjectives from the following:

dobrý taxikár, šikovný brat, veľký problém, pekný bratranec, veselý zať, pohodlné kreslo, moderný dom, šťastný chlapec, zamestnaný otec, poriadny študent

XV. Odpovedzte:

1. Máte dnes čas?
2. Čítate slovenské knihy?
3. Čítate anglické knihy?
4. Máte rád tenis?
5. Ste dobrý tenista?
6. Máte rada futbal?
7. Ste dobrý futbalista?
8. Máte auto?
9. Ste dobrý šofér?
10. Je vaša mama dobrá šoférka?
11. Máte počítač?
12. Je nový?
13. Je slovenský alebo americký?
14. Je dobrý?
15. Ste vydatá/ženatý?
16. Máte chlapca/dievča?
17. Kde býva?
18. Tiež študuje?
19. Máte rád kino?
20. Je na univerzite kino?
22. Majú študenti čas?
23. Majú študenti čas na kino?

XVI. Somebody is referring to you a person to be hired as secretary. Write down questions that you would ask him about her.

XVII. Describe the pictures:

a/ house
b/ room
c/ kitchen

---

svetlý *Adj* light(coloured)
široký wide
škaredý ugly
škoda: in: **(je) škoda, že** it is a pity that;
  (je to) škoda it is a pity
štvorposteľový *Adj* with/having four beds
televízor, -a; -y, -ov *M* television set
telo, -a; -á, tiel *N* body
tichý *Adj* quiet
tmavo- dark-coloured; **tmavohnedý** dark-brown
tmavý *Adj* dark
tvár, -e; -i, -í *F* face
ubytovanie, -ia; -ia, -í *N* accommodation
ucho, -a; uši, uší *N* ear
umývačka, -y; -y, -čiek riadu *F* dishwasher

úzky narrow
valuta, -y; -y, valút *(usually only Pl) F* hard currency
vec, -i; -i, -í *M* thing; **to je jej vec** that is her matter/business
veď as; *(Interj)* well
video, -a; -á, videí *N* VCR
vlas, -u; -y, -ov *M* hair
vľavo *Adv* left, on the left
vpravo *Adv* right, on the right
vpredu *Adv* in the front
všade everywhere
však? right? isn't it? ...
výhodný convenient
vzadu *Adv* at the back
záhrada, -y; -y, záhrad *F* garden
záchod, -u; -y, -ov *M* toilet

5

XVIII. By filling in the columns with the appropriate Slovak words, find in the framed in line the name of one room in the house:

1. window
2. at the back
3. father
4. books
5. always
6. bedroom
7. mother

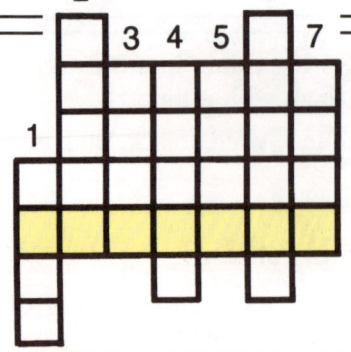

XIX. What would the men in the pictures say?

XX. Naučte sa porekadlo:

Krv nie je voda.

(Blood is thicker than water.)

XXI. Naučte sa pieseň: ▶

zamestnaný *Adj* employed
zariadený *Adj* furnished
za valuty for hard currency
zelený green
zrkadlo, -a; -á, zrkadiel *N* mirror
zub, -a; -y, -ov *M* tooth
žalúdok, -dka; -dky, -dkov *M* stomach
žltý yellow
žurnalistika, -y; -y, žurnalistík *F* journalism

42 SLOVAK FOR YOU

lekcia 6.

Univerzita

Takmer celá Univerzita Komenského je v centre Bratislavy. Je tam rektorát a sú tam aj fakulty: bohoslovecké, farmaceutická, filozofická, lekárska, manažmentu, matematicko-fyzikálna, pedagogická, právnická, prírodovedecká a telesnej výchovy a športu.

Filozofická fakulta je sivá budova pri Dunaji. Má štyri poschodia. Je tam dekan, dekanát, úradníci tam majú kancelárie, učitelia pracovne a sú tam aj posluchárne a učebne. Žiaľ, nie všetky katedry majú študovne. Dolu je jedáleň a bufet. Vedľa je právnická fakulta. Tam je knižnica, predajňa kníh, telocvičňa, kopírovacie stredisko a aula. Internáty sú v centre aj mimo centra mesta.

Každá učebňa má stoly, stoličky a tabuľu. Je tam aj krieda, ale učitelia používajú najmä spätný projektor. Niekedy potrebujú aj magnetofón a video.

Teraz sú zimné prázdniny a študenti tu nie sú. Letný semester sa začína vo februári. Potom tu slovenskí aj zahraniční študenti zas budú mať prednášky, semináre, cvičenia, konzultácie a skúšky. V lete je na univerzite letná medzinárodná škola slovenčiny SAS – Studia Academica Slovaca. Idete tam tento rok aj vy?

Pracovňa

Toto je profesorova pracovňa. Je malá, ale svetlá, lebo je tam veľké okno. Vpravo je stôl, stolička, vľavo polička na knihy a skriňa, malý stolík a dve kreslá. Vpravo je tiež telefón, počítač a tlačiareň. Je tam aj popolník, lebo profesor, bohužiaľ, fajčí cigarety. V pracovni môže fajčiť, ale v učebni nie.

Vonku na dverách je jeho rozvrh a jeho konzultačné hodiny. Na fakulte je takmer každý deň, lebo veľa prednáša, učí, konzultuje a skúša.

SLOVNÍK

apríl, -a; -y, -ov M April
august, -a; -y, -ov M August
aula, -y; -y, ául F (the main/largest) university auditorium
bohoslovecký theological
budova, -y; -y, budov F building
budú (3rd Pers Pl Future Tense of byť) (they) will be
bufet, -u; -y, -ov M snack bar
celý Adj whole, entire
cigareta, -y; -y, cigariet F cigarette
december, -bra; -bre, -brov M December
dekan, -a; -i, -ov M dean
dekanát, -u; -y, -ov M dean's office
Dunaj, -a M the Danube

dvere, dverí (only Pl) door
fajčiť, -ím, -ia NP + Acc to smoke
fakulta, -y; -y, fakúlt F faculty (the building and the institution)
farmaceutický pharmaceutical
február, -a; -re, -ov M February
filozofická fakulta faculty of arts
filozofický Adj philosophical, pertaining to philosophy or arts
hodina, -y; -y, hodín F hour
hore Adv up, upstairs; upwards
internát, -u; -y, -ov M student hostel
iný Adj other, different
január, -i; -re, -ov M January
jar, -i; -i, -í F spring
jarný Adj pertaining to spring

SLOVAK FOR YOU 43

6

6.1 SEASONS OF THE YEAR - Ročné obdobia

6.1.1 In Slovak references to the seasons of the year are as follows:

Čo?	Kedy?	Aký?
jar	na jar	jarný
leto	v lete	letný
jeseň	na jeseň	jesenný
zima	v zime	zimný

Examples:
Jar je pekné ročné obdobie. Na jar pracujeme v záhrade. Marec je jarný mesiac.
Leto je už tu. V lete ideme na výlet. Dnes je pekný letný deň.

6.1.2 In response to the question *kedy?* (when?, i.e. in the function of a part of an adverbial of time) *na* is used with *jar* and *jeseň*. With the remaining two seasons *v* is used and the noun referring to the season has the ending *-e* (which is due to its being in the locative case), i.e.
v lete, v zime.

6.1.3 Adjectives pertaining to the seasons of the year are formed with the help of the suffix *-ný*, e.g. jarný, zimný.

6.1.4 Note that both nouns and adjectives referring to seasons of the year are written with initial small letters.

6.2 MONTHS - Mesiace

6.2.1 Slovak words concerning references to months are as follows:

Čo?	Kedy?	Aký?
január	v januári	januárový
február	vo februári	februárový
marec	v marci	marcový
apríl	v apríli	aprílový
máj	v máji	májový
jún	v júni	júnový
júl	v júli	júlový
august	v auguste	augustový
september	v septembri	septembrový
október	v októbri	októbrový
november	v novembri	novembrový
december	v decembri	decembrový

6.2.2 In response to the question *kedy?* (when, i.e. in the function of adverbials of time) the preposition *v* is used. Its variant *vo* is used with *vo februári*, as, for pronunciation reasons, before v/f (and consonantal clusters containing them) the vowel *-o* has to be added.

6.2.3 In response to the question *kedy?* the names of the months have the ending *-i*, except for the form *v auguste* where there is *-e* (both these endings are the endings of the locative case of the particular nouns).

6.2.4 Adjectives referring to months (answering the question *aký?*) are formed with the help of the suffix *-ový*, e.g. septembrový.

6.2.5 Note that both nouns and adjectives referring to months are written with small initial letters.

6.3 NOMINATIVE PLURAL OF NOUNS - Nominatív plurálu podstatných mien

6.3.1 In Slovak, depending on the ending of the noun, whether it is a reference to a human or not, and on its belonging to a particular declension pattern, there are the following regular nominative plural endings:

Masculine:	(+H):		-i:	doktori, páni, turisti
			-ia:	bratia, priatelia, učitelia
			-ovia:	otcovia, dedovia, hrdinovia (heroes), géniovia (geniuses), Petrovia
	(-H):	(-C):	-y:	domy, stoly, lieky
		(-Č):	-e:	máje, kľúče, marce
		(-ár):	-e:	doláre, kalendáre (calendars)
		(-ier):	-e:	taniere (plates)
Feminine:	(-C+a):		-y:	mamy, knihy, stoličky
	(-Č+a):		-e:	ulice, skrine
	(-Č/C):		-e:	postele, obce (communities), tváre (faces)
	-ná:		-né:	kráľovné (queens)
	(-Č; -s, -p, -v):		-i:	myši (mice), noci; husi (geese)
Neuter:	(-o, -um):		-á/-a:	autá, videá, múzeá (museums); miesta (places)
	(-ie):		-ia:	poschodia (floors),

Note: C stands for hard/neutral consonants, Č for soft consonants.

---

jeseň, -e; -e, -í F fall, *British* autumn
jesenný *Adj* pertaining to fall
júl, -a; -y, -ov *M* July
jún, -a; -y, -ov *M* June
kancelária, -ie; -ie, ií F office (of an office worker)
každý, -á, -é every, each
konzultačné hodiny office hours
konzultovať, -tujem, -tujú *NP* to have consultations; to consult
kopírovacie stredisko copy center
lekársky medical, pertaining to medicine
letný *Adj* pertaining to summer
leto, -a; -á, liet *N* summer
magnetofón, -u; -y, -ov *M* tape recorder
máj, -a; -e, -ov *M* May
manažment, -u; -y, -ov *M* management

mapa, -y; -y, máp *F* map
marec, -rca; -rce, -ov *M* March
matematicko-fyzikálna *Adj* of mathematics and physics
medzinárodný international
na dverách (*Loc*) on the door
na fakulte (*Loc*) at the faculty
niektorý, -á, -é some
november, -bra; -bre, -ov *M* November
obdobie, -ia; -ia, -í *N* season
október, -bra; -bre, -brov *M* October
pedagogická pedagogical
popolník, -a; -y, -ov *M* ashtray
poslucháreň, -rne; -rne, -rní *F* university auditorium, large classroom
potom then

6.3.2 Referring to the above table, the plural endings of Slovak nouns are as follows:

-i	doktori	(M +Hum)
	myši	(F -Č)
-y	domy	(M -Hum)
	mamy	(F -C+a)
-e	kľúče	(M -Hum -Č)
	doláre	(M -Hum -ár)
	ulice	(F -Č+a)
	postele	(F -Č/C)
-á	autá	(N -o/-um)
-ia	bratia	(M+Hum)
	poschodia	(N -ie)
-ovia	otcovia	(M +Hum)
-ná	kráľovné	(F -ná)

6.3.2.1 Similarly to the situation in English, most Slovak nouns can have a plural form to refer to plural phenomena. The plural of nouns is formed with the help of endings.

6.3.2.2 The principal ending for the nominative plural of masculine and feminine nouns is *-i/-y*, and it is also the statistically most frequent plural ending. However, it is neither fully predictable, nor is it the only plural ending, as is evident from the chart in 6.3.1. In addition, there also exist nouns the nominative plural of which is irregular (see 8.1).

6.3.2.3 The ending of the plural is predictable in the following cases:

a) *-y* is predictable only with feminine nouns ending in C+a: *žena-ženy, kniha-knihy*;

b) *-á/a* is predictable with neuter nouns ending in *-o/-um: auto - autá, kreslo - kreslá; múzeum* (museum) - *múzeá; miesto* (place) - *miesta*

c) *-ia* in masculine nouns referring to humans is predictable with the endings *-teľ, -čan/-ďan: učiteľ - učitelia, Žilinčan* (Žilina citizen) - *Žilinčania, Cleveland'an* (Clevelander) - *Cleveland'ania*;

d) *-ia* is predictable in neuter nouns that end in *-e/-ie: pole* (field) - *polia, údolie* (valley) - *údolia*;

e) *-ovia* is predictable:
1. with the following endings of nouns referring to male humans:

-o : dedo - dedovia;
-ca : sudca (judge) - *sudcovia, radca* (advisor) - *radcovia;*
-g/-h: pedagóg - pedagógovia, zbeh (deserter) - *zbehovia;*
-a (in native words only) : *hrdina* (hero) - *hrdinovia;*
-ek, -ček, -čik (all diminutive): *chlapček - chlapčekovia, vnúčik - vnúčikovia;*
-ok : predok (predecessor) - *predkovia;*
-ius : génius (genius) - *géniovia.*

2. with first names: Peter - *Petrovia,* Jozef - *Jozefovia.*

f) *-i* is predictable with masculine +Hum which have the foreign suffixes
-ta, -ista, -ita: turista - turisti, pianista - pianisti (piano players), *bandita - banditi.*

g) *-é* is predictable with nouns ending in
-ná: kráľovná - kráľovné (queens), *princezná - princezné* (princesses).
The number of nouns of this type is very small.

6.3.2.4 Names of animals are declined as inanimate nouns in the plural, e.g.
lev (lion) - *levy, had* (snake) - *hady, medveď* (bear) - *medvede.*
However, the words *vták* (bird), *pes* (dog), *vlk* (wolf), *býk* (bull) can also be declined according to the +Hum plural pattern:
vtáky/vtáci, psy/psi, vlky/vlci, býky/býci.

6.3.2.5 As to the feminine nouns ending in a consonant, there is no simple and transparent criterion for the predictability of their belonging to one of the patterns, hence their having the plural with *-e* or *-i* has to be checked in a dictionary and, if possible, memorized.

6.3.2.6 +Human masculine nouns change their final consonants
-k/-ch before the plural ending *-i* into *-c/-s* respectively:
žiak - žiaci, Slovák - Slováci, beloch (white person) - *belosi.*

6.3.2.7 The neuter nouns ending in *-um* drop it before the plural ending *-á* is added, e.g.
múzeá (museums), *akváriá* (aquariums).

6.3.2.8 Nouns that have *-ô-* in their last syllable in their nominative singular form change it in all other forms, including the plural, into *-o-*:
stôl - stoly, nôž (knife) - *nože.*

6.3.2.9 Nous ending in *-ec, -eň* and *-el* usually drop the *-e-*:
herec (actor) - *herci, koberec - koberce, jedáleň - jedálne, deň - dni, bicykel - bicykle,*
and nouns ending in *-ok* usually drop the *-o-*, e.g.
utorok - utorky.

---

používať, -am, -ajú NP + Acc to use sth
pracovňa, -ne; -ne, -ní F (university teacher's) office
právnický Adj pertaining to law
prázdniny, prázdnin (only Pl) vacation, holidays
pre + Acc for sb/sth
predajňa, -e; -e, -í F store
prednášať, -am, -ajú NP + Acc th sth to lecture
prednáška, -y; -y, -šok F lecture
pri + Loc at, near, by
rektor, -a; -i, -ov M rector (university president)
rektorát, -u; -y, -ov M rector's office
ročné obdobie season of the year
ročný Adj pertaining to a/the year
rozvrh, -u; -y, -ov M timetable
semester, -stra; -stre, -strov M semester

6.4 NOMINATIVE PLURAL OF ADJECTIVES AND PRONOUNS - Nominatív plurálu prídavných mien a zámen

6.4.0 The following table presents the relevant endings and forms:

	M +Hum		all others	
Adjectives	-í/-i	pekní/nízki	-é/-e	pekné/nízke
Possessive Pronouns	-i	moji	-e	moje
Demonstrative Pron.	tí		tie	
Interrogative Pron.	čí		čie	
	akí		aké	

6.4.1 Adjectives in nominative plural have the following endings:

-í/-i Masculine +Hum: starí otcovia, nízki chlapci
-é/-e all others: nové knihy, nízke domy, pekné autá

6.4.2.1 Possessive pronouns have the following endings:

-i Masculine +Hum: moji bratia, vaši doktori
-e all others: tvoje knihy, naše izby

6.4.2.2 Of course, 3rd person pronouns remain unchanged:
jeho profesori, jej problémy, ich autá.

6.4.3 The English demonstrative pronouns have the following Slovak counterparts:

	that	this	those	these
M	ten	tento	tí +Hum	títo +Hum
F	tá	táto	tie	tieto
N	to	toto	tie	tieto

e.g. tí(to) úradníci, tie(to) ženy, tie(to) autá.

6.4.4 Interrogative pronouns have the following forms in the nominative plural:

čí	M +Hum	: čí učitelia
čie	all others	: čie dcéry, čie domy, čie autá
akí	M +Hum	: akí študenti
aké	all others	: aké študentky, aké stoly
ktorí	M +Hum	: ktorí doktori
ktoré	all others	: ktoré doktorky, ktoré mestá

6.5 NOUNS USED ONLY IN THE PLURAL - Podstatné mená používané len v pluráli

6.5.1 Just as in English, there are some nouns also in Slovak that have a plural ending, but actually do or can refer to a non-plural phenomenon, e.g.

trousers (a pair of trousers) - *nohavice*
scissors (a pair of scissors) - *nožnice*

These are referred to as *pluralia tantum*. In the vocabulary of this textbook they are marked as *only Pl*.

6.5.2 Although some of the cases of pluralia tantum correspond to each other in both languages (see 6.5.1 above), many others do not, e.g.

dvere   Pl - door
prázdniny Pl - vacation
Vianoce   Pl - Christmas

6.5.3 Similarly to English, concord with *pluralia tantum* requires plural forms in Slovak, e.g.

moje nožnice sú tu
kde sú tie dvere

CVIČENIA

I. Translate into English the following nouns and state their gender:

stredisko, prednáška, basketbalista, basketbalistka, dedo, bufet, predajňa, tenista, predavačka, predavač, magnetofón, video, popolník, kreslo, hodina, učebňa, futbalista, fakulta, leto, zima, jar, jeseň, krieda, šťastie, manžel, zrkadlo, január

II. Give the plural:

ten sympatický študent, milá študentka, nepohodlné kreslo, zlý slovník, dobrá kniha, ten náš dom, veselý chlapec, toto slovenské auto, americký počítač, náš turista, pekný deň, šikovný syn, môj liek, múdry lekár, unavená šoférka, jeho dobrý rodič, toto šťastné dievča, ich stôl, zlý nôž, starý kôň, náš hnedý koberec, americký černoch, malý žiak, pekný deň, naše múzeum, slovenský úradník, dobrý Slovák, mladý Čech, čí problém, aká vec

---

seminár, -a; -e, -ov *M* seminar
september, -bra; -bre, -brov *M* September
skúšať, -am, -ajú *NP + Acc* to examine sb/sth
spätný projektor, -a; -y, -ov *M* overhead projector
stredisko, -a; -á, stredísk *N* center *(institution)*
šport, -u; -y, -ov *M* sport
študovňa, -e; -e, -í *F* reading room
tabuľa, -e; -e, tabúľ *F* blackboard
takmer nearly
telocvičňa, -e; -e, -í *F* gymnasium
tlačiareň, -rne; -rne, -rní *F* printer
učebňa, -e; -e, -í *F* classroom
učiť, učím, učia *NP + Acc* to teach sb/sth
v kancelárii in an/the office
v učebni in a/the classroom

zahraničný foreign
zas again
zima, -y; -y, zím *F* winter
zimný *Adj* pertaining to winter

III. Change into the plural:

1. To je moja slovenská kniha.
2. Tam je ten jej anglický slovník.
3. Toto je ich americké auto.
4. Tu je môj starý priateľ.
5. Kde je tá tvoja pekná priateľka?
6. Ona je americká študentka.
7. Jej profesor je na Slovensku.
8. Naša doktorka je v Bratislave.
9. Jej syn je ten dobrý žiak.
10. Ich dom je svetlomodrý.
11. Vaša izba nie je ružová, však?
12. To je ich problém.

IV. Doplňte:

1. Mám skúšku v ... *(február)*. 2. Letná škola slovenčiny SAS je v ...*(august)*. 3. V ... *(november)* je ich dcéra v New Yorku. 4. V ... *(máj)* neštudujem. 5. Prázdniny majú v ... *(január, júl, august)*. 6. Festival je v ... *(október)*. 7. Mama je tu v ... *(marec)*. 8. Na Aljašku ideme v ... *(leto)*. 9. Na Floridu cestujeme v ... *(zima)*.

V. Give answers according to the text of the lesson:

1. Kde je Univerzita Komenského?
2. Aké fakulty sú na Univerzite Komenského?
3. Kde je v lete SAS?
4. Čo je SAS?
5. Kde je filozofická fakulta?
6. Čo tam je?
7. Čo je vedľa?
8. Kde sú internáty?
9. Majú teraz študenti prázdniny?
10. Kedy sa začína letný semester?
11. Kedy sa začína zimný semester?
12. Majú profesori veľké pracovne?
13. Majú profesori počítače?
14. Učia profesori veľa?
15. Sú profesori na fakulte každý deň?

VI. Povedzte:
a) čo je na univerzite;
b) kto študuje na univerzite;
c) čo majú študenti na univerzite.

VII. Preložte do slovenčiny:

1. Like father, like son.
2. An eye for an eye, a tooth for a tooth.
3. Blood is thicker than water.
4. First come, first served.
5. East or west, home is best.

VIII. Odpovedzte:

1. Študujete na univerzite?
2. Učíte na univerzite? Kde je vaša pracovňa? Čo je tam?
3. Máte spätný projektor?
4. Kto používa spätný projektor?
5. Máte video?
6. Máte tlačiareň?
7. Fajčíte?
8. Fajčíte doma?
9. Fajčíte v kancelárii?
10. Ste v pracovni každý deň?

IX. Doplňte ročné obdobie:

1. Prázdniny mám ....
2. Študujem ....
3. Mám čas ....
4. Moja priateľka je tu ....
5. Hovorím po slovensky ....

X. Supposing you have not heard the words in brackets very well, ask about them:

Príklad: *Toto je tá (nová) kniha. - Aká kniha?*
1. Toto sú *(tí americkí)* študenti.
2. Toto sú tí *(zahraniční)* študenti.
3. Prosím si *(tie staré)* slovníky.
4. Majú nové *(slovenské)* knihy.
5. Tu sú *(tie moderné)* počítače.

XI. Write a story about your studies.

XII. Write a dialogue between two students who do not know each other. You might like to include asking the following:

- Where do you study?
- What do you study?
- Are you at the university each day?
- When do you have exams?
- Are your professors good?
- Are the seminars amusing?

XIII. Preložte do slovenčiny:

nice face, light-brown hair, slim body, long legs, big eyes, short fingers, good heart

XIII. What would the characters say in the following situations:

XIV. Naučte sa porekadlo:

Aký pán,
taký krám.

(A man's business mirrors his qualities.)

XV. Naučte sa pieseň:

Hej, slniečko horúce

Hej, slniečko horúce, nech mi neuhorí
nepáľ že ma, nepáľ,
hej, tá moja biela tvár.

2. Hej, a keď mi uhorí, hlávka ma zabolí,
/: ďaleko je šuhaj :/
hej, čo mi ju zahojí.

48 SLOVAK FOR YOU

lekcia 7.

Cestujeme vlakom

Je piatok popoludní. Peter a Mária sú na železničnej stanici v Bratislave. O chvíľu cestujú vlakom do Žiliny. Tam býva Máriina rodina. Peter ide na návštevu. Teraz si ešte musia kúpiť cestovné lístky. Tu je pokladňa.

Mária: Prosím si dva cestovné lístky na rýchlik do Žiliny.
Pokladníčka: Len tam, alebo aj spiatočné?
Mária: Spiatočné, prosím.
Pokladníčka: Má to byť prvá trieda alebo druhá trieda?
Mária: Druhá trieda. A študentské, prosím.
Pokladníčka: Na kedy? Na dnes alebo na zajtra?
Mária: Na dnes. Potrebujeme aj miestenky?
Pokladníčka: Nie, nepotrebujete.
Mária: Čo stojí jeden lístok?
Pokladníčka: Dvestodvanásť korún.
Mária: Dobre.
Pokladníčka: Spolu je to štyristodvadsaťštyri korún.
Mária: Nech sa páči.
Pokladníčka: Tu máte drobné.
Mária: Ďakujem. A prosím, ktoré je to nástupište?
Pokladníčka: Siedme nástupište, štrnásta koľaj. Odchádza o chvíľu, o osem dvadsať.

Peter a Mária idú na siedme nástupište. Ich batožina nie je ťažká. Peter má tašku, Mária dosť ľahký kufor. Vlak už čaká, cestujúci nastupujú.
Tento vagón je druhá trieda. Vagón je plný, ale tu je jedno takmer prázdne kupé. Sú tam len dvaja mladí chlapci, majú asi 16 rokov.

SLOVNÍK

ako sa ti páči ...? *(Sg Infml)* how do you like ...?
ako sa ti to páči? how do you like it?
ako sa ti páči na Slovensku? how do you like it in Slovakia?
ako sa to povie? how do you say it? how does one say it?
ako sa to povie po slovensky? how do you say it/that in Slovak? what is it in Slovak?
ako sa vám páči? *(Pl or Fml)* how do you like ...?
atómová elektráreň atomic power station
atómový atomic, pertaining to atom
autobus, -u; -y, -ov *M* bus
autobusom by bus
autom by car
batožina, -y; -y, -žín *F* luggage
bicykel, -kla; -kle, -klov *M* bicycle
cestovať, cestujem, cestujú *NP + Instr* to travel
cestovný *Adj* pertaining to travel; traveller's
cestujúca, -ej; -e, -ich *F* female passenger, traveller
cestujúci, -eho; -i, -ich *M* male passenger, traveller
cukrovar, -u; -y, -ov *M* sugar mill
čln, -a; -y, -ov *M* boat, row boat
čo stojí/stoja...? how much is/are ...?
čo to stojí? how much is it?
ďalší *Adj* the following, next
driemať, driemem, driemu *NP* to be taking a nap, to be nodding off
drobné *(only Pl)* change (money)
dvaja *M +Hum* two
elektráreň, -me; -me, -mí *F* power station

SLOVAK FOR YOU **49**

7

Mária: Prepáčte, sú tieto miesta voľné?
Chlapci: Áno, sú. Nech sa páči, sadnite si.
Mária: Ďakujem. Poď, Peter, sadnime si. Kam cestujete, chlapci?
Martin: Ja cestujem do Trenčína. A Vlado do Ružomberku. A kam cestujete vy?
Mária: My cestujeme do Žiliny. Ja som odtiaľ a bývajú tam moji rodičia. A vy idete domov, alebo na výlet, či na návštevu?
Vlado: V Ružomberku bývajú moji starí rodičia a idem tam na návštevu. Martin ide na víkend domov do Trenčína. Bývajú tam jeho rodičia. My sme študenti a chodíme na strednú elektrotechnickú školu. A vy čo robíte?
Mária: My sme tiež študenti a chodíme na Univerzitu Komenského. Ja študujem angličtinu a Peter slovenčinu. Peter je z USA.
Martin: Z USA? Odkiaľ?
Peter: Z Clevelandu, z Ohia.
Martin: Moja teta býva v Chicagu, pracuje tam ako predavačka. Je to otcova sestra. Niekedy si píšeme. A ty vieš po slovensky?
Peter: Trochu. Tu študujem už tri mesiace. Moja stará mama je zo Slovenska a ešte vie po slovensky.
Vlado: A ako sa ti páči na Slovensku?
Peter: Veľmi sa mi tu páči. Bratislava je sympatické a rušné mesto. Som rád, že tento víkend uvidím Žilinu. A z vlaku aj iné mestá.
Martin: Teraz sme v Trnave. Je tu univerzita, cukrovar a neďaleko je atómová elektráreň. Odtiaľto ideme na sever, cez Považie, popri rieke Váh.
Vlado: Počúvajte, chcete jabĺčka? Nech sa páči, vezmite si. Tieto červené sú veľmi sladké, ale ani tie zelené nie sú kyslé.
Peter: Ďakujem. A ja mám potato chips. Mária, ako sa to povie po slovensky? Tie slová neviem.
Mária: Zemiakové lupienky.
Peter: Nech sa páči, vezmite si zemiakové lupienky.
Martin: Ďakujem. Aha, toto je už Trenčín. Ja tu vystupujem. Majte sa dobre. Ahojte.
Vlado: Ahoj.
Mária: Pozri, Trenčín! Je to starobylé mesto. Je tu stredoveký hrad, tam hore. Niekedy sem musíme prísť na výlet.

Cesta je celkom príjemná a zaujímavá. Väčšinou sa rozprávajú. Vlado potom trochu drieme - možno aj spí.

elektrotechnický *Adj* pertaining to electrical engineering
hrad, -u; -y, -ov *M* castle
chcieť, chcem, chcú; *Past* chcel *Mod* to want
chodiť, chodím, chodia *NP* to attend; *(repeatedly/frequently)* to go
jabĺčko, -a; -a, jabĺčok *N* apple
kam where to
koľaj, -e; -e, -í *F* track; British quay
kufor, -fra; -fre, -ov *M* suitcase
kupé *(Nondecl) N* compartment
kúpiť si, -im si, -ia si *P + Acc* to buy (for oneself)
ľahký *Adj* light; easy
lietadlo, -a; -á, -diel *N* airplane
lietadlom by plane
lístok, -tka; -tky, -tkov *M* ticket
lupienok, -nka; -nky, -nkov *M* chip

maj/te sa dobre have a good time
miestenka, -y; -y, miesteniek *F* seat reservation
motorka, -y; -y, motoriek *F* motorcycle
možno perhaps, probably, maybe
na bicykli by bicycle
na kedy? for when?
na motorke by motorcycle
na návštevu for a visit
na sever to the north
nástupište, -šťa; -štia, nástupíšť *N* station platform
nastupovať, nastupujem, nastupujú *NP* do + *Gen* to be getting on, to be boarding (a bus, a plane, etc.)
na výlet for a trip, for an excursion
na železničnej stanici at a/the railway station
neďaleko nearby

Mária: No, ďalšia stanica je Žilina. Poďme, Peter, už ideme dolu.
Vlado: Čo, vy už vystupujete?
Mária: Áno, toto je Žilina.
Vlado: Aha. Tak príjemný víkend.
Mária: Podobne.
Peter: A šťastnú cestu.
Vlado: Ďakujem. Ahojte.

Užitočné výrazy

Prosím si lístok.	- I would like to have a ticket.
Čo stojí jeden lístok?	- How much is one ticket?
Kedy chcete cestovať?	- When do you want to travel?
Kedy odchádza vlak?	- When does the train leave?
Nech sa páči, tu máte drobné.	- Here is your change.
Prepáčte, je toto miesto voľné?	- Excuse me, is this seat free/available?
Áno, je.	- Yes, it is./Certainly.
Nech sa páči, sadnite si.	- Sit down, please.
Nech sa páči, vezmite si.	- Help yourself/yourselves, please.
Ako sa ti/vám tu páči?	- How do you like it here?
Veľmi sa mi tu páči.	- I like it here very much.
Nepáči sa mi tu.	- I do not like it here.
Maj/majte sa dobre.	- Have a good time.
Tu vystupujeme.	- We are getting off here.
Príjemný víkend.	- Have a good weekend.
Ako sa to povie po slovensky?	- What is it in Slovak? How do you say it/that in Slovak?

Na výlet môžeme ísť:
- vlakom
- autobusom
- autom
- taxíkom
- lietadlom
- na bicykli
- na motorke
- pešo

---

o *(about time)* at; within
odchádzať, -am, -ajú *NP* to be leaving
odtiaľ from there
odtiaľto from here
páčiť sa, páčim sa, páčia sa *NP* to like; to be liked
pešo on foot
piatok, -u; -y, -ov *M* Friday
písať si, píšeme si, píšu si *NP* to write to each other
počúvaj/te *(Imper of* počúvať*)* listen
počúvať, -am, -ajú *NP + Acc* to be listening, to listen
poďme *(Imper of* ísť*)* let us go
pokladňa, -dne; -dne, -dní *F* ticket office; cashier's office
pokladníčka, -y; -y, -čiek *F* female ticket officer
pondelok, -lka; -lky, -ov *M* Monday
Považie, -ia *N* region along the Váh river

pracovať, pracujem, pracujú *NP* to work
príjemný pleasant
prísť, prídem, prídu; *Past* prišiel; *Imper* príď/prídi *P* to come, to arrive
robiť, -ím, -ia *NP* to do
rozprávať, rozprávam, rozprávajú *NP* to talk, to speak
rozprávať sa, -am sa, -ajú sa *NP* to talk (mutually)
rýchlik, -a; -y, -ov *M* fast train
sadnime si *(Imper of* sadnúť si*)* let us sit down
sever, -u *M* north
sladký sweet
slovo, -a; -á, slov *N* word
sobota, -y; -y, sobôt *F* Saturday
spať, spím, spia *NP* to sleep
spiatočný lístok return ticket

7

7.1 DAYS OF THE WEEK - Dni v týždni

čo?	kedy?
pondelok	v pondelok
utorok	v utorok
streda	v stredu
štvrtok	vo štvrtok
piatok	v piatok
sobota	v sobotu
nedeľa	v nedeľu

7.1.1 When answering the question *kedy?* (when?), i.e. within the function of an adverbial of time, the name of the day is preceded by the preposition *v*. Its variant *vo* is used before *štvrtok*, as its initial consonantal cluster includes *v*.

7.1.2 When answering the question *kedy*, after the preposition *v* three of the names of days change, taking the ending *-u*, i.e. *v stredu, v sobotu, v nedeľu*. The reason is that after the preposition *v* the accusative case is required and in nouns ending in *-a* the accusative ending is *-u* (see 10.1).

7.1.3 Note that the days of the week are written in small letters.

7.1.4 Note that the Slovak week starts with Monday not Sunday.

7.2 PRESENT TENSE - Prítomný čas

7.2.1 In contrast to English verbs which have 3 simple tenses, i.e. present, past and future, 3 perfective tenses, and the corresponding 6 continuous tenses, i.e. altogether 12 tense-related forms, Slovak verbs have only 3 grammatical tenses: present, past and future.

7.2.2 While in English in the present tense the only ending is *-s* (she speaks) in the 3rd person singular of finite verbs, in Slovak verbs in the present tense are conjugated, i.e. their endings change according to the grammatical person and number.

7.2.3 The basic endings of the present tense are:

1st person Sg	-m:	ja	hľadám	sadnem	prosím
2nd person Sg	-š:	ty	hľadáš	sadneš	prosíš
3rd person Sg	—:	on	hľadá	sadne	prosí
1st person Pl	-me:	my	hľadáme	sadneme	prosíme
2nd person Pl	-te:	vy	hľadáte	sadnete	prosíte
3rd person Pl	-jú/-ú/-ia:	oni	hľadajú	sadnú	prosia

stanica, -e; -e, staníc *F* (railway/bus) station
stáť, stojím, stoja *NP* to cost; to stand
streda, -y; -y, stried *F* Wednesday
stredná elektrotechnická škola secondary electrotechnical school
stredný (pertaining to school level) secondary; central
stredoveký medieval
škola, -y; -y, škôl *F* school
študentský *Adj* student, pertaining to students
štvrtok, -tka; -tky, -ov *M* Thursday
taška, -y; -y, tašiek *F* bag
taxík, -a; -y, -ov *M* taxi cab
taxíkom by taxi
ťažký heavy, difficult
trieda, -y; -y, tried *F* class, classroom

7.2.4 As can be seen from 7.2.3, the 3rd person singular has no ending, i.e. the verbal form comprizes only the verb stem composed of the root and the so-called thematic vowel.

7.2.5 All of the above endings are fully predictable with verbs (only *byť* is irregular in this respect, see 2.6) except for the 3rd person plural where there are three possible endings, their choice being only partly predictable.

7.2.6 In addition, within the conjugation, changes in the stem can also occur, mostly alternations of the thematic vowel. With regard to those, as well as the 3rd person Pl endings, traditionally 7 historically based Slovak verb classes are listed, and they are subdivided into 14 or more paradigmatic patterns. For the sake of increasing the transparency and predictability of the conjugated forms, in 7.2.7 we present a reorganized and simplified list of present tense conjugation patterns (based only on synchronic criteria), with 3 types of verbs comprizing 9 patterns.

7.2.7 According to their ending in the 3rd person plural, and considering also the infinitive and the 1st person singular, Slovak verbs can be divided into 3 basic types of present tense conjugation patterns (as representatives of the types, wherever possible, verbs so far used in the textbook have been chosen):

Type				Other Verbs
	Infin	1st Pers Sg	3rd Pers Pl	
1 a)	pracovať	pracujem	pracujú	ďakovať
				študovať
				potrebovať
				konzultovať
				cestovať
b)	hľadať	hľadám	hľadajú	mať, odpovedať
				volať sa, čítať
				bývať, počúvať
c)	rozumieť	rozumiem	rozumejú	silnieť (to become strong)
2 a)	sadnúť	sadnem	sadnú	padnúť (to fall)
b)	driemať	driemem	driemu	písať
c)	pozrieť	pozriem	pozrú	zomrieť
3 a)	hovoriť	hovorím	hovoria	preložiť, prosiť si
				naučiť sa
				doplniť, prepáčiť
				fajčiť, učiť
				chodiť, páčiť sa
				kúpiť si, robiť
b)	spať	spím	spia	kričať (to yell)
c)	myslieť	myslím	myslia	vidieť (to see)

7.2.7.1 The ending of the 3rd person plural is predictable from the infinitive subtypes a), i.e. from the following endings of the infinitive:

Type 1 a)	-ovať	-ujú	pracovať - pracujú
Type 2 a)	-núť	-ú	sadnúť - sadnú
Type 3 a)	-iť	-ia	hovoriť - hovoria

7.2.7.2 In cases different from 7.2.7.1 the conjugation is not predictable from the infinitive, and the forms of the verbs have to be checked in the dictionary and, if possible, memorized.

7.2.7.3 Note that in Type 1 a), i.e. *pracovať*, *-ovať* is dropped from the infinitive and replaced by *-uje-* to which the appropriate personal ending is added, except for 3rd person Pl where *-ujú* is added, e.g. *študovať, študujem, študujú*.

7.2.7.4 In Type 1 b), i.e. *hľadať*, and the entire Type 3, i.e. *hovoriť, spať, myslieť*, the thematic vowel (*-á/-í* respectively) in conjugated forms is long, unless the preceding vowel is long. The only exceptions are 3rd person plural in type 1 b) where the length is on the final *-ú*, and Type 3 in which the 3rd person plural ending is the diphthong *-ia*:

hľadám	hľadáme	myslím	myslíme
hľadáš	hľadáte	myslíš	myslíte
hľadá	hľadajú	myslí	myslia

But: *čítam, hádam* (I am guessing), *spievam* (I am singing), *pílim* (I am sawing),
where the ending is short because of rhythmic shortening (see 3.2).

7.2.7.5 In Type 2 a), i.e. *sadnúť*, in which in the infinitive the thematic vowel is long, it becomes short in all conjugated forms, except for 3rd person plural, i.e. *sadnem, sadneš*, but: *sadnú*.
If the vowel before the ending is long, the ending of 3rd person plural becomes short due to rhythmic shortening (see 3.2), e.g. *vládnuť* (to rule) - *vládnu*.

7.2.7.6 In 7.2.7 in the column Other Verbs there are presented other verbs that have so far occurred in this textbook and are conjugated by that particular pattern. If no such verb has occurred, a new one is listed, with its English translation. It is recommended to review with the help of this list all the verbs presented so far. New verbs have to be learned together with their conjugation forms.

7.2.7.7 In Type 2 b) if in the infinitive stem before the thematic vowel there is *-s-* it is changed in conjugated forms into *-š-*: *písať - píšem, česať* (comb) *- češem, poslať* (to send) *- pošlem*. In other types this change does not occur, e.g. *nosiť* (to carry) *- nosím, hlásať* (to declare) *- hlásam*.
Also occurring are a number of consonantal changes, e.g. *hádzať* (to throw) *- hádžem, plakať* (to cry) *- plačem*.

7.2.7.8 The most frequent Type is 1 b), i.e. *hľadať*, and about one third of Slovak verbs are conjugated according to it. Unfortunately, with verbs ending in the infinitive in *-ať* the thematic vowel in conjugated forms cannot be predicted, i.e. *hľadať - hľadám*, but *driemať - driemem, spať - spím*.

7.2.7.9 Although the majority of verbs are conjugated according to the above 3 types, a number of other verbs do not comply with them and can be considered as irregular. Their individual conjugation forms have to be checked in the dictionary and, if possible, memorized, e.g. *stáť, stojím, stoja; vziať, vezmem, vezmú; ísť, idem, idú* (see also 8.2).

7.2.7.10 As the forms which are decisive for the particular conjugation types are the infinitive, 1st person Sg and 3rd person Pl, these are the ones which are listed in our dictionary, the latter two usually represented by their endings only, e.g. *čítať, -am, -ajú; rozumieť, -iem, -ejú*. 7.2.7.11 Slovak does not have any continuous tense. Hence, both *we read* and *we are reading* translate as *čítame*. If necessary, the difference can be expressed in Slovak by adverbs like *teraz* (now) or *práve* (just now), e.g.

we read	–	čítame
we are reading	–	práve čítame

7.3 NEGATION OF PRESENT TENSE FORMS
- Negácia tvarov prítomného času

7.3.1 In their present tense forms, Slovak verbs, with the exception of *byť* (see 2.5.1), are negated with the help of the negative prefix *ne-*, e.g. *nerozumiem, nemajú, necestuje*.

7.4 NOUNS FORMED FROM PARTICIPLES AND ADJECTIVES
- Podstatné mená utvorené od príčastí a prídavných mien

7.4.1 Some Slovak nouns are formed from the present participle of verbs, e.g. *cestujúci, pracujúci* (worker), *spolubývajúci* (roommate), *vedúci* (superior, boss). These, just as adjectives, change their gender forms according to the gender of the noun they modify, i.e. *cestujúci M, cestujúca F, cestujúce N*, and the plural is *cestujúci* for M +Hum and *cestujúce* for all others.

7.4.2 Adjectives can also become nominalized. So far we have had, e.g. *drobné* (change), which arose from the plural form of the adjective *drobný* (small, minute), or *recepčná*, which is an adjective derived from *recepcia*.

7.4.3 For the plural of these nouns see 6.4 and 8.1.1.4.

BRATISLAVA

týždeň, -dňa; -dne, -dňov *M* week
utorok, -rka; -rky, -rkov *M* Tuesday
užitočný useful
vagón, -u; -y, -ov *M* (train) car
väčšinou mostly
Váh, -u *M* the Váh river
víkend, -u; -y, -ov *M* weekend
vlak, -u; -y, -ov *M* train
vlakom by train
výlet, -u; -y, -ov *M* trip, excursion, outing

CVIČENIA

I. Give the present tense forms of the verbs along with the personal pronouns for all three persons in the singular and plural.

Example: *Ja čítam po slovensky.*
Ty čítaš po slovensky. On číta po slovensky......

1. Ja chodím na univerzitu.
2. Ja píšem po anglicky.
3. Ja hovorím po slovensky.
4. Ja sa učím dobre.
5. Ja neštudujem matematiku.
6. Ja pracujem v škole.
7. Ja bývam v Clevelande.
8. Ja cestujem do New Yorku.
9. Ja sa mám dobre.
10. Ja nemám čas.
11. Ja spím celý deň.
12. Ja nemám peniaze.

II. Drop the pronouns wherever possible, making all necessary changes in word order:

1. My študujeme históriu.
2. Ja sa učím.
3. Ja píšem, oni čítajú.
4. Ona má pracovňu dolu.
5. Oni nemajú telefón.
6. Ty si prosíš čaj?
7. Ona je manekýnka.
8. Ja bývam v Bratislave, on v Žiline.
9. Vy si nekúpite kufor?
10. Oni si vezmú auto.

III. Give the third person plural form of the following verbs:

čítať, písať, mať, byť, bývať, driemať, odpovedať, cestovať, dať, robiť, hovoriť, predať, vidieť, používať, potrebovať, učiť, prednášať, fajčiť, pozrieť, prosiť, študovať, sadnúť si, ďakovať

IV. Answer your friend who is asking: Čo rád robíš? In response list the activities you like to do.

V. Answer your friend who is asking: Čo nerád robíš? List the activities you do not like to do.

VI. Prosím, odpovedzte:

1. Radi čítate horory?
2. Spíte v aute?
3. Spíte poobede?
4. Máte počítač?
5. Potrebujete počítač?
6. Páči sa vám slovenčina?
7. Máte radi USA?
8. Cestujete veľa?
9. Chodíte na bicykli?
10. Máte čas?

VII. Preložte do slovenčiny:

Peter is travelling. He is travelling by train. He is speaking Slovak now. Mary is going home for the weekend. Peter is going for a visit. They are studying at the university. Vlado is also travelling by train. He is tired and is sleeping now.

VIII. Change into formal address:

1. Študuješ v Žiline?
2. Si futbalista/futbalistka?
3. Máš auto?
4. Máš v piatok čas?
5. Cestuješ na víkend domov?
6. Ideš vlakom?
7. Prosíš si lístok?
8. Máš ťažký kufor?
9. Býva tam tvoj brat?
10. Študuješ aj v sobotu?

IX. Preložte do angličtiny:

o chvíľu, spiatočné lístky, na kedy, pokladníčka, tu máte drobné, potrebujete miestenky, veľmi sa mi tu páči, ktoré je to nástupište, sú tieto miesta voľné, ľahký kufor, prázdne kupé, ideme na výlet, druhá trieda, zaujímavý hrad, príjemná cesta

X. Write a dialogue between a man in a train compartment and a young girl who is just entering it.

XI. You need to buy one return ticket for the train to Košice for tomorrow. Write down a dialogue between yourself and the salesperson.

XII. Odpovedzte:

Ako cestujete: na univerzitu
na návštevu
na výlet
na futbal
na prázdniny
na koncert
do USA
do Londýna?

XIII. Preložte do slovenčiny:

1. My sister attends secondary school.
2. I attend the university.
3. I do not travel there by car but by bus.
4. My parents live in New York.
5. Sometimes they travel to Cleveland.
6. They do not travel by car but by plane.
7. Please, help yourself.
8. Where are you getting off?
9. Where does this train go?
10. Excuse me, where is the toilet?
11. Is there an ashtray here?

XIV. Write a story about Pavol travelling home to Košice each Friday.

His parents live and work there. He travels in the evening. It is Friday again. The train is full. He is looking for an available seat. Here it is. He sits down and nods off.

XV. Change into the plural:

železničná stanica, toto prázdne kupé, to voľné miesto, slovenská koruna, spiatočný lístok, ťažký kufor, ľahké slovo, dobrý výlet, rušné mesto, atómová elektráreň, sladké jabĺčko, stredoveký hrad, môj dedo, tvoja teta, príjemná cesta, moderné auto, starý bicykel, múdra hlava, dobré srdce

XVI. Odpovedzte negatívne:

1. Tvoja mama ešte vie po slovensky, však?
2. Vy bývate v New Yorku, však?
3. Máte veľký dom, však?
4. Cestujete tam lietadlom, však?
5. Potrebujete si kúpiť spiatočný lístok, však?
6. Vystupujete v Nitre, však?
7. Rozprávate sa po anglicky, však?
8. Odchádzate v stredu, však?
9. Rád cestujete, však?
10. Cesta vo vlaku je pohodlná, však?
11. Vy ste taxikár, však?
12. Váš brat má problémy, však?
13. Vo februári robíte skúšky, však?
14. Ste unavený, však?
15. Neprosíte si kávu, však nie?

XVII. Change into the plural:

1. Ako sa máš? 2. Je toto miesto voľné? 3. Šofér má rádio. 4. Je tam hrad, elektráreň a univerzita. 5. Ide na výlet autom. 6. Trochu drieme. 7. Nechcem jabĺčko. 8. Tu je rieka a mesto. 9. On potrebuje dom. 10. Ona potrebuje auto. 11. Preto nechce dieťa.

XVIII. Correct the following sentences:

Vlak odchádzaš v Utorok o večer. Je to siedmy nástupište. V kupé je mladý chlapci. Čo stojý jedna lístok? Bývate tam jeho rodičia. Kam cestuješ, pán Novák? My chodím na univerzitu. Študujem tu tri mesiac. Ten slovo neviem. Vo Sobotu tá dievča ide domov. Sú to pekný mestá.

XIX. Use adjectives and adverbs with meanings opposite to the ones listed below:

sladké jabĺčko
príjemné predpoludnie
prázdna aula
sympatická cestujúca
ľahké kreslo
pohodlný vlak
nudná prednáška
šikovný svokor
starobylé mesto
tichá ulica
voľné miesto
dobrá škola
polička je vpravo
stôl je vpredu
spálňa je hore
elektráreň je na východe

7

XX. Give answers according to the text of the lesson:

1. Kam cestujú Peter a Mária?
2. Majú prázdniny?
3. Ako cestujú?
4. Je už niekto v kupé?
5. Kto je tam?
6. Akí sú to chlapci?
7. Ako sa volajú?
8. Kam cestujú?
9. Kde býva Martinova teta?
10. Kde bývajú Vladovi starí rodičia?
11. Prečo cestujú Peter a Mária do Žiliny?
12. Aké mestá vidia z vlaku?
13. Čo je v Trnave?
14. Čo je v Trenčíne?

XXI. Pozrite sa na obrázky a odpovedzte: ▶

1. Poznáte toto mesto?
2. Aké mesto je to?
3. Ste odtiaľ? Odkiaľ ste?
4. Kto býva v Trenčíne, v Žiline, v Bratislave, vo Zvolene, v New Yorku, v Clevelande?
5. Čo je tam ?

XXII. Find out from your neighbor what his/her family members are doing and where they live. Write the information down.

XXIII. What would the characters say in the following situations:

XXIV. Learn the proverb:

*Keď vtáčka lapajú,
pekne mu spievajú.*
(Throwing your hat at a bird is not the way to catch it.)

XXV. Learn the song: ▶

V pondelok doma nebudem

V pondelok doma nebudem, v utorok na jarmok pôjdem, z jarmoku, vo štvrtok s chlapcami do šenku.

2. A v piatok, Anička moja, ty budeš ženička moja, v sobotu rúčku dáš, v nedeľu pôjdeme na sobáš.

3. Čia si, Anička, čia? Otcova či materina? Čia som, tvoja som, otcova i materina som.

---

výraz, -u; -y, -ov M expression
vystupovať, vystupujem, vystupujú NP to be getting off
vziať, vezmem, vezmú; *Past* vzal P + Acc to take
vziať si, vezmem si, vezmú si; *Past* vzal si P + Acc to take for oneself
začínať sa, -a sa, -ajú sa *Impers* to begin
zajtra tomorrow
zaujímavý interesting
zemiakové lupienky potato chips
zemiakový *Adj* potato, pertaining to potatoes
železničný *Adj* pertaining to railroad

56 SLOVAK FOR YOU

lekcia **8.**

Na letisku

Pán Taylor je americký podnikateľ. Dnes sa začína jeho služobná cesta na Slovensko. Letí z Houstonu do New Yorku a potom do Bratislavy. Bývajú tam jeho príbuzní. Jeho matka je zo Slovenska a on celkom dobre rozumie aj hovorí po slovensky. Na Slovensko neletí prvýkrát, ale jeho služobná cesta na Slovensko je prvá.

Jeho letenka je už rezervovaná. V New Yorku nastupuje na transkontinentálne lietadlo. Štartovacie a pristávacie plochy sú plné, každú chvíľu štartujú a pristávajú mnohé lietadlá. Sú to lety domáce i zahraničné.

Jeho let, našťastie, nie je ani zrušený a lietadlo ani nemešká, odlet je načas, o osemnásť tridsať. Let do Bratislavy nie je veľmi dlhý, trvá asi 8 hodín. Lietadlo je veľké, je to Boeing. Letušky a stewardi sú milí a jedlo celkom chutné. Pilot lietadla je mladý vysoký muž, má asi 35 rokov. Hovorí, ako vysoko a ako rýchlo letia, aké je počasie na trase a na Slovensku a želá šťastný let. Let je veľmi príjemný. Pán Taylor chvíľu pozerá von, potom pracuje na počítači a telefonuje do Houstonu. Potrebuje ešte nejaké obchodné informácie. Teraz je však už unavený. Trochu pozerá videofilm a potom už spí.

Prílet do Bratislavy je o osem päťdesiat. Cestujúci vystupujú. Na letisku je pasová kontrola. Pán Taylor si ešte musí ísť vziať batožinu. Potom je colná kontrola. Ale pán Taylor nemá nič na preclenie.

V hale čaká jeho slovenský obchodný partner. Idú spolu na parkovisko. Potom idú autom do centra mesta. Tam je firma, kde už dnes budú mať obchodné rokovania. Odtiaľ pán Taylor môže do Houstonu telefonovať, poslať fax alebo e-mail. Jeho pobyt sa končí o štyri dni, vo štvrtok. Ale jeho obchodné kontakty na Slovensku sa ešte len začínajú.

Bezpečnosť príletu na Slovensko zabezpečuje riadenie letovej prevádzky.

 RIADENIE LETOVEJ PREVÁDZKY
SLOVENSKEJ REPUBLIKY
*AIR TRAFFIC CONTROL ADMINISTRATION
OF THE SLOVAK REPUBLIC*

INFORMÁCIE

ODLETY	let č.	čas odletu
Bratislava - Paríž	AFR 321	10.20
Bratislava - Rím	AZA 557	9.55
Bratislava - Sydney	TTR 899	11.10

PRÍLETY	let č.	čas príletu
New York - Bratislava	TWA 785	8.50
Tel Aviv - Bratislava	SVK 422	let zrušený
Tokio - Bratislava	JAL 901	10.00 mešká

S L O V N Í K

Afrika, -y *F*   Africa
Antarktída, -y *F*   Antarctica
Argentína, -y *F*   Argentina
Austrália, -ie *F*   Australia
Ázia, -e *F*   Asia
Ázijec, -jca; -jci, -jcov *M*   an Asian
beloch, -a; belosi, belochov *M*   white person
Bielorusko, -a *N*   Belorus
Brazília, -ie *F*   Brazil
budúci *Adj*   future
Bulharsko, -a *N*   Bulgaria
colná kontrola   checking by customs officers; customs checkpoint

Letenka

Pani Veselá je na letisku v Bratislave. Potrebuje zajtra letieť do Košíc a ešte nemá letenku.
Letuška: Prosím?
Pani Veselá: Máte, prosím, na zajtra letenky do Košíc?
Letuška: Áno, ešte máme. Na ráno alebo na popoludnie?
Pani Veselá: Radšej na popoludnie.
Letuška: Je tu let číslo 741, odlet je o sedemnásť dvadsať.
Pani Veselá: Dobre. A máte ešte miesto pri okne?
Letuška: Áno, mám. Na aké meno je to?
Pani Veselá: Viera Veselá. Čo stojí tá letenka?
Letuška: Šesťsto tridsať korún.
Pani Veselá: Ďakujem. Tu sú peniaze.
Letuška: Ďakujem a šťastný let.

PROTIKLADY

kedy má lietadlo	prílet	– odlet
ktorý let je obsadený	najviac	– najmenej
musíme	nastupovať	– vystupovať
miesto je	voľné	– obsadené
	pohodlné	– nepohodlné
letenka je	výhodná	– nevýhodná
lietadlo letí	vysoko	– nízko
	rýchlo	– pomaly
let je	príjemný	– nepríjemný
	krátky	– dlhý

Mapa sveta

Máriin brat sa učí zemepis. Tu je jeho nová mapa sveta.

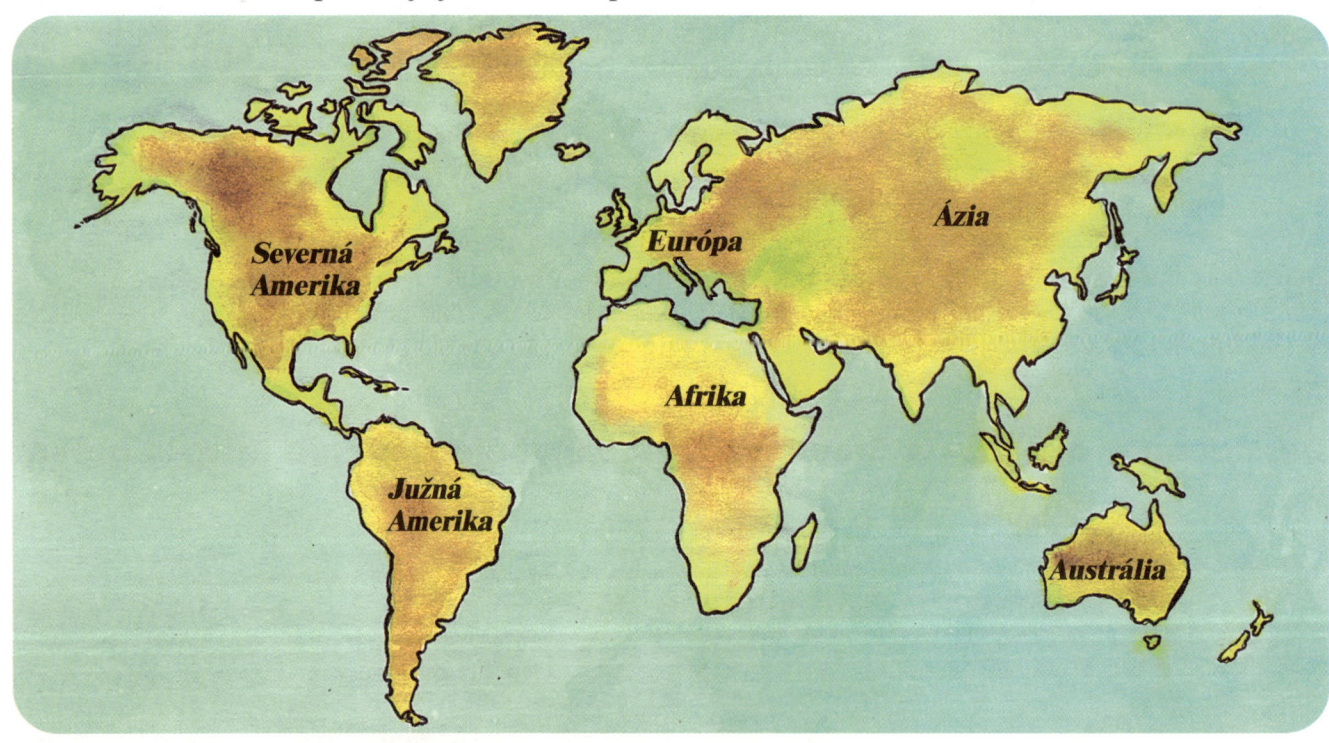

colný *Adj* pertaining to the customs office
čakať, -ám, -ajú *NP* to wait, to be waiting
černoch, -a; černosi, černochov *M* black person
Česko, -a *N* Czechia
Čína, -y *F* China
človek, -a; ľudia, -í *M* human being
Dánsko, -a *N* Denmark
do centra mesta to the center of town, *(direction)* downtown
domáci *Adj* within the country
e-mail [ímejl] *M* e-mail
elektronická pošta electronic mail
Estónsko, -a *N* Estonia
ešte len only, just
Európa, -y *F* Europe
európsky European

existovať, -ujem, -ujú *NP* to exist
fax, -u; -y, -ov *M* fax
fikcia, -ie; -ie, -ií *F* fiction
Fínsko, -a *N* Finland
firma, -y; -y, firiem *F* firm, company
Francúzsko, -a *N* France
geografický geographical
Grécko, -a *N* Greece
hala, -y; -y, hál *F* hall
hoci although
hodinky, hodiniek *(only Pl)* watch
hodiny, hodín *(only Pl)* clock
Holandsko, -a *N* Holland
chutný tasty
chvíľu for a while

Na mape sú kontinenty a oceány. Kontinenty sú: Európa, Ázia, Afrika, Severná a Južná Amerika, Austrália a Antarktída. Najviac obývaný kontinent je Ázia, najmenej obývaný kontinent je Antarktída.

Na zemeguli žije viac ako 3 miliardy ľudí, mnohé rasy, národy a národnosti. Žijú tu belosi, černosi, Ázijci aj miešanci. Najväčšie štáty sveta sú Kanada, Čína, Spojené štáty americké, Brazília, Austrália, India, Argentína a Rusko.

Európa je starý kontinent a aj mnohé štáty v Európe sú staré, napr. Grécko či Taliansko. Hoci európske štáty spolupracujú, zjednotená Európa je zatiaľ len fikcia, a tak v nej existujú rozličné samostatné štáty. Na juhu Európy (okrem Grécka a Talianska) sú to napríklad Španielsko, Portugalsko, Rumunsko a Bulharsko, na východe Ukrajina, Bielorusko, Lotyšsko, Litva, Estónsko a Rusko. Na západe Európy je Veľká Británia, Írsko, Holandsko, Luxembursko, Francúzsko, Švajčiarsko a Nemecko. Na severe sú škandinávske štáty: Švédsko, Nórsko, Fínsko a Dánsko.

V centre Európy je Česko, Maďarsko, Poľsko, Rakúsko a geografický stred Európy - to je Slovensko. Táto poloha je veľmi výhodná pre jeho nový rozvoj a kontakty.

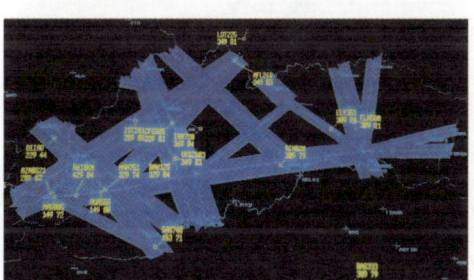

Letové cesty nad Slovenskom

Svetové strany

čo?	*kam?* (direction)	*kde?* (location)	*aký?*
východ	na východ	na východe	východný
západ	na západ	na západe	západný
sever	na sever	na severe	severný
juh	na juh	na juhu	južný

India, -ie *F* India
informácia, -ie; -ie, -ií *F* information
jedlo, -a; -á, jedál *N* food; meal
juh, -u *M* south
južný *Adj* southern, south
Kanada, -y *F* Canada
koľko je hodín? what time is it? *(literally: how many hours is it?)*
končiť sa, -í sa *(no 1st or 2nd Pers Sg or Pl)*, -ia sa *NP* to be ending
kontakt, -u; -y, -ov *M* contact
kontinent, -u; -y, -ov *M* continent
kontrola, -y; -y, kontrol *F* checking, inspection; checkpoint
-krát time(s) *(expressing how many times)*
let, -u; -y, -ov *M* flight
letieť, -ím, -ia; *Past* letel *NP* to fly
letenka, -y; -y, -niek *F* plane ticket
letuška, -y; -y, letušiek *F* air hostess, flight attendant
Litva, -y *N* Lithuania
Lotyšsko, -a *N* Latvia
ľudia, -í *(Pl of* človek*)* people
Luxembursko, -a *N* Luxemburg
Maďarsko, -a *N* Hungary
mapa sveta map of the world
meškať, -ám, -ajú *NP* to be late, to be delayed, to have a delay
miešanec, -nca; -nci, -ncov *M* a person of mixed race
miliarda, -y; -y, miliárd *F* billion
minúta, -y; -y, minút *F* minute
mnohí, -é numerous
načas on time
najmenej the least

8.1 NOMINATIVE PLURAL OF IRREGULAR NOUNS - Nominatív plurálu nepravidelných podstatných mien

8.1.1 As stated in 6.3.2.1, some nouns do not form the nominative plural with the help of the suffixes that have been listed, and so we consider them as irregular ones. In some cases they fall into types comprising groups of words, in other cases they are just individual words. Following is a survey of the types (1-4) and of frequently occurring individual words (5):

1. dievča	- dievčatá/ dievčence
2. holúbä	- holúbätá
3. princezná	- princezné
4. cestujúci	- cestujúci
cestujúca	- cestujúce
5. človek	- ľudia
dieťa	- deti
pani	- panie
oko	- oči; oká
ucho	- uši; uchá

8.1.1.1 The type *dievča* occurs with neuter nouns ending in -a, i.e. words denoting young people or the young of animals, or words that are diminutives. Their plural usually has the ending -atá or -ence, e.g. *vnúča* (little grandchild) - *vnúčatá/vnúčence*, *vtáča* (little bird) - *vtáčatá/vtáčence*.

8.1.1.2 The type *holúbä* occurs with neuter nouns ending in -ä, i.e. words denoting the young of animals, or words that are diminutives, rarely also with words denoting people. Their plural has the ending -ätá, e.g. *žriebä* (colt) - *žriebätá*, *púpä* (little bud) - *púpätá*, *chlápä* (little man) - *chlápätá*.

8.1.1.3 The type *princezná* occurs with feminine nouns ending in -á and its plural has the ending -é, e.g. *švagriná - švagriné*, *gazdiná* (housewife, housekeeper) - *gazdiné*.

8.1.1.4 The type *cestujúci, cestujúca* occurs with nouns that have been formed from participles or adjectives, hence end in -ci or -ca or in -ý/y/í/i or -á/a. Their plural corresponds to the plural of adjectives, e.g. *vedúci* (male chief/boss) - *vedúci*, *vedúca* (female chief/boss) - *vedúce*, *hlavný* (chief waiter) - *hlavní* (see also 6.4 and 7.4).

8.1.1.5 As to *človek*, its plural is *ľudia*, i.e. a different word (note that in English the plural is also expressed by a word different from the one used in the singular, i.e.: man - people). The plural of *dieťa* (child) has the form *deti*, with a modified root) and the plural of *pani* is *panie*, i.e. it ends in -ie.
Oko and *ucho*, when referring to organs of the body have irregular plural forms, i.e. *oči, uši*. When their meaning is figurative, their plural is regular, i.e. *oká, uchá*, e.g. *oká na sieti* (meshes of a net), *kurie oká* (corns on one's foot), *uchá džbánov* (ears of a pitcher), *uchá ihiel* (eyes of needles).

8.1.2 Nouns that are not declinable do not have any plural form, e.g. *whisky, kiwi, tabu, kenguru*.

8.1.3 In both English and Slovak there are words which do not have a singular or a plural, and are used only in one of these numbers (for nouns used only in plural see 6.5).
The non-existence of one of the number forms and the use of the existing number form for the functions of the other one often differs in English and in Slovak, e.g.

English		Slovak	
Sg	Pl	Sg	Pl
information	–	informácia	informácie
development	developments	rozvoj	–
sheep	sheep	ovca	ovce
news	news	správa	správy
watch	watches	hodinky	hodinky

The dictionary in this textbook gives the data concerning such cases, e.g. *informácia, -ie; -ie, -ií* (the endings after the semicolon are the endings of the nominative and genitive plural), *rozvoj, -a* (only Sg), *hodinky, hodiniek* (only Pl).

8.1.4 There are also differences between English and Slovak as to the concord of verbs with such nouns which in English can be used as either collective or particularized references, e.g.

English		Slovak	
Sg	Pl	Sg	Pl
family is	family are	rodina je	–
family is	families are	rodina je	rodiny sú

In this and similar cases, e.g. police - *polícia*, faculty (the employees of a faculty) - *fakulta*, with these nouns in the singular only the singular form of the verb can be used in Slovak, e.g. *rodina číta, polícia hľadá, fakulta je*.

---

na juhu on/in the south
najväčší the largest
najviac the most
na počítači on the computer
napr. *(Abbr of* napríklad*)* for example
napríklad for example
na preclenie to be declared
národ, -a; -y, -ov *M* nation
na severe on/in the north
našťastie fortunately
na východe on/in the east
na západe on/in the west
nejaký, -á, -é some, some sort of
Nemecko, -a *N* Germany
nič nothing
nízko *Adv* low
Nórsko, -a *N* Norway
obchodný *Adj* pertaining to business
obsadený *Adj (about e.g. a seat)* taken; *(about a plane, bus, etc.)* full
obývaný *Adj* inhabited
oceán, -u; -y, -ov *M* ocean
odlet, -u; -y, -ov *M* departure (of airplane)
okrem + *Gen* except for
parkovisko, -a; -á, parkovísk *N* parking lot
partner, -a; -i, -ov *M* colleague, partner
pasový *Adj* pertaining to passport
pasová kontrola the checking of passports; passport checkpoint
pilot, -a; -i, -ov *M* pilot
plocha, -y; -y, plôch *F* area
pobyt, -u; -y, -ov *M* stay

8.2 PRESENT TENSE OF IRREGULAR VERBS - Prítomný čas nepravidelných slovies

8.2.1 In 7.2 we have presented the types of regularly conjugated verbs. All those verbs whose conjugation differs from them are in our typology considered irregular. However, among some of them there can also be found features that can be generalized. Hence, we can speak about types of irregular verbs, and about individual irregular verbs. The table that follows presents some of them, without intending to give a complete list.

Types of Irregular Verbs

	Infinitive	1st Pers Sg	3rd Person Pl	
1.	žiť	žijem	žijú	(to live)
2.	niesť	nesiem	nesú	(to carry)
3.	stáť	stojím	stoja	(to stand)

Individual Irregular Verbs

Infinitive	1st Pers Sg	3rd Person Pl	
byť	som	sú	(to be)
ísť	idem	idú	(to go)
prijať	prijmem	prijmú	(to receive)
vziať	vezmem	vezmú	(to take)
začať	začnem	začnú	(to begin)
jesť	jem	jedia	(to eat)
povedať	poviem	povedia	(to say)

8.2.1.1 In the type *žiť* the conjugation endings correspond to the regular type 1a (*pracovať*), but the thematic element is not *-uj-* (*pracujem*) but *-j-* only. Conjugated according to this type are most monosyllabic verbs which have *-i/y* in the root, e.g.
piť, pijem, pijú; biť (to beat), *bijem, bijú,*
and some with the short root vowel *-u-*, e.g.
žuť (to chew), *žujem, žujú.*

8.2.1.2 The conjugation of the type *niesť* can involve the change or insertion of a root vowel, e.g.
brať (to take), *beriem, berú;*
viezť (to carry by a vehicle), *veziem, vezú.*
In some cases, a change of the root consonant is also involved, e.g.

-s-	into	-d- :	*viesť* (to guide), *vediem, vedú*
-s-	into	-t- :	*pliesť* (to knit), *pletiem, pletú*
-s-	into	-st-:	*rásť* (to grow), *rastiem, rastú*
-c-	into	-č- :	*piecť* (to bake), *pečiem, pečú*
-c-	into	-ž- :	*môcť, môžem, môžu*

All the irregular verbs occurring in this textbook are presented in its vocabulary with their three basic forms, including the vocalic and consonantal changes.

8.2.1.3 The type *stáť* involves root change including the addition of *-oj-*. Conjugated according to this type is, e.g. the verb *báť sa* (to be afraid), *bojím sa, boja sa.*

8.2.1.4 Included in the above list of individual irregular verbs are some of the most frequently occurring irregular verbs. They all involve changes in their conjugated forms with regard to the infinitive, the verb *byť* having a completely different stem in the conjugated forms (see also 2.6).

8.2.1.5 In negation the verb *ísť* changes its initial *i-* into *j-*, i.e.:

nejdem	nejdeme
nejdeš	nejdete
nejde	nejdú

8.2.2 The basic forms of the irregular verbs belonging to the above types as well as of the individual irregular verbs occurring in this textbook are presented in the vocabulary. They should be noted, checked when used and, if possible, memorized.

8.3 NAMES OF COUNTRIES - Názvy krajín

8.3.1 In Slovak the names of countries usually have the following endings or final letters:

-sko/cko:	Dánsko, Slovensko, Taliansko Anglicko, Grécko etc.
-a:	Amerika, Čína, Európa, Kanada, etc.
-ia:	Austrália, Ázia, etc.
other:	Izrael, Jemen, Tibet, Togo, etc.

8.3.2 Most of the names ending in *-sko* were formed from names of members of nationalities, e.g. *Dán* (a Dane) + *sko*, *Talian* (an Italian) + *sko*. However, in some cases the situation is more complex, e.g. *Slovensko*, but *Slovák* (a Slovak M), or both the name of the country and the name of the nationality are derivatives, e.g. *Portugalsko* and *Portugalčan* (a Portuguese M). On names of nationalities see more in 9.5.

8.3.3 Names of countries are capitalized. If the name of the country is composed of several words, only the first one of them is capitalized, e.g. *Spojené štáty americké*. The only exception is when also one of the non-initial words in the name is a proper name, e.g. *Republika Marshallových ostrovov* (Republic of the Marshall Islands).

---

počasie, -ia *(usually only Sg) N* weather
podnikateľ, -a; -lia, -ľov *M* businessman, enterpreneur
poloha, -y; -y, polôh *F* location
Poľsko, -a *N* Poland
pomaly slowly
Portugalsko, -a *N* Portugal
poslať, pošlem, pošlú *P + Acc* to send
pošta, -y; -y, pôšt *F* mail; post office
pozerať, -ám, -ajú *NP + Acc* to be looking
pri okne at/by the window
pristávací pertaining to landing
pristávacia dráha landing strip/runway
pristávať, -am, -ajú *NP* to be landing
radšej better, preferably
Rakúsko, -a *N* Austria

8.4 GENDER-RELATED FORMS OF CARDINAL NUMERALS - Tvary základných čísloviek v závislosti od rodu

8.4.1 All Slovak cardinal numerals except for *jeden* have different forms for usage with M +Hum nouns and for all other nouns. Moreover, the numerals *jeden* and *dva* also have differing forms for genders. They are presented in the following table:

M +Hum	M -Hum	F	N
jeden	jeden	jedna	jedno
dvaja	dva	dve	dve
traja	tri	tri	tri
štyria	štyri	štyri	štyri
piati/päť	päť	päť	päť

8.4.2 **1** as evident from the table, has three lexical forms, each one for one gender, i.e. *jeden* M, *jedna* F, *jedno* N, e.g. *jeden úradník, jeden dom, jedna kniha, jedno dieťa*.

8.4.3 **2** also has three lexical forms, but they are functionally distributed differently. *Dvaja* is used for M +Hum, *dva* for M -Hum and *dve* is shared by F and N, e.g. *dvaja muži, dva stoly, dve stoličky, dve autá*.

8.4.4 **3** and **4** have only two lexical forms each: *traja* and *štyria* for M +Hum and *tri* and *štyri* for all other cases, e.g. *traja/štyria doktori, tri/štyri lety, tri/štyri ženy, tri/štyri mestá*.

8.4.5 **5 to 99** also have two lexical forms each and are distributed the same way as 3 and 4, but with the difference that their M +Hum form is predictable from the form of the corresponding ordinal numeral in which the ending *-y/ý* has to be replaced by *-i*, e.g. *piati tenisti, dvadsiati siedmi študenti, deväťdesiati deviati turisti*.

However, with M +Hum these numerals can also be used in their cardinal form, the noun or noun phrase that follows being in the genitive plural form, e.g. *päť tenistov, dvadsať sedem študentov, deväťdesiatdeväť turistov*.

With nouns that are not M +Hum the cardinal numerals are used, and they are followed by the genitive of the noun or noun phrase, e.g. *päť domov, desať univerzít, dvadsaťdva múzeí* (see also 8.6.2).

8.4.6 **100 and above** are used only in their cardinal form and are followed by the noun or noun phrase in the genitive plural, i.e. *stodvadsať korún, tisíc dolárov*.

8.5 CONCORD OF NUMERALS AND NOUNS - Zhoda čísloviek a tvaru podstatných mien

8.5.1 While in English the numeral one is used with the singular number of nouns and other numerals are used with the plural, in Slovak the situation is more complex. It can be presented in the following table:

Numeral	Noun	Gender and Number
jeden, jedna, jedno	Nom Sg	dom, kniha, dieťa
dvaja, dva, dve	Nom Pl	otcovia, domy, knihy
traja, tri	Nom Pl	otcovia, domy
štyria, štyri	Nom Pl	otcovia, domy
piati - deväťdesiati deviati	Nom Pl	(only M +Hum) otcovia
päť and above	Gen Pl	otcov, domov, detí, kníh

8.5.2 With the grammar covered so far we can manage to use correctly only the nouns and nominal phrases with the numerals 1-4, and with the numerals of the type *piati*, i.e. from 5 to 99, the latter type only with M +Hum nouns or noun phrases.

8.5.3 The systematic usage of the numeral *päť* and above that requires the genitive plural of the noun or noun phrase goes beyond the scope of the grammar explained in this textbook. However, the textbook does assist in this in two ways. Firstly, the genitive forms of several of the nouns that are frequently used with numerals are presented in its texts and exercises, e.g. *rokov*. Secondly, with each noun in the vocabulary also the genitival form or its ending are presented, e.g. *mesto, -e; -á, miest N*, the last form always being the genitive plural, so with the help of this dictionary also the phrases with *päť* and above can be correctly handled, e.g. *päť miest*.

6.6 CONCORD OF NUMERALS AND VERBS - Zhoda čísloviek a tvaru slovies

8.6.1 In English the numeral one is used with the singular and the other numerals with the plural forms of the verbs. In Slovak, similarly to the concord of numerals with nouns, the situation is more complex. This can be seen in the following table:

Numeral	Number of Verb	Example
jeden, jedna, jedno	Sg	jeden žiak číta
dvaja, dva, dve	Pl	dvaja žiaci čítajú
traja, tri	Pl	traja žiaci čítajú
štyria, štyri	Pl	štyria žiaci čítajú
piati - deväťdesiati deviati	M +Hum Pl	desiati žiaci čítajú
päť and above	Sg	sto žiakov číta

8.6.2 As is evident from the table, the singular forms of the verbs are used with the numeral *jeden, jedna, jedno* and with *päť* and above.

8.6.3 The plural forms of verbs are used with:
   a) the numerals *dvaja, dva, dve, traja, tri, štyria, štyri*;
   b) with the numerals of the type *piati* up to 99 incl., which apply for M +Hum nouns:
       piati študenti píšu.

---

rokovanie, -ia; -ia, -í N   talks, negotiations
rozličný Adj   various, different
rozvoj, -a *(only Sg)* M   development
Rumunsko, -a N   Roumania
Rusko, -a N   Russia
rýchlo Adv   fast, quickly
samostatný   separate; sovereign, independent
severný Adj   northern, north
služobná cesta   business trip
Spojené štáty americké   United States of America
spolupracovať, -ujem, -ujú NP   to cooperate, to collaborate
steward, -a; -i, -ov M   flight attendant (male)
svet, -a; -y, -ov M   world
svetová strana, -y; -y, strán F   cardinal point
svetový Adj   pertaining to the world; universal

CVIČENIA

I. Odpovedzte:

1. Odkiaľ je pán Taylor?
2. Kam ide?
3. Aká cesta je to?
4. Odkiaľ letí a kam?
5. Aké lety štartujú a pristávajú v New Yorku?
6. Je jeho let dlhý?
7. Kedy má lietadlo odlet?
8. Mešká jeho lietadlo z New Yorku?
9. Letí aj jeho manželka?
10. Je lietadlo plné?
11. Čo robí pán Taylor v lietadle?
12. Aký je let?
13. Kedy má lietadlo prílet do Bratislavy?
14. Mešká lietadlo v Bratislave?
15. Má pán Taylor pas?
16. Čo má pán Taylor na preclenie?
17. Čaká niekto v Bratislave? Kto?
18. Kam idú?
19. Čo bude pán Taylor robiť v Bratislave?
20. Kedy sa končí jeho pobyt?

II. Preložte do slovenčiny:

my three flight tickets, have a nice flight, the flight is cancelled, the weather is bad, the planes are not taking off, it is a pity that the plane is late, two planes are landing, passengers are waiting

III. Odpovedzte negatívne:

Príklad: *Je lietadlo veľké? Nie, nie je. Je malé.*

1. Letí to lietadlo nízko?
2. Nastupujú tí cestujúci?
3. Idú do budovy vpravo?
4. Sú tie letenky výhodné?
5. Je lietadlo prázdne?
6. Je to miesto pri okne pohodlné?
7. Je ten vysoký steward nesympatický?
8. Je tá letuška vydatá?
9. Letíme na východ?
10. Vaše prázdniny sa začínajú?

IV. Pozrite sa na mapu sveta. Povedzte, kde je ktorý kontinent:

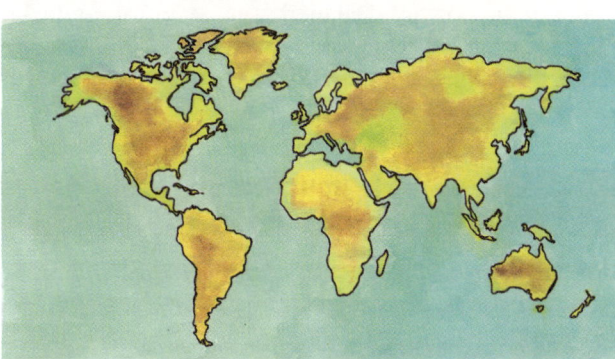

V. Potrebujete dve letenky do Prahy.

(You are making a telephone call to a Slovak airline to find out about the availability of tickets. Write down and perform the dialogue.)

VI. Call your friend Betka.

(Tell her you are at the airport in Bratislava. Your flight to Košice is delayed. Ask her whether she can come - you could talk together for about two hours then. Write down and perform the dialogue.)

VII. Change into the plural:

malé dievča, dobrý človek, moja švagriná, táto sympatická pani, mladý rodič, nová predavačka, rýchle lietadlo, môj súrodenec, pekné vnúča, štíhla recepčná, americká cestujúca, slovenský cestujúci, zlé dieťa, jeho nová informácia

VIII. Translate and use in sentences of your own:

who, what, where from, which, how, when, where, at what time, where to, of what kind, why

---

škandinávsky Scandinavian
Španielsko, -a *N* Spain
štartovacia dráha runway
štartovací pertaining to taking off or starting
štartovať, -ujem, -ujú *NP* to start
šťastný let have a nice trip *(literally:* happy flight)
štát, -u; -y, -ov *M* state
Švajčiarsko, -a *N* Switzerland
Švédsko, -a *N* Sweden
Taliansko, -a *N* Italy
telefonovať, -ujem, -ujú *NP* to make a telephone call
trasa, -y; -y, trás *F* itinerary, route
trvať, -ám, -ajú *NP* to last, to take
transkontinentálny transcontinental
Ukrajina, -y *F* Ukraine

Veľká Británia *F* Great Britain
videofilm, -u; -y, -ov *M* video (movie)
von *Adv (direction)* outside
východ, -u *M* east
východný *Adj* eastern, east
vysoko *Adv* high, at a great height
západ, -u *M* west
západný *Adj* western, west
zatiaľ so far
Zem, -e *F* Earth
zemeguľa, -e; -e, zemegúľ *F* globe
zjednotený *Adj* united, unified
zrušený *Adj* cancelled
žiadosť, -ti; -ti, -tí *F* application
žiť, žijem, žijú *NP* to live

IX. Preložte do angličtiny:

Vitajte. Prosím si váš pas. Ako dlho budete na Slovensku? Máte niečo na preclenie? Môžem, prosím, vidieť tento kufor? Ďakujem, už si kufor aj tašku môžete vziať. Bývajú na Slovensku vaši príbuzní? Ako dlho budete na Slovensku? Šťastnú cestu. Dovidenia.

X. Replace the verbs in the following pair of sentences with the verbs in the list:

Príklad: *Mária tam pracuje. Oni tam nepracujú.*
študovať, bývať, cestovať, chodiť, driemať, jesť, piť, počúvať, odchádzať, spať, stáť, vystupovať, prísť, môcť, ísť, mať čas

XI. Give a negative response, using the numeral corresponding to the number in brackets:

Príklad: *Býva tu jeden študent? (4) Nie, bývajú tu štyria študenti.*

1. Prosíte si jeden lístok? (3)
2. Máte ešte jedno voľné miesto? (2)
3. Je jedna hodina? (23)
4. Je to vaše prvé auto? (2.)
5. Idú tam dvaja doktori? (6)
6. Máte doma jeden počítač? (3)
7. Bude v kine jedna tvoja priateľka? (4)
8. Trvá ten film hodinu? (2)
9. Je to vaša prvá služobná cesta? (3.)
10. Idete domov o dva dni? (4)
11. Máte štyridsať rokov? (20)
12. Máte milión? (4)

XII. Pozrite sa na mapu Európy.

Say which states surround the ones listed below:
Dánsko, Švajčiarsko, Poľsko, Rumunsko, Francúzsko, Slovensko, Belgicko, Poľsko, Fínsko

XIII. Use the numerals in brackets with the following words:

taxikár (4), doktorka (4), doktor (5), vnuk (3), vnučka (3), hodina (50), lekcia (2), rok (100), brat (2), človek (20), ulica (3), štát (4), strýko (2), úradník (4), profesor (10).

XIV. Fill in the possible marital status of the following persons:

Slečna Mária Krátka je ....
Pani Krátka je ....
Pán Peter Young je ....
Pán Krátky je ....
Pani Nová je ....
Pán Vlk je ....

XV. Doplňte:

1. Idem tam .... (on Monday).
2. ....(tomorrow) nie je doma.
3. Odchádzame .... (on Wednesday).
4. ....(today) má 20 rokov.
5. .... (on Saturday) môže odtiaľ telefonovať.
6. .... (on Thursday) ho čaká jeho obchodný partner.
7. .... (this year) tu nie sú americkí študenti.
8. .... (then) potrebuje nejaké informácie.
9. Do Londýna ide .... (in three days).
10. .... (in a week) mám skúšku.

XVI. Preložte:

1. Tonight we are going to the movies together.
2. The movie lasts two hours.
3. We cannot smoke there.
4. The building is 20 years old.
5. There is a new restaurant there.
6. The food there is very tasty.
7. Tomorrow we are going by train for a trip to Žilina.
8. Mária's parents live there.
9. Žilina and Martin are in the north.
10. Unfortunately, the weather is not very nice.

XVII. Odpovedzte:

1. Ste podnikateľ?
2. Chodíte niekedy na služobnú cestu?
3. Kam chodíte?
4. Ako tam cestujete?
5. Čo tam robíte?
6. Chodí tam aj vaša manželka?
7. Ako dlho ste tam?
8. Sú služobné cesty zaujímavé?

XVIII. What could the character in the following picture say?

XIX. Naučte sa porekadlo:

Darovanému koňovi na zuby nehľaď.

(Do not look a gift horse in the mouth.)

XX. Naučte sa pieseň:

9. lekcia

Na návšteve

Mária a Peter sú v Žiline. Tu je dom, kde bývajú Máriini rodičia.

Mária: Tak už sme tu. Toto je náš dom. Poď, naši už určite čakajú.
Mária zazvoní, dvere sa otvoria.
Mária: Ahoj, mami, tu sme.
Mama: Ahojte. Vitajte, konečne ste tu. A toto je určite Peter. Vitaj. Poďte ďalej a sadnite si. Otec je hneď tu. Príde aj stará mama a starý otec. Aj oni vás chcú vidieť. Tak ako sa máte?  
Mária: My dobre, ale ako sa máte vy tu?
Mama: Ďakujem, celkom dobre. A ty, Peter, ako sa máš na Slovensku?
Peter: Ďakujem, zatiaľ dobre.
Mama: A môžem ti tykať? Alebo radšej vykať?
Peter: Samozrejme, tykajte mi.
Mama: Ako sa ti páči Slovensko?
Peter: Veľmi. Slovensko je krásna krajina.
Mama: Fajn, to rada počujem. Musíme ísť spolu na nejaké výlety. No teraz prepáčte, idem niečo pripraviť. Určite ste hladní. A nie ste smädní? Dáte si džús, čaj alebo kávu?
Mária: Ja si prosím džús.
Peter: Aj ja.
Mama: Nech sa páči. Aha, už ide aj Miško.
Michal: Ahoj, Maja.
Mária: Ahoj, Miško. Ako sa máš?
Michal: Čo ja viem? Dosť dobre. Len mám pokazený bicykel. A toto je ten Peter z Ameriky?
Peter: Áno, ja som Peter.
Michal: A ty hovoríš po slovensky? Ako to?
Peter: Učím sa po slovensky. Ale ešte neviem veľa.
Michal: To nevadí. Ja neviem po anglicky nič. Ale na budúci rok sa začnem učiť. Vieš čo? Kým mama pripraví večeru, poď do garáže, dobre? Možno mi pomôžeš. Ten bicykel musím opraviť.
Peter: Dobre, idem.

SLOVNÍK

ako as
ako to? how come?
až as far as
bankomat, -u; -y, -ov *M* automatic teller
brať, beriem, berú *NP* to take
brzda, -y; -y, bŕzd *F* braking device, brake
brzdiť, -ím, -ia *NP* to break, to be breaking
byť na rade to be sb's turn (in a line)
či whether, if
čo ja viem? *(Coll)* what do I know?; who knows?
dajte mi vedieť let me know
ďalej further
dať si, -ám si, -ajú si *P + Acc (Coll)* to have sth (to drink or to eat)

do banky to the bank
doľava to the left
doprava to the right
džús, -u; -y, -ov *M* juice
frajer, -a; -i, -ov *M (Coll)* boyfriend
frajerka, -y; -y, frajeriek *F (Coll)* girlfriend
hladný hungry
hneď right now, in a minute
hocičo anything
hocičo sa môže stať anything can happen
hociktorý, -á, -é any, whichever
chodiť spolu to be dating (each other)
choď/te *(Imper of ísť)* go
chorý sick
ísť pešo to go on foot

66 SLOVAK FOR YOU

Michal a Peter sú v garáži.

Michal: Poď sem! Tak toto je ten môj pokazený bicykel. Pozri, brzda je zlá. Nebrzdí. Môžeš mi pomôcť?
Peter: Počkaj, pozriem sa. Myslím, že toto tu je zlé.
Michal: Táto skrutka?
Peter: Počkaj, skúsim to opraviť. No dobre, už to je.
Michal: Super.
Peter: Môžem vyskúšať tvoj bicykel?
Michal: Jasné, že môžeš. A vieš jazdiť na bicykli?
Peter: Samozrejme, že viem. Aj v Clevelande niekedy jazdím na bicykli.
Michal: A ty si naozaj Američan? Veď veľmi pekne hovoríš po slovensky - ako Slovák.
Peter: Áno, som Američan. Ale učím sa po slovensky a slovenčina sa mi veľmi páči.
Michal: Myslím, že sa ti páči aj naša Maja. Ona je tvoja frajerka? Tvoja láska?
Peter: Ale nie, len kamarátka.
Michal: Kamarátka, kamarátka! Ale chodíte spolu, nie?
Peter: Sme priatelia, ale to je všetko.
Michal: No neviem, neviem. Len mi potom dajte vedieť, kedy je svadba, nechcem ju zmeškať.
Peter: Ty si zo mňa uťahuješ, však?
Michal: Nie, ale hocičo sa môže stať. No dobre, poďme späť do domu. Večera je už určite pripravená. A ďakujem za pomoc.

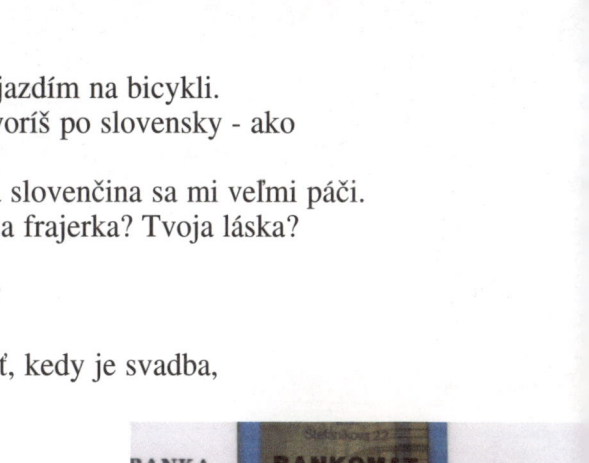

Na ulici

Pán Taylor: Prepáčte, môžete mi pomôcť?
Bratislavčan: Nech sa páči, čo potrebujete?
Pán Taylor: Kde je, prosím, Tatra banka?
Bratislavčan: Toto je Štúrova ulica. Choďte rovno, až na koniec na Šafárikovo námestie, kde je univerzita. Potom choďte ďalej doprava asi 300 m a tam je už Tatra banka.
Pán Taylor: Takže nie je ďaleko, však? Môžem ísť pešo?
Bratislavčan: Samozrejme. Je to asi päť minút.
Pán Taylor: A neviete, či je teraz poobede otvorená?
Bratislavčan: To, žiaľ, neviem. Ale niektoré slovenské banky sú otvorené aj poobede.
Pán Taylor: Ďakujem vám pekne.

---

jasné (Coll) sure, of course, right
jazdiť, -ím, -ia NP (+ na + Loc) to ride; to drive
  jazdiť na bicykli to ride a bicycle
  jazdiť na aute to drive a car
ju (Acc Sg of ona) her
kamarátka, -y; -y, kamarátok F friend (female)
karta, -y; -y, -iet F card
konečne finally
koniec, -nca; -nce, -ncov M end
krásny beautiful
kreditná karta credit card
kurz, -u; -y, -ov M exchange rate
kým until, by the time that
láska, -y; -y, lások F love
Maja, -e; -e, Máj F (Infml for Mária) Mary

mám pokazený bicykel my bicycle is broken
mi (Dat Sg of ja) (to) me
Miško, -a; -ovia, -ov M (Diminutive Infml for Michal) Mike
môže sa použiť it can be used
musieť, musím, musia; Past musel Mod to have to, must
na koniec to the end
najprv (at) first
naozaj really
naši my family, my folks
nechcem ju zmeškať I do not want to miss it
ničí, -ia, -ie nobody's
niečo something
niekam (direction) somewhere
niekde (location) somewhere
nikam (direction) nowhere

V banke

Pán Taylor potrebuje ísť do banky, pretože chce zameniť doláre za koruny. Potrebuje sa aj spýtať, kde môže používať americké kreditné karty.

Pán Taylor: Prosím vás, chcem zameniť doláre za koruny. Aký kurz má dnes dolár?
Bankový úradník: Dnes je kurz 28 korún 80 halierov za dolár. Koľko dolárov si chcete zameniť?
Pán Taylor: 300 dolárov.
Bankový úradník: Áno, nech sa páči, tu je váš lístok. Je to pokladňa číslo 6.
Pán Taylor: A prosím, kde môžem používať americké kreditné karty?
Bankový úradník: Kreditné karty berú všetky veľké hotely, obchodné domy, niektoré obchody a reštaurácie. Môžete tiež používať hociktorý bankomat. Platobná karta Visa sa môže použiť aj tu. Takže peniaze si môžete vybrať, aj keď banka nie je otvorená.
Pán Taylor: Ďakujem.

Tu je pokladňa číslo 6. Sú tam už traja ľudia. Pán Taylor si sadne. O chvíľu vidí svietiť svoje číslo. Je na rade.

PROTIKLADY

je to	blízko	– ďaleko
cesta je	krátka	– dlhá
choďte	doprava	– doľava
	otvoriť	– zatvoriť dvere
dvere	sa otvoria	– sa zatvoria
banka je	otvorená	– zatvorená
môžem	tykať	– vykať
	pokaziť	– opraviť bicykel
bicykel je	pokazený	– opravený
idem	pešo	– autom
		električkou
		na bicykli
		taxíkom
		loďou
		autobusom
		trolejbusom
		lietadlom
som	zdravý	– chorý
film má dobrý	začiatok	– koniec

---

nikde *(location)* nowhere
nikdy never
nikto nobody
no dobre well, all right; all right then
o *(about time)* in, within
obchod, -u; -y, -ov *M* store, shop
obchodný dom department store
opravený *Adj* repaired
opraviť, opravím, opravia *P + Acc* to repair
opýtať sa, -am sa, -ajú sa *P + Acc* to ask
otvorený *Adj* open
otvoriť, -ím, -ia *P + Acc* to open
otvoriť sa, -ím sa, -ia sa *P* to become opened
páči sa mi + *Nom* I like sb/sth
páči sa ti + *Nom* you like sth/sb; do you like sth/sb?

platobná karta bank card, handybank card
počuť, počujem, počujú *NP + Acc* to hear
poď/te ďalej *(Imper of* ísť*)* come in
poď/te sem *(Imper of* ísť*)* come here
pokazený broken
pokaziť, -ím, -ia *P + Acc* to cause sth to become broken or out of order
pomoc, -i *(only Sg) F* help, assistance
pomôcť, pomôžem, pomôžu; *Past* pomohol *P* to help
používať, -am, -ajú *NP + Acc* to use
pozrieť sa, pozriem sa, pozrú sa; *Past* pozrel sa *P* (+na +*Acc*) to (have a) look (at)
rad, -u; -y, -ov *M* line
rovno *Adv* straight
sem *(direction)* here

Užitočné výrazy

To rád/rada počujem.	–	I am glad to hear that.
Poďte ďalej.	–	Come in.
Poďte sem.	–	Come here.
Hneď som tu.	–	I'll be back in a minute.
Môžete mi tykať.	–	You can use the *ty* form.
Môžeme si tykať.	–	We can (mutually) use the *ty* form.
Ste hladný?	–	Are you hungry?
Ste smädný?	–	Are you thirsty?
Čo potrebujete?	–	What do you need?
Môžete mi pomôcť?	–	Can you help me?
Už to je.	–	It's done. That's it.
Ďakujem ti/vám za pomoc.	–	Thank you for your help.
Páči sa mi to.	–	I like it.
Počkajte, prosím.	–	Please, wait.
To nevadí./To nič.	–	That does not matter.
Ako to?	–	How come?
Ste na rade.	–	It is your turn.

Kedy? teraz, hneď, o chvíľu, o minútu
potom, neskoro
dnes, zajtra
tento týždeň, na budúci týždeň, na budúci mesiac
celý deň, celý víkend, celý rok
o tri hodiny, o dva dni, o týždeň, o štyri roky
o 8.20, o 17.45
v piatok, v stredu
v novembri, vo februári
v zime, na jeseň, v lete, na jar
niekedy, vždy, hocikedy, nikdy

9.1 MODAL VERBS - Modálne slovesá

9.1.1 Both English and Slovak have modal verbs, i.e. verbs which express the modal circumstances concerning the verb that follows, i.e. whether it is a voluntary action, an indispensability or obligation, a possibility or a permitted action.
Slovak has the following modal verbs:

chcieť	- to want	: chce študovať
smieť	- to be allowed/permitted	: smie fajčiť
môcť	- a) to be allowed	: môžem pracovať
	b) to be willing	: môžem ti pomôcť
musieť	- to have to	: musia čítať
vedieť	- a) to be aware of, to know	: viem, kde je
	b) to be able to	: vedia spievať

9.1.2 As evident from the examples above, after modal verbs the verb is in the infinitive.

9.1.3 As to their conjugation, Slovak modal verbs differ from each other. Those listed above in 9.1.1 are conjugated in the following way:

chcieť	smieť	môcť	musieť	vedieť
chcem	smiem	môžem	musím	viem
chceš	smieš	môžeš	musíš	vieš
chce	smie	môže	musí	vie
chceme	smieme	môžeme	musíme	vieme
chcete	smiete	môžete	musíte	viete
chcú	smú	môžu	musia	vedia

9.1.4 *Chcieť* does not fall into any of our conjugation types, hence, is irregular, *smieť* corresponds to type 2c) (see 7.2.7), *môcť* is a sub-type of irregular *niesť* (see 8.2.12), *musieť* corresponds to type 3c) (see 7.2.7) and *vedieť* is irregular.

9.1.5 As to meaning, for speakers of English the most difficult Slovak modal verbs are *môcť* and *vedieť*, hence their translation and usage have to be studied and practiced carefully.

a) *Môcť* means to be allowed to, but also to be willing (and able) to do sth, to have the authority to do sth. Examples:

Mama hovorí, že tam môžem ísť.	Mother says that I can go there.
Môžem ti pomôcť.	I can help you/I am willing to help you/I am able to help you.
Môžu to používať.	They can/They have the authority to use it

The meanings of *môcť* can be translated by *can*; however, this does not apply the other way round. English *can* translates as:

I can go there.	Môžem/smiem tam ísť.
I can sing.	Viem spievať.
I can see it.	Vidím to.
I can understand it.	Rozumiem tomu.

As to the latter two cases, with verbs of perception Slovak does not use modals when these verbs mean an ability.

b/ *Vedieť* means either to be aware of, to know, or to be able to (usually after having mastered a skill), e.g.:

Viem, že otec je doma.	I know that father is at home.
Vedia, že je to ďaleko.	They know that it is far.
Peter vie písať po slovensky.	Peter can write in Slovak.
Jej brat vie opraviť bicykel.	Her brother can repair a bicycle.

9.1.6 Modal verbs are negated with the help of the negative prefix *ne-*, e.g.
nechcem, nesmú, nemôžeš, nemusia, neviem.

9.1.7 Different from the corresponding English negated verbs is the meaning of the negated modal verbs *nesmieť* and *nemusieť*

smiem	I can/may	musím	I must
nesmiem	I must not	nemusím	I do not have to

The reason is that in English the verb used for the highest degree of both an order to do sth (+!) and a prohibition to do sth (-!) is *must*, while in Slovak it is *musieť* and *nesmieť* respectively. The situation concerning expressing the modal polarity scale can be represented as follows:

```
(+!)                                                    (-!)
|—————————————————————————————|
```

I must	I do not have to	I am allowed to	I must not
musím	nemusím	smiem	nesmiem

E.g.:
I must go fast.	Musím ísť rýchlo.
I do not have to go by plane.	Nemusím ísť lietadlom.
He is allowed to drink coffee.	Smie piť kávu.
He must not drink whisky.	Nesmie piť whisky.

9.2 INDEFINITE PRONOUNS - Neurčité zámená

9.2.1 Slovak indefinite pronouns are formed from interrogative pronouns by prefixing to them most often *nie*:

niekto	somebody
niečo	something
niekde	somewhere *(location)*
niekam	somewhere *(direction)*
niekedy	sometimes
niekoľko	several
niektorý	some (of which)
niečí	somebody's
nejaký	(of) some (kind) *(here after the prefix ne- there is inserted -j-)*

E.g.:
Niekto musí prísť.	Somebody must come.
Majú niečie auto.	They have somebody's car.
Máme nejaké problémy.	We have some problems.

Indefinite pronouns can also be formed with the help of some other prefixes, e.g. *da-, voľa-: dakto, dačo, voľakde.*

9.2.2 The English alternation of pronouns with *any-* and *some-* in questions/negation vs positive statements does not exist in Slovak, e.g.

Is anybody there?	Yes, there is somebody.
Je tam niekto?	Áno, niekto tam je.

They do not have anything.	She has something.
Nemajú nič.	Ona niečo má.

As an equivalent of *any-* in negative sentences the Slovak negative pronouns are used, e.g. *nemajú nič.*

9.2.3 The equivalent of the English *any-* in e.g. *anybody, anywhere* in the sense of *no matter where, no matter who* is *hoci-*. E.g.

Anybody can repair it.	Hocikto to vie opraviť.

9.2.4 The indefinite pronouns which end in *-ý/í* have the same gender forms and plural forms as adjectives, i.e.

Sg			Pl	
M	F	N	M +Hum	others
niektorý	niektorá	niektoré	niektorí	niektoré
niečí	niečia	niečie	niečí	niečie
hocijaký	hocijaká	hocijaké	hocijakí	hocijaké

9.2.5 The plural of *niekoľko* is *niekoľkí, niekoľké*, e.g., *niekoľkí chlapci, niekoľké dievčatá.*

---

skrutka, -y; -y, skrutiek *F* screw
skúsiť, skúsim, skúsia *P + Acc* to try
slovenčina sa mi páči I like Slovak
smädný thirsty
smieť, smiem, smú; *Past* smel *Mod*
  to be allowed/permitted to
späť *Adv* back, backward(s)
spolu together

super *Adj* or *Adv* (one form for all genders, Nondecl) (Youth Slang)
  great, excellent
svietiť, -im, -ia *NP* to shine, to be lit
svadba, -y; -y, svadieb *F* wedding
takže hence, thus
ti (Dat Sg of *ty*) (to) you
to je všetko that's it, that's all
to nevadí (Coll) that does not matter

9.3 NEGATIVE PRONOUNS - Záporné zámená

9.3.1 In Slovak negative pronouns are formed by adding to interrogative pronouns the prefix *ni-*:

nikto	nobody
nič	nothing
nikde	nowhere *(location)*
nikam	nowhere *(direction)*
nikdy	never
ničí	nobody's
nijaký	no, of no kind

Note that *nothing* translates as *nič* (with the final *-o* from *čo* not present), *never* translates as *nikdy*, with *-e-* from *kedy* dropped, and *of no kind* translates as *nijaký*, with *-j-* inserted, similarly to *nejaký*.

9.3.2 The equivalent of *no, of no kind* can either be *nijaký* or the word *žiadny/žiaden, žiadna, žiadne*, e.g.

There is no car there.	Nie je tam nijaké auto.
	Nie je tam žiadne auto.

9.3.3 The negative pronouns *ničí, nijaký* and *žiadny/žiaden* have the same gender and number forms as adjectives (except for *žiaden* M), i.e.

Sg			Pl	
M	F	N	M +Hum	others
ničí	ničia	ničie	ničí	ničie
nijaký	nijaká	nijaké	nijakí	nijaké
žiaden	žiadna	žiadne	žiadni	žiadne

9.4 MULTIPLE NEGATION - Viacnásobná negácia

9.4.1 In Standard English in negative statements only one negative element can occur, e.g. *Peter never has any problems*. In Slovak, on the contrary, there is multiple negation which is caused by negative concord, i.e. if the verb is negative all pronouns have to harmonize with it and be negative, e.g.:

Peter never has any problems.
- Peter nikdy nemá nijaké problémy.

9.4.2 If one of the pronouns in the sentence is negative, in Slovak the verb also has to be negative (i.e. negative pronouns cannot co-occur with positive verbs), e.g.

Nobody has it. - Nikto to nemá.

9.4.3 The only exceptions to negative concord are cases corresponding to the occurrences of *some(-)* in English negative sentences of the type:

He does not have something. - Niečo nemá.

Here only part of the statement is negated.

9.5 NOUNS REFERRING TO MEMBERS OF NATIONALITIES - Názvy príslušníkov národností

9.5.0 Nouns referring to nationalities are formed in several ways. To some extent their formation is predictable from the ending of the corresponding name of the country, however, in many cases the form is not predictable, and has to be checked in a dictionary.

Nouns referring to members of nationalities are obviously rather numerous and as to their form quite complex. Here the most frequent ways of forming them will be presented, first the masculine forms only, and then also the feminine forms.

9.5.1 If the name of the country ends in *-sko* or *-cko*,

a) the noun referring to the member of that nationality is often formed only from the root of the country name, with no ending added (in masculine gender), e.g. *Dánsko - Dán, Rusko - Rus, Švédsko - Svéd, Taliansko - Talian, Nemecko - Nemec, Španielsko - Španiel, Francúzsko - Francúz*;

b) some nouns ending in *-cko* are formed by dropping this but adding *-k*, e.g. *Grécko - Grék, Turecko - Turek*;

c) some nouns drop *-sko*, but their root undergoes changes, e.g. *Slovensko - Slovák, Česko - Čech*;

d) *-čan, -šan* or *-ec* is often added to the root after dropping *-sko* or *-cko*, e.g. *Portugalsko - Portugalčan, Rakúsko - Rakúšan, Anglicko - Angličan, Japonsko - Japonec*.

e) in some cases *-an* is added, after the softening of the preceding consonant: *Holandsko - Holanďan*.

9.5.2 If the name of the country ends in *-a*, this is dropped and

a) *-an* is often added, e.g. *Európa - Európan*. Wherever possible, softening takes place before this ending, e.g. *Kanada - Kanaďan, Čína - Číňan, Tibet - Tibeťan*. If the name of the country ends in *-ka*, *-k-* changes into *-č-*, e.g. *Amerika - Američan, Kostarika - Kostaričan*;

b) *-ánec* is sometimes added, e.g. *Kuba - Kubánec, Papua - Papuánec*.

---

ty si zo mňa uťahuješ you are pulling my leg
tykať, -ám, -ajú *NP + Dat* to be on „ty" terms, to use the informal form of address
určite certainly
uťahovať si, uťahujem si, uťahujú si *NP + z + Gen (Coll)* to be pulling sb's leg, to be kidding sb
už to je that's it; it is already done
vadiť, vadím, vadia *NP + Dat (Coll)* to matter, to be a matter of objection to sb
večera, -e; -e, -í *F* dinner, supper (evening meal)
veľa a lot of, many, much
vybrať, vyberiem, vyberú *P + Acc* to take out, to draw
vykať, -ám, -ajú *NP + Dat* to be on „vy" terms, to use the formal form of address
vyskúšať, -am, -ajú *P + Acc* to try out, to test, to examine

9.5.3 If the name of the country ends in *-ia*,
   a) this is usually dropped and *-čan* is added, e.g. *Austrália - Austrálčan, Brazília - Brazílčan*;
   b) in several cases the *-ia* is dropped and only the root is used, e.g. *India - Ind*;

9.5.4 **Feminine nouns** referring to the names of members of nationalities can be formed with the help of the following suffixes:
   1. **-ka** a) from masculine nouns formed from names of countries ending in *-sko*, but only if the masculine noun did not undergo in its formation any change (with the exception of palatalization), e.g.
   Rakúšan - Rakúšanka
   Angličan - Angličanka
   Američan - Američanka
   b) from masculine nouns ending in *-ec*, which is dropped before *-ka* is added, e.g.
   Japonec - Japonka
   Kubánec - Kubánka
   c) from masculine nouns formed from names of countries ending in *-sko*, which in masculine have undergone some changes (except for palatalization). In these cases
   i) masculine *-ch* changes into *-š*, e.g.: *Čech - Češka*
   ii) the feminine form is not predictable, e.g.:
   Slovák - Slovenka
   Poliak - Poľka
   2. **-yňa** when the masculine ends in *-ek/-ék*, e.g.
   Turek - Turkyňa
   Grék - Grékyňa.
   The occurrence of the suffix *-yňa* is rare.

CVIČENIA

I. Give the plural:

pekný deň, nejaký dlhý výlet, žiaden problém, pokazené auto, nové dvere, šikovný chlapec, budúci rok, veľká láska, starý priateľ, slovenská banka, americký dolár, kreditná karta, sympatická reštaurácia, zábavné dievča, nová ulica, vysoká budova, americká turistka, slovenský podnikateľ, šťastný človek

II. Write down the numerals as words, using them after *to je* or *to sú*.

Príklad: *10 halierov - to je desať halierov,
naši 3 priatelia - to sú naši traja priatelia*
2 priateľky, moji 3 bratia, 3. dom, 100 korún, 4 profesori, 5. skúška, 2 lietadlá, 2 piloti, 2. pilot, 7 počítačov, 5 informácií, naši 50 študenti, 50 študentov, 8 muži, 8 mužov

III. Odpovedzte:

1. Kde bývajú Máriini rodičia?
2. Majú byt alebo dom?
3. Prečo sú Mária a Peter v Žiline?
4. Kto je doma?
5. Kto ešte príde?
6. Je mama rada, že Mária a Peter sú tam?
7. Sú Mária a Peter hladní?
8. Sú Mária a Peter smädní?
9. Čo pijú?
10. Kto je Miško?
11. Koľko má rokov?
12. Hovorí Miško po anglicky?
13. Vedia sa Peter a Miško rozprávať?
14. Čo potrebuje Miško?
15. Kto opraví bicykel?
16. Vie Peter jazdiť na bicykli?
17. Čo chce Miško vedieť?
18. Čo myslíte, je Mária Petrova láska?

za for
začiatok, -tku; -tky, -tkov *M* beginning
zameniť, -ím, -ia *P + Acc + za + Acc* to exchange sth for sth
zatvorený closed
zatvoriť, -ím, -ia *P + Acc* to shut, to close
zazvoniť, zazvoním, zazvonia *P* to ring (the bell)
zdravý healthy
zmeškať, zmeškám, zmeškajú *P + Acc* to miss, to be late for
zobrať, zoberiem, zoberú *P + Acc* to take (along)
žiaden/žiadny, žiadna, žiadne no, none, no one

IV. Preložte do angličtiny:

tento rok, chodíme spolu, o päť minút, na budúci rok, ako to, jasné, o dva roky, let trvá dve hodiny, páči sa mi tvoja sestra, on si zo mňa uťahuje, už to je, dajte mi vedieť, to nevadí, nechcem zmeškať ten film, idem pešo, počkaj, viem jazdiť na bicykli

V. Translate the expressions listed below into Slovak and use them in the sentence:

Pán Taylor ide na Slovensko.............................
tomorrow, in two days, next week, in 3 hours, on Wednesday, in December, in the evening, now, in summer, never

VI. Write down and/or perform a dialogue between Mr. Taylor and a young man in Košice. Mr. Taylor is in the center of town asking where there is a good restaurant. Suggestions:

a) The restaurant is here, in the center of town. He can go on foot. The young man gives him directions, Mr. Taylor repeats them to make sure he got them right.
b) One very good restaurant is about 3 kilometers from here. He can take a bus or a taxi. Give directions.

VII. Give negative answers to the following sentences, using opposites wherever possible:

1. Obchod je otvorený, však?
2. Ideme autom?
3. Autobus ide doľava, však?
4. Cestujete na južné Slovensko?
5. Je vaše auto ešte pokazené?
6. Je to letisko ďaleko?
7. Budete tam dlhý čas?
8. Bývajú na Slovensku dlho?
9. Je to vysoká budova?
10. Máte ťažký kufor?

VIII. Preložte do slovenčiny:

1. Her aunt wants to travel home.
2. Can you help me?
3. She knows where I live.
4. I must not smoke.
5. I can speak Slovak.
6. I can go by car.
7. He is not allowed to work in the US.
8. She cannot go there today.
9. We want to see it.
10. May I use the informal way of addressing you?
11. May I try your bicycle?
12. Can you ring the bell?
13. We did not have to take it.
14. He must eat something.
15. I do not know when he comes.

IX. Give negative answers:

1. Máš nejaké problémy?
2. Je tu nejaký doktor?
3. Je tu niekto?
4. Potrebujete niečo?
5. Ste niekedy spolu?
6. Prosíš si niečo?
7. Idete niekam?
8. Čítate niečo?
9. Máte niekedy čas?
10. Potrebujete zameniť nejaké doláre?
11. Potrebujete niekam telefonovať?
12. Chcete niečo jesť?

X. Give the names of nationalities, both masculine and feminine, corresponding to the following names of countries:

Kanada, Francúzsko, Amerika, Rakúsko, Anglicko, Slovensko, Európa, Dánsko, Poľsko, Austrália, Česko, Turecko, Rusko, Taliansko, Grécko

XI. Preložte do slovenčiny:

He is a student. On Monday he goes to the movies. On Tuesday he sleeps. On Wednesday he must repair his bicycle. On Thursday he goes for a trip. On Friday he never likes to study. On Saturday he goes to a football game. On Sunday he is tired. On Monday he cannot take the test. Why?

XII. Describe in Slovak the beginning of the visit of Mária and Peter to Žilina.

XIII. Preložte do slovenčiny:

1. Let me have a look.
2. Wait a minute.
3. Come in.
4. I like Slovak.
5. I like you.
6. Can you give me a hand, please?
7. Come here!
8. Are you hungry?
9. Are you thirsty?
10. Are you tired?
11. Are you unhappy?
12. Excuse me, I have to go home already/now.
13. How come?
14. You are pulling my leg.
15. Anything can happen.
16. It does not matter.
17. Good luck.

XIV. Write and perform with other students a dialogue in Slovak between you and your friends who have just arrived.

Welcome them, offer them seats, ask them whether they are thirsty and what they want to drink. Serve the drinks. Then excuse yourself by saying you must go to the kitchen for a minute to prepare the dinner.

XV. What would the characters say in the following situations?

XVI. Naučte sa porekadlo:

Nová metla dobre metie.

(A new broom sweeps clean.)

XVII. Naučte sa pesničku:

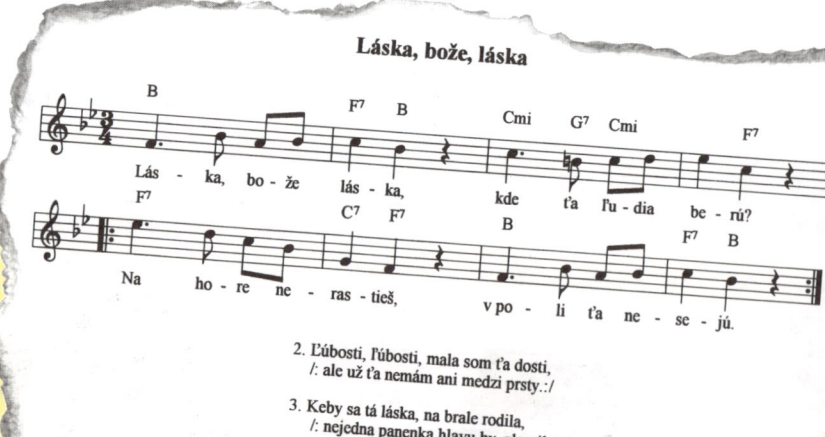

lekcia 10.

Večera doma

Peter a Miško sú už v dome. Večera je pripravená. Všetci sú už tu, aj Máriin otec a jej starí rodičia. Mária predstaví Petra:

„Toto je Peter, môj priateľ."

Miško hovorí: „On je Američan, vie po slovensky a je celkom šikovný - môj bicykel je už opravený." Starí rodičia sa Petra pýtajú na univerzitné štúdium, na jeho otca a mamu a na život v USA. Aj oni sú prekvapení, ako dobre vie po slovensky.

Potom ich mama volá na večeru. Najprv jedia kuraciu polievku, potom hovädzie mäso, ryžu a šalát. Majú ešte plnenú kapustu, ale to jedia len stará mama a Máriin otec. Nakoniec majú makový koláč. Pijú džús a kávu, starí rodičia červené víno a Máriin otec pivo. Stará mama je zvedavá na to, kam ide Peter cez prázdniny v lete. Peter hovorí, že ešte nevie, ale že bude na Slovensku. Bude tu študovať dva roky a v lete domov do USA nejde. Starý otec hovorí: „Ty a Mária môžete v lete prísť na návštevu do Zvolena - my tam bývame. Je tam hrad, kúpalisko a pekná príroda. Ak prídete v júli, môžeme spolu ísť na folklórny festival do Detvy a na Akademický Zvolen - medzinárodný vysokoškolský folklórny festival. Chodia tam aj folklórne súbory z USA. Môžeme tam vidieť krásne folklórne predstavenia a dobre sa zabaviť. Ak máš rád folklór, určite sa ti tam bude páčiť."

SLOVNÍK

ak if
akademický academic
alkohol, -u *(usually only Sg)* M alcohol
baraní *Adj* pertaining to lamb or sheep
bezmäsitý without meat
bravčový pertaining to pork
bryndzové halušky, -ých -šiek *(Pl)* small potato dumplings with sheep cheese
cez + *Acc* during; across
cez prázdniny during the holidays
coca cola [koka kola], *also* **kokakola,** -y; -y, coca col/kokakol *F* coca cola
čašník, -a; čašníci, čašníkov *M* waiter
čokoládový *Adj* pertaining to chocolate
dať, dám, dajú *P + Acc* to place, to put
deciliter, -tra; -tre, -trov *M* deciliter (about 1/2 cup)
desiata, -y; -e, desiat *F* snack between breakfast and lunch, midmorning snack
desiatovať, -ujem, -ujú *NP* to have a snack between breakfast and lunch
dezert, -u; -y, -ov *M* dessert
diétny dietary, dietetic
divina, -y *(only Sg)* F venison
dl *(Abbr from* deciliter*)* deciliter
dojesť, -jem, -jedia; *Past* dojedol *P + Acc* to finish eating, to eat up
dopiť, dopijem, dopijú *P + Acc* to finish drinking, to drink up
druh, -u; -y, -ov *M* kind, sort
dusený stewed

SLOVAK FOR YOU **75**

Taxík

V utorok večer ide Pán Taylor do reštaurácie, ktorá nie je v centre mesta. Chce ísť taxíkom. Prosí recepčnú, aby ho pre neho telefonicky objednala na šiestu hodinu. O šiestej hodine taxík už dolu čaká.

Taxikár: Dobrý večer. Kam to bude?
Pán Taylor: Na Kamzík do reštaurácie Expo.
Taxikár: Nech sa páči.
Pán Taylor: A prosím vás, môžete ma potom vziať aj späť do hotela?
Taxikár: Samozrejme. Kedy mám prísť?
Pán Taylor: O pol desiatej, dobre?
Taxikár: Dobre. A už sme tu, tu je reštaurácia Expo.
Pán Taylor: Čo platím?
Taxikár: 83 korún.
Pán Taylor: Nech sa páči. A dovidenia.

V reštaurácii

Pán Taylor dnes ako hosť večeria v reštaurácii. On a jeho hostiteľ pán Nový majú rezervovaný stôl pri okne. Je to príjemná reštaurácia. Sedia tam len niekoľkí ľudia. Pán Nový hovorí, že jedlo je tam vždy veľmi dobré.
Na stole je modrý obrus. Sú tam hlboké a plytké taniere, lyžice, lyžičky, vidličky a nože a dva sklené poháre. Na stole je aj váza a pekné kvety.
Pán Taylor a pán Nový si pozerajú jedálny lístok.
Pán Nový volá čašníka.

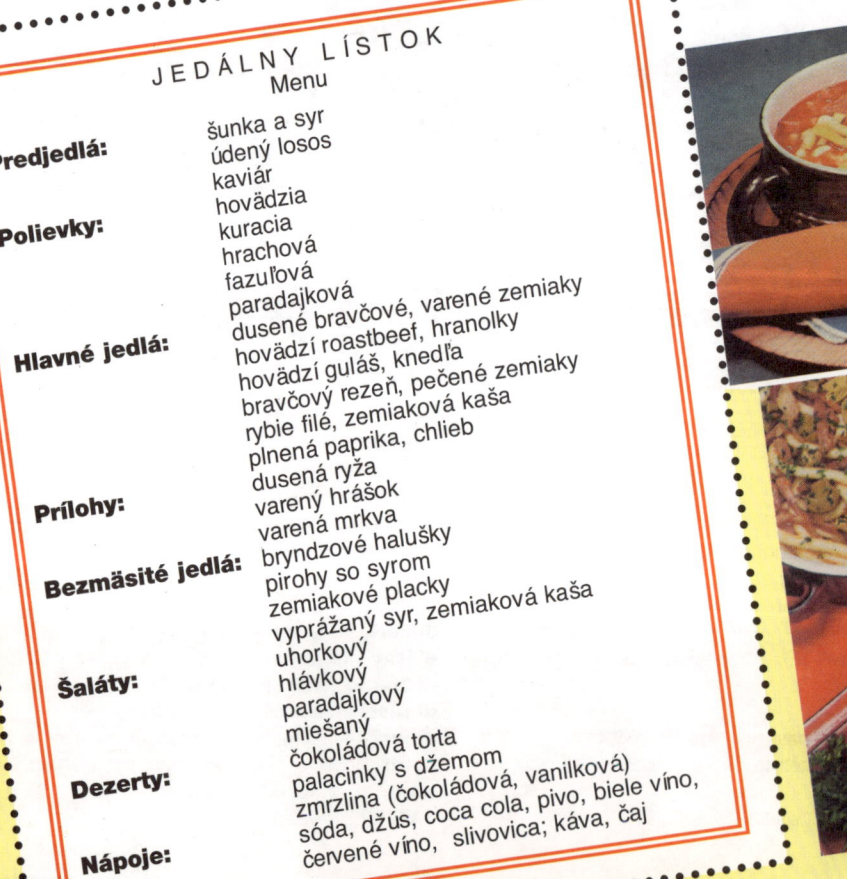

JEDÁLNY LÍSTOK
Menu

Predjedlá: šunka a syr, údený losos, kaviár
Polievky: hovädzia, kuracia, hrachová, fazuľová, paradajková
Hlavné jedlá: dusené bravčové, varené zemiaky; hovädzí roastbeef, hranolky; hovädzí guláš, knedľa; bravčový rezeň, pečené zemiaky; rybie filé, zemiaková kaša; plnená paprika, chlieb
Prílohy: dusená ryža, varený hrášok, varená mrkva
Bezmäsité jedlá: bryndzové halušky, pirohy so syrom, zemiakové placky, vyprážaný syr, zemiaková kaša
Šaláty: uhorkový, hlávkový, paradajkový, miešaný
Dezerty: čokoládová torta, palacinky s džemom, zmrzlina (čokoládová, vanilková)
Nápoje: sóda, džús, coca cola, pivo, biele víno, červené víno, slivovica; káva, čaj

Čašník: Nech sa páči, čo si želáte?
Pán Nový: Prosíme si dvakrát šunku a syr, jednu hovädziu polievku a jednu kuraciu polievku, jeden hovädzí roastbeef a hranolky a jeden hovädzí guláš a knedľu.
Čašník: Áno. A prosíte si ešte nejakú prílohu alebo šalát?
Pán Taylor: Ja si prosím varený hrášok a mrkvu. A uhorkový šalát.
Čašník: Ešte nejaký dezert?
Pán Nový: Ja si dám čokoládovú tortu. A vy?
Pán Taylor: Ja si dám zmrzlinu. Vanilkovú.
Čašník: A na pitie?
Pán Taylor: Ja si dám malú slivovicu a džús.
Pán Nový: Ja si dám len coca colu - alkohol nemôžem, lebo dnes ešte musím šoférovať. Ale dám si kávu. Aj vy si dáte kávu?
Pán Taylor: Ďakujem, ja nie.

Jedlo je chutné a obsluha rýchla. Pán Nový je rád, že aj jeho hosť je spokojný. Je príjemné mať dobré jedlo a dobrú spoločnosť.

Keď dojedia a dopijú, pán Nový volá hlavného čašníka. Platí za jedlo, slivovicu, džús, coca colu a kávu. Na stole pre čašníka nechá prepitné.

Užitočné výrazy

Kedy jete?

raňajky	o ôsmej hodine
desiatu	o pol jedenástej hodine
obed	o pol jednej hodine
olovrant	o tretej hodine
večeru	o šiestej hodine

Čo robíte?

raňajkujem
desiatujem
obedujem
olovrantujem
večeriam

Druhy mäsa

hovädzie, teľacie, bravčové, kačacie, husacie, morčacie, kuracie, baranie, rybie; hydina, divina

Aké môže byť jedlo?

chutné	- bez chuti; nechutné
lahodné	- odporné
neslané, málo slané	- príliš slané
málo sladké	- príliš sladké
málo kyslé	- príliš kyslé
nekorenené, málo korenené	- príliš korenené
neštipľavé, málo štipľavé	- príliš štipľavé
nemastné, málo mastné	- príliš mastné
nevýživné, málo výživné	- výživné
nedovarené, málo uvarené	- rozvarené
studené	- teplé
diétne	- nediétne
zdravé	- nezdravé

Jedlo môžeme: / Jedlo je:

variť	varené
dusiť	dusené
piecť	pečené
údiť	údené
vyprážať	vyprážané
strúhať	strúhané
plniť	plnené
miešať	miešané
koreniť	korenené

Recept
Slovenský chlieb

Potrebujeme: vlažnú vodu (asi 2 dl), kvasnice, cukor (1 malú lyžičku)
hladkú múku (1 kg)
2 varené strúhané zemiaky
soľ (1 malú lyžičku)
rascu (1 malú lyžičku)
ocot (1 veľkú lyžicu)

Príprava: Vodu, kvasnice a cukor dáme na teplé miesto kysnúť a potom pridáme do misy, kde je všetko ostatné. Ak treba, pridáme ešte vlažnú vodu a dobre vymiesime. Prikryjeme a dáme asi na hodinu kysnúť na teplé miesto. Potom vezmeme guľatú alebo oválnu nádobu, do nádoby dáme cesto a pomaly pečieme asi hodinu.
Dobrú chuť

dusiť, -ím, -ia *NP + Acc* to stew
džem, -u; -y, -ov *M* jam
fazuľový *Adj* pertaining to beans
festival, -u; -y, -ov *M* festival
filé *(Nondecl) N* fillet
folklórny *Adj* pertaining to folklore
guláš, -a; -e, -ov *M* goulash
hladká múka finely ground flour
hlávkový šalát 1. lettuce
                  2. lettuce salad
hlavný *Adj* main
hlboký deep
hlboký tanier soup plate
hosť, -a; hostia, hostí *M* guest
hostiteľ, -a; -lia, ľov *M* host

10.1 ACCUSATIVE SINGULAR OF NOUNS
- Akuzatív singuláru podstatných mien

10.1.0. Cases as morphologically expressed syntactic functions of words in sentences do not exist in contemporary English, except for a relic, the so-called possessive case, e.g. sister's book. Contemporary English does not need cases because it has a fixed word order in which the subject and the object of the sentence are marked by their position in the sentence. This position in the sentence makes it possible to differentiate between the doer of an activity and its undergoer, e.g. *The man is killing the wolf. - The wolf is killing the man.* (See also 2.10.1.)

10.1.0.1 In Slovak the word order is free, hence the subject and object differentiation cannot be carried out by the word order. This function, similarly to the situation in a number of other languages, is carried out by cases, i.e. by the case endings and case forms of the nouns and words occurring in the noun phrase. In Slovak the subject function is expressed by the nominative case (i.e. the basic dictionary form) and the object position by the other cases. The above sentences translate into Slovak as follows:

a) The man is killing the wolf. - *Muž zabíja vlka.*
Vlka zabíja muž.
b) The wolf is killing the man. - *Vlk zabíja muža.*
Muža zabíja vlk.

Muž and *vlk* are the nominative case forms corresponding to the English *man* and *wolf* respectively. The one that is in the nominative case in the sentence is the doer of the activity, the subject of the sentence, and the one that is the undergoer of the activity, the object of the sentence, is in the accusative case, i.e. *muža* and *vlka* respectively. Their position in the sentence does not have any impact upon their syntactic function (although it is or can be relevant for the functional sentence perspective and communicative intention, see 2.10.2).

10.1.0.2 Contemporary Slovak has six cases: *nominative, genitive, dative, accusative, locative and instrumental,* and relics of a seventh case - the *vocative*. These cases have different functions. The nominative is the subject of the sentence, the „doer" of the activity, the other cases are used to express the object, the „undergoer or target" of the activity. To exemplify some of the variety of their functions, we can provide the following sentences:

Môj otec (Nom) pracuje.	My father is working.
Pýtam sa otca (Gen).	I am asking my father.
Dám ich otcovi (Dat).	I will give them to my father.
Vidím otca (Acc).	I can see my father.
Hovorím o otcovi (Loc).	I am speaking about my father.
Idem s otcom (Instr).	I am going with my father.

10.1.0.3 Each noun and member of the nominal phrase (adjective, pronoun, and numeral) have their declension paradigms - sets of case forms. Nouns belong to various declension patterns within which the declension endings and forms are considerably predictable on the basis of their gender, final letter(s) or ending and the categorization into +Anim vs -Anim or +Hum vs -Hum.

10.1.1 **Accusative case** is the most typical objective case. It is the case most frequently required by:
a) verbs to express the direct object, e.g.

he takes the book - *berie knihu*

b) several prepositions, above all by:

pre (for; because of), e.g. *pre otca,* and
cez (during; across), e.g. *cez leto, cez ulicu.*

10.1.2 Nouns in accusative singular have the following endings (with examples given):

Acc Ending	M -Anim	M +Anim	F	N
-	dom	-	jedáleň	auto
-a	-	brata	-	-
-u	-	turistu	ženu, knihu	-

10.1.3 The accusative endings are fully predictable from the final letter or ending of the noun in the nominative case and the category of animateness as presented in the following table:

Gender	Nom Ending	Nom Form	Acc Ending	Acc Form
N	any ending	auto, dievča	-	auto, dievča
M -Anim	any ending	dom, byt	-	dom, byt
F	-C/Č	hus, jedáleň	-	hus, jedáleň
M	-a	turista	-u	turistu
F	-a	žena, kniha	-u	ženu, knihu
M	-C/Č/o	brat, dedo	-a	brata, deda

---

hovädzí *Adj* pertaining to beef
hrachový *Adj* pertaining to peas
hranolky, -ov *(only Pl) (Coll)* french fries
hrášok, -šku; -šky, -ov *(as food only Sg) M* pea
husací *Adj* pertaining to goose
hydina, -y *(only Sg) F* poultry
chlieb, chleba; chleby, chlebov *M* bread
ich *(Acc of* oni*)* them
jedálny lístok menu (card)
kačací *Adj* pertaining to duck
kamzík, -a; -ci/ky, -kov *M* chamois
Kamzík, -a *M* a hill above Bratislava in the Carpathians
kapusta, -y; -y, kapúst *F* cabbage
kaviár, -u; -e, -ov *M* caviar
kg *(Abbr from* kilogram*)* kilogram

kilogram, -u; -y, -ov *M* kilogram *(about 2.2 lb)*
knedľa, -le; -le, -lí *F* (large raised) dumpling
koláč, -a; -e, -ov *M* cake
korenený spiced
koreniť, -ím, -ia *NP + Acc* to add spices
kúpalisko, -a; -á, kúpalísk *N* swimming pool
kurací *Adj* pertaining to chicken
kvasnice, -níc *(only Pl)* yeast
kvet, -u; -y, -ov *M* flower
kyslý sour
kysnúť, -nem, -snú; *Past* kysol *NP (about dough)* to rise
lahodný delicious
losos, -a; -y, -ov *M* salmon
lyžica, -e; -e, lyžíc *F* spoon
lyžička, -y; -y, lyžičiek *F* small spoon; teaspoon

10.1.3.1 There is no ending or change of form in the accusative of:
   a) neuter nouns: *(hľadám) mesto, šťastie, dievča*
   b) masculine -Anim nouns: *(potrebujem) dom*
   c) feminine nouns ending in nominative in a consonant: *(mám) garáž*
   Note that while masculine and feminine nouns ending in -a take an accusative ending, neuter nouns ending in -a do not, e.g.
   (vidím) turistu, ženu but *(vidím) dievča*.
10.1.3.2 The accusative ending -a occurs with +Anim nouns ending in the nominative in a consonant or in -o, e.g. *doktora, deda*. If the noun ends in -ec or -er (only if the -e- is short), the -e- is usually dropped, e.g. *otca, Petra*, but *šofér - šoféra*.
10.1.4 So far in the textbook we have had a number of verbs which require accusative case with the direct object, and in the vocabulary they are marked as + Acc. Let us list here at least some of them with examples of nouns in the accusative:

čítať	- knihu
prosiť	- otca, mamu, deda
prosiť si	- kávu, džús, polievku
preložiť	- knihu, pieseň
mať	- čas, skúšku, brata
učiť sa	- slovíčka, slovenčinu
hľadať	- lekára, šťastie
potrebovať	- učiteľa, učiteľku, pomoc
písať	- učebnicu
zatvoriť	- auto, skriňu
piť	- vodu, čaj
jesť	- večeru, obed
čakať	- priateľa, priateľku

10.2 ACCUSATIVE SINGULAR OF ADJECTIVES, PRONOUNS AND NUMERALS - Akuzatív singuláru prídavných mien, zámen a čísloviek

10.2.1 The particular case forms are required, on the basis of grammatical concord with the noun, for the whole noun phrase, i.e. for the adjectives, pronouns and numerals, e.g.
(vidím) jedného môjho dobrého priateľa.
10.2.2 The accusative singular endings of these words are:

	M -Anim -	M +Anim -ého/eho/ieho/ho	F -ú/u/iu	N é/e/ie
Adj	dobrý	dobrého	dobrú	dobré
	krásny	krásneho	krásnu	krásne
	cudzí	cudzieho	cudziu	cudzie
Possess.	môj	môjho	moju	moje
Interrog.	čo	koho	koho/čo	koho/čo
	čí	čieho	čiu	čie
	aký	akého	akú	aké
	ktorý	ktorého	ktorú	ktoré

10.2.2.1 Indefinite and negative pronouns have the same endings as the interrogative pronouns, e.g. *niečí, niečieho, niečiu, niečie; nijaký, nijakého, nijakú, nijaké*.

10.2.2.2 The accusative singular of adjectives, pronouns and numerals for masculine -Anim is the same as the nominative.
10.2.2.3 The interrogative pronoun *kto* changes in the accusative into *koho*, while *čo* does not undergo any change.
10.2.2.4 Possessive pronouns have the following accusative singular forms (see also 10.2.2 above) in the accusative singular:

M -Anim	M +Anim	F	N
môj	môjho	moju	moje
tvoj	tvojho	tvoju	tvoje
náš	nášho	našu	naše
váš	vášho	vašu	vaše

The possessive pronouns for 3rd person, i.e. *jeho, jej* do not change in the accusative.
10.2.2.5 The accusative singular of personal pronouns will be presented in 11.3.
10.2.2.6 The accusative singular of the ordinal numerals corresponds to the types given in 10.2.2, each depending on the ending of the numeral.
10.2.2.7 The cardinal numerals 2 and above do not have accusative singular forms, only accusative plural forms (see 11.2).

10.3 IMPERATIVE MOOD - Rozkazovací spôsob

10.3.1 In Slovak there are three forms of the imperative:

2nd person singular	čítaj	spi
1st person plural	čítajme	spime
2nd person plural	čítajte	spite

The 1st person plural always has the ending -me, the 3rd person plural the ending -te added to the 2nd person singular imperative.
10.3.2 The Slovak imperative mood is formed from the 3rd person plural form of the present tense, and with regular verbs its form is predictable. There are two possible endings:
   a) zero ending, which occurs when the final 3rd person plural -ú/u/ia is not preceded by a consonantal cluster; the imperative is formed by dropping the ending -ú/u/ia, e.g.
   hľadajú - hľadaj, hovoria - hovor;
   b) the ending -i which is added after dropping the final 3rd person plural -ú/u/ia in case it is preceded by a consonantal cluster, e.g.
   pozrú - pozri, spia - spi.
10.3.3 Some irregular verbs form the imperative in the same way as stated above (see 10.3.2), e.g. *berú - ber, vezmú - vezmi*. The formation of other irregular verbs involves root changes. Among those that have occurred so far in this textbook are:

byť	budú	buď
piť	pijú	pi
žiť	žijú	ži
jesť	jedia	jedz
povedať	povedia	povedz
pomôcť	pomôžu	pomôž
prísť	prídu	príď
ísť	idú	choď
-	-	poď

Poď meaning *come, come here* or *come along* is an unusual verb with an incomplete paradigm, as it has only the imperative forms, while *prísť - prídu - príď* has a complete paradigm.

10.3.4 The imperative of the 3rd person singular and 1st and 3rd persons plural occurs only rarely. It is formed with the help of nech followed by the appropriate form of the present tense, e.g.
nech číta, nech ideme, nech prídu.

10.3.5 Imperative, similarly to other verbal forms, is negated with the help of the prefix ne-, e.g.
nefajčite, nebuď dlho, nech nepíše.

10.3.6 Slovak imperative sentences usually have an exclamation mark, e.g. Poď sem!

10.4 TELLING THE TIME - Určovanie času

10.4.1 With regard to time, we usually want to know:

What time is it?	Koľko je hodín?	(literally: How many hours is it?)
At what time?	O ktorej hodine?	(literally: At which hour?)

10.4.2 The easiest responses often used in colloquial style are of two types:
a) When referring to full hours only, we can say, e.g.:

Je jedna.
Sú tri.
Je desať.

Here the choice of je/sú is governed by the numeral (see 8.4, 8.5 and 8.6). This type occurs when we speak of full hours. In informal speech the response can even be only the numeral itself (in the feminine gender form, if this exists), e.g.:

Dve.
Desať.

b) When referring to hours as well as minutes, we can say, e.g.:

(Je) tri desať.	It is ten past three.
(Je) päť dvadsať.	It is twenty past five.
(Je) tri desať.	It is three to ten.
(Je) päť dvanásť.	It is five to twelve.

This type consists of je (regardless of the numeral) or o (at) and the cardinal numeral(s) referring to the hour and the minutes. Note that O tri desať can also mean At ten past three.

10.4.3 However, the standard responses usually are as follows:

Koľko je hodín?	O ktorej hodine?
(What time is it?)	(At what time?)
je jedna hodina	o jednej hodine
sú dve hodiny	o druhej hodine
sú tri hodiny	o tretej hodine
sú štyri hodiny	o štvrtej hodine
je päť hodín	o piatej hodine
je dvanásť hodín	o dvanástej hodine
je osemnásť hodín	o osemnástej hodine
je dvadsaťštyri hodín	o dvadsiatejštvrtej hodine

10.4.3.1 The response to Koľko je hodín? includes je/sú followed by the feminine form (if it exists) of the numeral demanded by the feminine gender of hodina, and the forms hodina/hodiny/hodín the choice of which depends on the concord with the numeral referring to the hour (see 8.4, 8.5 and 8.6).

10.4.3.2 In Slovak formal or technical style counting to 24 hours is used. Hence 3 p.m. is 15 hodín, 11 p.m. is 23 hodín. Nevertheless, in informal and non-technical style in Slovak the counting goes only up to twelve, i.e. is parallel to English, e. g.:

English	Slovak
3 a.m.	3 hodiny ráno/v noci
3 p.m.	3 hodiny poobede
11 p.m.	11 hodín večer/v noci

10.4.3.3 For referring to minutes we use the feminine form of the numeral (if it exists) and minúta/minúty/minút, depending on the concord with the numeral (see 8.4, 8.5 and 8.6), e.g.

8.02	je osem hodín a dve minúty
4.25	sú štyri hodiny a dvadsaťpäť minút

---

makový Adj pertaining to poppy seed
mám prísť I should come, I am (supposed) to come
mastný greasy
mäso, -a; -á, mies (usually only Sg) N meat
menu [menü] N menu
miešaný Adj mixed
miešať, -am, -ajú NP + Acc to mix
misa, -y; -y, mís F bowl
morčací Adj pertaining to turkey
mrkva, -y; -y, mrkiev (as food only Sg) F carrot
múka, -y; -y, múk F flour
nádoba, -y; -y, nádob F dish
nápoj, -a; -e, -ov M drink
na pitie for drinking
na večeru for dinner

nechať, nechám, nechajú P + Acc to leave
nechutný tasteless; disgusting
niekoľkí (M +Hum Pl of niekoľko) several
nôž, noža; nože, nožov M knife
obed, -a; -y, -ov M lunch
obedovať, -ujem, -ujú NP to have lunch
objednať, -ám, -ajú P + Acc (+ pre + Acc) to order, to make a reservation of sth (for sb)
obrus, -u; -y, -ov M tablecloth
obsluha, -y; -y, obslúh F service
ocot, octu; -y, -ov M vinegar
odporný disgusting
olovrant, -u; -y, -ov M afternoon snack
olovrantovať, -ujem, -ujú NP
  to have a/the afternoon snack

80 SLOVAK FOR YOU

Note that the verb depends on the first numeral that follows after it. The presence of the conjunction *a* is optional.

10.4.4.1 When answering the question O ktorej hodine? or Kedy? we use the preposition o (at) and the forms *hodine* and *minúte,* i.e. the locative case singular forms. The numeral that follows is also in the form of the locative case. As the case has not been presented yet, the following guidance might be useful:
a) the form *jednej* (locative case of *jedna* F) has to be remembered;
b) the other numerals are ordinal numerals; their feminine ending *-á/a/ia* is to be dropped and replaced by *-ej*, e.g.
druhá - druhej, tretia - tretej, dvadsiata - dvadsiatej.

10.4.4.2 In colloquial speech when speaking about full hours *hodine* can be dropped, e.g. *o piatej*.

10.4.4.3 When referring to minutes, we use the following structure, e.g.:

o šiestej hodine a pätnástej minúte

i.e. the same reference to the hour as in 10.4.41, after which there is the optional conjunction *a*, the *-ej* form (locative singular case) of the ordinal numeral and *minúte* (which is also the locative singular case).

10.4.5.1 When referring to a half hour, time is expressed in the following way:

| je pol tretej | o pol tretej |

i.e. *je* or *o* followed by *pol* and the *-ej*-form (locative singular case) of the ordinal numeral. (Literally, *je pol tretej* means *it is half of the third (hour)*).

10.4.5.2 Note that in Slovak the time reference expresses the hour of which the half is part. Compare:

| It is half past five. | Je pol šiestej. |
| At half past ten. | O pol jedenástej. |

10.4.5.3 *Pol* is not used when counting beyond 12. In that case *30 minút* is used, e.g. *dvadsať tri hodín tridsať minút*.

10.4.6.1 When referring to quarter hours, time is expressed in the following way:

je štvrť/tristvrte na jednu	o štvrť/tristvrte na jednu
je štvrť/tristvrte na dve	o štvrť/tristvrte na dve
je štvrť/tristvrte na päť	o štvrť/tristvrte na päť

Here *je* or *o* is followed by *štvrť* (a quarter) or *tristvrte* (three quarters), by *na* and the numeral in its cardinal form. The only numeral that changes after *na* is *jedna* changing into *jednu*. The accusative form of the other numerals is the same as the nominative. *Dve,* which is also in its feminine gender form, does not undergo any change.

10.4.6.2 Similarly as with *pol* (see 10.4.5.2), also in the case of *štvrť/tristvrte* the hour of which they are part is expressed when telling the time, e.g.:

| It is a quarter past two. | Je štvrť na tri. |
| At a quarter to ten. | O tristvrte na desať. |

10.4.6.3 *Štvrť* and *tristvrte* are not used when counting beyond 12. In that case the time is referred to by minutes, e.g.

o dvadsiatej hodine a pätnástej minúte

CVIČENIA

I. Odpovedzte:

1. Kde dnes večerajú Mária a Peter?
2. Kto tam ešte je?
3. Predstaví mama Petra?
4. Je Miško rád, že je Peter na návšteve?
5. Je Mária rada, že je Peter na návšteve?
6. Na čo sa starí rodičia pýtajú?
7. Sú Máriini rodičia vegetariáni?
8. Aké mäso jedia?
9. Je niekto plnenú kapustu?
10. Jedia aj polievku?
11. Aký dezert majú?
12. Pijú všetci víno?
13. Na čo je stará mama zvedavá?
14. Čo hovoria Máriini starí rodičia?
15. Kde bývajú Máriini starí rodičia?
16. Čo tam je?
17. Má Peter rád folklór?

II. Preložte do angličtiny:

pekná príroda, mama je zvedavá, studené pivo, nudná kniha, medzinárodný súbor, zábavný život, ideme na návštevu, cestuje taxíkom, niekoľkí ľudia, príjemná spoločnosť, jedálny lístok, malé prepitné, pomalá obsluha, nesympatický čašník, musím šoférovať, prosím si dvakrát šunku, bravčový rezeň a hranolky, kuracia polievka, hladný cestujúci

III. Doplňte:

1. Zajtra nás starí rodičia ... (*zobrať*) na výlet. 2. My ... (*nesmieť*) meškať. 3. Oni ... (*prísť*) v piatok. 4. John už ... (*smieť*) šoférovať. 5. Môj brat ... (*nevedieť*) po anglicky. 6. Oni ... (*nechcieť*) ísť na Slovensko. 7. Prosím ťa, ... (*môcť*) to pripraviť? 8. Peter a Mária, ... (*chcieť*) niečo na pitie?

IV. Preložte do slovenčiny:

I have a table reserved here. I am very hungry. Now I would like cheese, ham and bread. Then I would like beef soup, fillet of fish, mashed potatoes, tomato salad and chocolate ice cream. The flowers on the table are nice. I do not have any fork. How much is it? Where do I pay? Could you order a taxi for me?

V. Preložte do angličtiny:

1. Čo si želáte na pitie?
2. Keď dojedia a dopijú, idú domov taxíkom.
3. Sú to moji americkí hostia.
4. Pýtajú sa na život na Slovensku.
5. Kam idete cez prázdniny?
6. Naše staré auto je už opravené.
7. Prosím si nejakú prílohu.
8. Máte ešte palacinky s džemom?
9. Sme veľmi smädní.
10. Dúfam, že sa ti tam bude páčiť.

VI. Odpovedzte:

1. Večerajú pán Taylor a pán Nový doma?
2. Kto je hosť a kto je hostiteľ?
3. Je reštaurácia plná?
4. Je to veľká reštaurácia?
5. Pijú pán Taylor a pán Nový alkohol?
6. Jedia polievku? Kto akú?
7. Jedia mäso? Kto aké?
8. Aký dezert si dá pán Nový?
9. Pijú kávu?
10. Sú spokojní?
11. Kto platí?
12. Nechá prepitné?

VII. A dietician is giving you advice about what food you should or should not be eating according to its taste and quality. Write down the advice.

VIII. Change the following sentences to advise not to do what is expressed by the sentences, using the imperative:

1. Čítam v noci.
2. Večer veľa jem.
3. Neštudujem každý deň.
4. Varíme korenené jedlá.
5. Necháme prepitné.
6. Nejeme šalát.
7. V škole spím.
8. Pijeme slivovicu.
9. Pečiem koláč.
10. Som smutný.

IX. Napíšte, čo vám hovorí lekár. Čo nesmiete robiť? A čo musíte robiť. (Use the imperative and/or modal verbs.)

X. What might a parent be advising a teenage son to do or not to do (use the imperative)?

XI. Preložte do slovenčiny:

1. Do you have to study? 2. Do you like to study? 3. Can you study? 4. Can you repair something? 5. Can you prepare some food? 6. Can you drink whisky? 7. Can you be amusing? 8. Must you work a lot? 9. Must you help at home? 10. Do you have to take a taxi sometimes?

---

ostatný, -á, -é other
oválny *Adj* oval
palacinka, -y; -y, palaciniek *F* pancake, crepe
paradajkový *Adj* pertaining to tomatoes
pečený baked; roasted
piecť, pečiem, pečú; *Past* piekol *NP + Acc* to bake
pirohy, -ov *(Pl)* **so syrom** dough filled with cheese, usually shaped in squares and boiled
pitie, -ia *(only Sg) N* drinking
pivo, -a; -á, -ív *N* beer
plnený *Adj* stuffed
plniť, -ím -ia *NP + Acc* to stuff; to fill
plytký shallow
plytký tanier dinner plate
pohár, -a; -e, -ov *M* glass, cup

pol *Adv* half
polievka, -y; -y, -vok *F* soup
pre + *Acc* for (the sake of); because of
predjedlo, -a; -á, -dál *N* appetizer
predstavenie, -ia; -ia, -í *N* performance
predstaviť, -ím -ia *P + Acc* to introduce
prekvapený *Adj* surprised
prekvapiť, -ím, -ia *P + Acc* to surprise
pridať, -ám, -ajú *P + Acc* to add
prikryť, prikryjem, prikryjú *P + Acc* to cover
príloha, -y; -y, príloh *F* trimmings, garnish
príroda, -y *(only Sg) F* countryside, nature
raňajky, raňajok *(only Pl)* breakfast
rasca, -e *(only Sg) F* caraway seed
roastbeef [rozbíf], -u; -y, -ov *M* roastbeef

XII. Use the expressions in brackets with the verbs or phrases given in brackets, and put them into the correct form:

zatvor	(okno, skriňa, dom, kniha)
vyber	(chlieb, syr, šunka, víno, coca cola)
prenajmen	(dom, byt, záhrada, auto)
študujem	(matematika, slovenský jazyk, história, angličtina)
pýtajú sa na	(otec, mama, dedo, brat, švagor, vnučka, prastarý otec)
čakám	(Peter, moja priateľka manekýnka, jeden taxikár, ten náš nový mladý doktor)
pozriem si	(vaše krásne mesto, stredoveký hrad, toto múzeum, medzinárodný festival, moderná škola, dobrá univerzita)
mám rád	(vanilková zmrzlina, makový koláč, údený losos, moja priateľka, môj priateľ)
mám	(dobré auto, dobrá manželka, dobrý manžel, dobrá dcéra, dobrý syn)
idem na	(letné prázdniny, večera, test, colná prehliadka)
jem	(chutná slepačia polievka, plnená kapusta, lahodný údený losos)
volám	(hlavný čašník, moja mladá neter, ten americký podnikateľ)
idem cez	(nová široká ulica, ich starobylé mesto, južné Slovensko, Severná Amerika)
som doma cez	(letné prázdniny, táto sobota, celý tento týždeň)
nerozumiem	(ten slovenský profesor, tá nudná kniha, ten americký film, môj starý otec)
tie kvety mám pre	(moja mama, tvoj hosť, tá mladá recepčná, jeden príjemný muž)
hľadám	(veselá mladá slečna, slobodné pekné dievča, štíhly sympatický mládenec)

XIII. Jeden váš dobrý priateľ hľadá priateľku.

Write an ad saying something about him and the kind of woman he is looking for.

XIV. List the names of professions (both in their masculine and feminine forms) that we have learned so far.

XV. Suppose you have not understood or heard the word in brackets well. Ask about it:

1. Vezmem *(tvoju)* tašku.
2. Čakám *(toho vysokého)* muža.
3. Opýtam sa na *(tú novú úradníčku)*.
4. Vidíš tú *(prvú)* ulicu?
5. Zatvorili *(slovenskú)* reštauráciu.
6. Hľadajú nového *(dekana)*.
7. Prenajímajú peknú *(zariadenú)* izbu.
8. Cestujeme domov *(tretieho)* septembra.
9. Ešte musím skúšať jedného *(šikovného)* študenta.
10. Myslím, že toto je *(učiteľov)* kľúč.

XVI. Change the following sentences, using the verb *mať*.

Príklad: *Môj otec je dobrý. Mám dobrého otca.*

1. Jeho auto je staré.
2. Náš profesor je veselý.
3. Jeho mama je tučná.
4. Váš syn je tichý.
5. Ich stará mama je milá.
6. Náš dedo je zábavný.
7. Táto naša večera nie je dobrá.
8. Ich ulica je hlučná.

---

recept, -u; -y, -ov *M (+ na Acc)* recipe (for sth)
rezeň, rezňa; rezne, rezňov *M* chop
rybí *Adj* pertaining to fish
ryža, -e *(usually only Sg) F* rice
s džemom with jam
sklený *Adj* pertaining to glass
slaný salty
slivovica, -e; -e, slivovíc *F* plum brandy
sóda, -y; -y, sód *F* soda water (gaseous unsweetened colorless drink)
soľ, -li; -li, -lí *F* salt
spokojný satisfied
spoločnosť, -ti; -ti, -tí *F* company
strúhaný *Adj* grated
strúhať, -am, -ajú *NP (+Acc)* to grate

súbor, -u; -y, -ov *M* ensemble
syr, -a; -y, -ov *M* cheese
šalát, -u; -y, -ov *M* 1. salad 2. lettuce
šiška, -y; -y, -šiek *F* donut
šoférovať, -ujem, -ujú *NP (+ Acc)* to drive
štipľavý hot *(from spices, above all from hot paprika)*
štúdium, -dia; -diá, -dií *N* studies
štvrť (a) quarter
šunka, -y; -y, šuniek *F* ham
tanier, -a; -e, -ov *M* plate
teľací *Adj* pertaining to veal
telefonicky *Adv* by telephone, over the telephone
torta, -y; -y, tort *F* tart, cake
treba (it is/they are) necessary

XVII. Circle the data that apply to you:

1. Čo robíte?   a) pracujem
   b) študujem
   c) nič
2. Ako chodíte do práce alebo do školy?
   a) pešo
   b) na bicykli
   c) autobusom
   d) vlakom
   e) autom
   f) taxíkom
3. Ako dlho idete do práce alebo do školy?
   a) 10 minút
   b) pol hodiny
   c) hodinu
4. Kedy obedujete?   a) o dvanástej
   b) o pol jednej
   c) o jednej
   d) neobedujem
5. Kde obedujete?   a) v práci
   b) na univerzite
   c) v reštaurácii
   d) doma
6. Máte rád/rada jedlá:
   silne korenené   a) áno   b) niekedy   c) nie
   trochu štipľavé   a) áno   b) niekedy   c) nie
   mastné   a) áno   b) niekedy   c) nie
   sladké   a) áno   b) niekedy   c) nie
7. Viete variť?   a) áno
   b) niektoré jedlá
   c) áno, ale nerád/nerada varím
   d) nie

XVIII. a) Pozrite sa na hodinky. Koľko je teraz hodín?
b) Pozrite sa na hodiny dolu. Koľko je hodín?
c) Šiesti vaši priatelia dnes cestujú lietadlom. Pozrite sa na hodiny a povedzte, že ich odlet je o ...

XIX. Give negative answers:

1. Máte tu niečo? 2. Idete niekam? 3. Prosíte si niečo? 4. Je tu niekto z Texasu? 5. Máte niekedy čas? 6. Je tu niekto lekár? 7. Hovorí tu niekto niečo zlé? 8. Je tu niekde telefón? 9. Cestuje dnes niekto do Chicaga? 10. Je tu niekde nejaká dobrá reštaurácia? 11. Fajčíte niekedy? 12. Je tu niekto vegetarián? 13. Majú v reštaurácii nejakú polievku? 14. Potrebujete nejaké peniaze? 15. Potrebujete niečo?

XX. Odpovedzte:

1. O ktorej hodine chodíte spať?
2. Koľko hodín spíte?
3. Koľko hodín pracujete?
4. O ktorej hodine chodíte domov?
5. Koľko hodín každý deň pozeráte televíziu?
6. Kedy chodíte na návštevu?
7. O ktorej hodine večeriate?
8. Kedy chodíte do kina?
9. O ktorej hodine zatvárajú vašu banku?
10. Koľko hodín každý deň študujete slovenčinu?

XXI. Describe a Sunday dinner at your home.

XXII. Preložte do slovenčiny:

1. What would you like?
2. Would you like coffee? No, thank you.
3. I will have juice. Me too.
4. I like it here.
5. They are surprised.
6. It does not matter.
7. I need help.
8. I do not understand what they are saying.
9. You must be kidding.
10. Please, help yourself.

trištvrte na   (when telling the time) a quarter to
údený Adj   smoked
údiť, -im, -ia NP + Acc   to smoke (food)
uhorkový Adj   pertaining to cucumbers
univerzitný Adj   pertaining to university
vanilkový Adj   pertaining to vanilla
varený Adj   boiled; cooked
variť, -ím, -ia NP + Acc   to boil; to cook
váza, -y; -y, váz F   vase
v dome   in the house
večerať, -iam, -ajú NP   to have dinner/supper
vidlička, -y; -y, vidličiek F   fork
víno, -a; -a, vín N   wine
vlažný   lukewarm
volať, -ám, -ajú NP + Acc   to call

XXIII. Odpovedzte:

1. Aké jedlá tu vidíte?
2. Jedia Slováci tieto jedlá?
3. Jedia Američania tieto jedlá?
4. Aké nápoje pijú Slováci?
5. Aké nápoje pijete Vy?

XXIV. Naučte sa porekadlo:

Vrana k vrane sadá, rovný rovného si hľadá.

(Birds of a feather flock together.)

XXIV. Naučte sa pieseň (autor Ľudovít Štúr):

Nitra, milá Nitra

Nitra, milá Nitra, ty slovenská máti! Čo pozriem na teba, čo pozriem na teba, musím zaplakati.

2. Nitra, milá Nitra, ty vysoká Nitra! /: Kdeže sú tie časy,..: / v ktorých si ty kvitla?

3. Ty si bola niekdy všetkých krajín hlava, /: v ktorých tečie Dunaj, :/ Visla i Morava.

4. Ty si bola sídlo kráľa Svätopluka, /: keď tu panovala .:/ jeho mocná ruka.

5. Ty si bola sväté mesto Metodovo, /: keď tu našim otcom .:/ kázal Božie slovo.

---

v reštaurácii at a restaurant
všetko ostatné everything else
vymiesiť, -im, -ia P + Acc to knead
vyprážaný Adj fried
vyprážať, -am, -ajú NP + Acc to fry *(usually after dipping in turn in flour, eggs and breadcrumbs)*
vysokoškolský Adj pertaining to university
zabaviť sa, -ím sa, -ia sa P to enjoy oneself, to have fun
zemiak, -a; -y, -ov M potato
zemiaková kaša potato purée
zemiaková placka, -y; -y, placiek F potato pancake
zemiakový Adj pertaining to potatoes
zmrzlina, -y; -y, zmrzlín F ice cream
zvedavý (na + Acc) curious (about)
želať si, -ám si, -ajú si NP + Acc to wish, to desire
život, -a; -y, -ov M life

11. lekcia

Nakupujeme

V potravinách

Peter a Mária idú nakupovať potraviny. Mária potrebuje kúpiť chlieb a kávu. Peter sa ide len pozrieť, čo v potravinách majú.

Pri vchode si Mária vezme vozík a Peter košík a chodia pomedzi regály. Mária berie čerstvý chlieb a mletú kávu, ale aj osem rožkov, liter mlieka, maslo, jogurt, kyslú smotanu, dve kilá múky, desať vajíčok, dvadsať deka syra a štvrť kila salámy. Vždy kupuje veľa jedla, hoci potraviny vôbec nie sú lacné. A ceny ešte vždy stúpajú.

Peter kupuje bonboniéru pre Máriinu mamu, päť fliaš piva pre Máriinho otca a čokoládu pre Máriu a pre seba. Pri pokladni je dlhý rad, a tak musia čakať. Keď platia, je už tma. A ešte musia ísť do zelovocu a mäsiarstva.

V zelovoci

V zelovoci chce Mária kúpiť nejakú zeleninu na šalát a Peter chce kúpiť ovocie. Mária kupuje dva šaláty, kilo paradajok, jednu uhorku a pol kila cibule. Peter si pýta šesť banánov, kilo pomarančov, dve kilá sliviek a ananás. V zelovoci, chvalabohu, nie je teraz nikto, len oni a predavačka, a tak to ide rýchlo. Predavačka im odváži tovar (okrem šalátu) a platia hneď pri pulte. Mária ešte kupuje igelitovú tašku, lebo jej nákupná taška nie je na celý nákup dosť veľká. Peter si v obchode všimne tabuľu. Je tam napísané:

DNES U NÁS MÔŽETE KÚPIŤ:

mrkvu	
petržlen	jablčka / jablká
zeler	hrušky
kaleráb	slivky
cibuľu	marhule
cibuľku	broskyne
cesnak	maliny
reďkovičku	ríbezle
uhorky	egreše
hrach	červený melón
fazuľu	žltý melón
kukuricu	ananás
kapustu	pomaranče
kel	mandarínky
šalát	citróny
špenát	banány
paradajky	kiwi
papriku	hrozno
zemiaky	
baklažán	

SLOVNÍK

ananás, -u; -y, -ov *M* pineapple
avokádo, -a; -a, avokád *N* avocado
baklažán, -u; -y, -ov *M* eggplant
banán, -a; -y, -ov *M* banana
bonboniéra, -y; -y, bonboniér *F* box of chocolates/of chocolate candy
broskyňa, -ne; -ne, broskýň *F* peach
cesnak, -u; -y, -ov *M* garlic
cibuľa, -le; -le, cibúľ *F* onion
cibuľka, -y; -y, cibuliek *F* young onion; scallion
citrón, -u; -y, -ov *M* lemon
čerešňa, -e; -e, -í *F* cherry
čerstvý fresh

červený melón watermelon
čokoláda, -y; -y, čokolád *F* (a bar of) chocolate
ďalší, prosím next, please
dávať, -am, -ajú *NP* to be giving
deka *N Nondecl (Coll Abbr from dekagram)* decagram
dekagram, -u; -y, -ov *M* decagram
denník, -a; -y, -ov *M* daily
dg *(Abbr from* dekagram*)* decagram
dokonca *Adv* even
dosť considerably; **dosť** + *Gen* enough of

86 SLOVAK FOR YOU

11

Keď Mária vidí, ako si Peter pozerá tabuľu, hovorí: „Vieš, u nás ešte vždy predávajú najmä sezónne ovocie a zeleninu, takže teraz na jeseň už v zelovoci obyčajne nie sú čerešne alebo jahody. Ak ich majú, tak sú veľmi drahé, lebo sú z dovozu. Naše obchody však väčšinou predávajú také ovocie a zeleninu, ktoré sa pestuje u nás, a iba niektoré iné druhy sa dovážajú. Takže ak chceš napríklad granátové jablko alebo avokádo, tak ich dostaneš len zriedkakedy." „Mne to nevadí," hovorí Peter, „veď ich vôbec nemám rád."

V mäsiarstve

Ešte musia nakupovať aj v mäsiarstve. V obchode je dosť veľa ľudí, preto asi pätnásť minút stoja v rade. Potom si Mária pýta šesť párov párkov, dve klobásy, jedno väčšie kurča a bravčové mäso na rezne. Peter je prekvapený, ako veľa Mária platí za mäso. Hoci je už na Slovensku niekoľko mesiacov, v mäsiarstve doteraz nebol.

Mária mu hovorí: „Veru, mäso a mäsové výrobky sú tiež veľmi drahé. A väčšinou nie sú veľmi zdravé. Môj otec niekedy dokonca je slaninu a údené mäso, a tie sú vraj veľmi škodlivé. Škoda, že nie sme vegetariáni – ich strava je nielen zdravšia, ale aj omnoho lacnejšia."

dostať, dostanem, dostanú *P + Acc* to get, to obtain
doteraz up to now
dovážať, -am, -ajú *NP + Acc* to be importing
dovoz, -u *(only Sg) M* import; **z dovozu** imported (*literally:* from import)
drahý expensive
druh, -u; -y, -ov *M* species
egreš, -a; -e, -ov *M* gooseberry
fazuľa, -le; -le, fazúľ *(as food usually only Sg) F* bean(s)
granátové jablko *N* pomegranate
halier, -a; -e, -ov *M* heller (*one hundredth of a* koruna)
hrach, -u *(as feed only Sg) M* pea
hrozno, -a; -á, hrozien *(usually only Sg) N* grape
hruška, -y; -y, hrušiek *F* pear
igelitový *Adj* plastic

ísť na nákup to go shopping
jablko, -a; -á, jabĺk *N* apple
jahoda, -y; -y, jahôd *F* strawberry
jogurt, -u; -y, -ov *M* yogurt
kaleráb, -u; -y, -ov *M* kohlrabi
kel, -u; -y, -ov *M* kale
kilo, -a; -á, kíl *(Coll Abbr from* kilogram*) N* kilogram
kiwi *Nondecl N* kiwi
klobása, -y; -y, klobás *F* sausage
košík, -a; -y, -ov *M* basket
kukurica, -e; -e, kukuríc *F* corn
kúpiť, -im, -ia *P + Acc* to buy
kurča, -aťa; -atá, -čiat *N* chicken
kus, -a; -y, -ov *M* piece
kyslá smotana sour cream

SLOVAK FOR YOU **87**

V novinovom stánku

Peter chce zo Žiliny poslať pohľadnice, a tak si ich ide kúpiť.
Predavačka: Prosím?
Peter: Prosím si štyri pohľadnice Žiliny.
Predavačka: Nech sa páči, vyberte si, ktoré chcete.
Peter: Tieto tu. Čo stoja?
Predavačka: Sú po päť korún. Prosíte si aj známky?
Peter: Aké známky treba do USA, ak ich pošlem letecky?
Predavačka: To, bohužiaľ, neviem. Ale opýtajte sa na pošte, je tu neďaleko, vpravo. Ešte niečo?
Peter: Máte už vianočné pozdravy?
Predavačka: Áno, nejaké už máme. Nech sa páči.
Peter: Prosím si tieto. A ešte mapu Žiliny a nejaký denník.
Predavačka: Nech sa páči, tu je mapa. A noviny si vyberte. Je tu Národná obroda, Slovenská republika, Práca, Nový čas ...
Peter: Prosím si Národnú obrodu. Čo platím?
Predavačka: Moment. Štyrikrát päť je dvadsať, mapa je štyridsaťdva päťdesiat a za Obrodu päť, spolu je to šesťdesiatsedem korún päťdesiat halierov.
Peter: Nech sa páči.
Predavačka: Ďakujem. Tu sú drobné.
Peter: Ďakujem, dovidenia.

Na pošte

Úradníčka: Ďalší, prosím.
Peter: Dobrý deň. Prosím si štyri známky na pohľadnice letecky do USA. Koľko stojí jedna?
Úradníčka: Šesť korún. Ešte niečo?
Peter: Nie, ďakujem, to je všetko. Nech sa páči, tu sú peniaze.
Úradníčka: 24 a 6 je 30, nech sa páči (dáva mu šesť korún). Ďalší, prosím.

lacnejší cheaper
lacný cheap
letecky by air mail
malina, -y; -y, malín *F* raspberry
mandarínka, -y; -y, mandarínok *F* tangerine
marhuľa, -e; -e, marhúľ *F* apricot
maslo, -a; -á, masiel *(usually only Sg) N* butter
mäsiarstvo, -a; -a, mäsiarstiev *N* butcher's (store);
  v mäsiarstve at the butcher's
mäsový *Adj* pertaining to meat
melón, -a; -y, -ov *M* watermelon or cantaloupe
mletý *Adj* ground
mlieko, -a *(usually only Sg) N* milk
mlieť, meliem, melú; *Past* mlel *NP* + *Acc* to grind
mne *(Dat Sg of* ja*)* (to) me

11.1 ACCUSATIVE PLURAL OF NOUNS - Akuzatív plurálu podstatných mien

11.1.0 Accusative plural is used with nouns in the plural in the same instances that have been listed for accusative singular (see 10.1); for additional special distribution of accusative singular and plural see 11.4.

11.1.1 Accusative plural of nouns is formed in the following way:

M +Anim	other nouns
-ov	- (= nominative plural)
bratov	domy, ženy, jedálne, autá

11.1.2 a) Masculine animate nouns take the ending -ov, e.g. (vidím) otcov, doktorov, turistov, dedov.
b) Other nouns do not take any special ending, their nominative plural form is used also in the accusative plural, e.g.
(hľadám) slovníky, koberce, mapy, predavačky, múzeá.

11.2 ACCUSATIVE PLURAL OF ADJECTIVES, PRONOUNS AND NUMERALS - Akuzatív plurálu podstatných mien, zámen a čísloviek

11.2.1 Adjectives, pronouns (except for personal ones - for those see 11.3) and numerals in the accusative plural have the following forms:

	M +Anim	M -Anim	F	N
	-ý/y/í/i/o + ch	as Nom Pl	as Nom Pl	as Nom Pl
a)	dobrých, krásnych	dobré, krásne	dobré, krásne	dobré, krásne
	ďalších, budúcich	ďalšie, budúce	ďalšie, budúce	ďalšie, budúce
b)	mojich	moje	moje	moje
c)	tých	tie	tie	tie
	ktorých	ktoré	ktoré	ktoré
	akých	aké	aké	aké
	čích	čie	čie	čie
d)	jedných	jedny	jedny	jedny
	dvoch	dva	dve	dve
	piatich	päť	päť	päť
	prvých	prvé	prvé	prvé
	piatych	piate	piate	piate

11.2.2 Analogously to the situation within noun declension, only the adjectives, pronouns and numerals qualifying masculine +Anim nouns have an accusative plural ending. It is characterised by final -ch which is preceded by -y/y/í/i/o.

a) Adjectives have the ending -ý/y/í/i + ch, their distribution depending on the softness/hardness of the preceding consonant and on the shortness/length of the preceding vowel, e.g.
nových, vážnych, ďalších, horúcich.
b) Possessive pronouns have the ending -ich, e.g. tvojich, našich. Of course, possessives for 3rd person do not change, i.e. jeho, jej, ich.
c) The M + Anim endings of deictic, interrogative and relative pronouns correspond to those of the adjectives.
d) Dva, tri, štyri have the ending -och: dvoch, troch, štyroch.
Other cardinal and ordinal numerals have the ending -ý/y/í/i + ch, their distribution being analogous to their distribution within adjectives.

11.3 ACCUSATIVE SINGULAR AND PLURAL OF PERSONAL PRONOUNS - Akuzatív singuláru a plurálu osobných zámen

11.3.1.1 In the accusative singular personal pronouns have the following forms:

	a) stressed	with preposition	b) unstressed
	mňa	(pre) mňa	ma
	teba	(pre) teba	ťa
M	jeho	(pre) neho, preňho	ho
F	ju	pre ňu	ju
N	-	preň	ho

Preňho and preň stand also for mergers with other prepositions, e.g. naň, zaň (see also 11.3.1.4).

11.3.1.2 In Slovak in the singular there are basically two sets of accusative forms of personal pronouns:
a) stressed or with a preposition;
b) unstressed.

11.3.1.3 Stressed forms and forms with a preposition (pre, cez, za, etc.) differ from each other in the third person. In the masculine and feminine the stressed form begins with j-, the form with a preposition with [ň]-, i.e. n/ň-.

11.3.1.4 The third person masculine and neuter pronouns can merge with prepositions, e.g. preňho, zaňho, preň, zaň, cezeň (the latter with an inserted -e-); but not *cezňho.

---

mne to nevadí (Coll) I do not mind it
mrkva, -y; -y, mrkiev (as food only Sg) F carrot
najmä above all
nákup, -u; -y, -ov M shopping
nakupovať, -ujem, -ujú NP to do the shopping, to be shopping
nákupný Adj pertaining to shopping
napísaný Adj written
na pošte at the post office
národný national
nebol, -a, -o; -i (Past Tense of nebyť) was not
nevadí it does not matter; I do not mind
nielen ... ale aj not only ... but also
novinový stánok, nku; nky, nkov M newspaper stand/stall
noviny, novín (only Pl) newspaper

obroda, -y; -y, obrôd F revival
obyčajne usually
odvážiť, -im, -ia P + Acc to weigh
ovocie, -a (only Sg) N fruit
paprika, -y; -y, paprík F (green, red, yellow) pepper
pár, -u; -y, -ov M pair
paradajka, -u; -y, paradajok F tomato
párok, -rku; -rky, -rkov M hot dog
pestovať, -ujem, -ujú NP + Acc to grow sth
petržlen, -u; -y, -ov M parsley
pohľadnica, -e; -e, pohľadníc F picture postcard
pomaranč, -a; -e, -ov M an orange
pomedzi + Acc in between
po päť korún five crowns each
pošta, -y; -y, pôšt F post office

11.3.1.5 The third person feminine pronoun has the form *ju* in both the stressed and unstressed positions.

11.3.1.6 The third person neuter pronoun does not have any stressed form. In stressed positions neuter nouns are not replaced by a personal pronoun, but either remain in the sentence, or are replaced by a demonstrative pronoun. Cf.:

Vidíš toho muža?	Jeho?	Áno, jeho.
Vidíš to auto?	To (auto)?	Áno, to (auto).

11.3.1.7 Unstressed forms as a rule take the second position („slot") in the sentence, e.g.

Ona ho má rada. Moja mama ju nepozná.

However, if the sentence contains *by, byť* or its forms and/or *sa/si*, these (in the sequence listed) come before the unstressed forms of personal pronouns, e.g.

Kúpil by som si ho.

11.3.1.8 Stressed forms are used when the personal reference is stressed or contrasted. The position of the stressed pronoun is relatively free, e.g.

Vidím jeho, nie ju. Jeho vidím, ju nie.

11.3.2.1 In the accusative plural personal pronouns have the following forms:

a) without preposition	b) with		preposition
nás		(pre)	nás
vás		(pre)	vás
ich	M +Anim	(pre)	nich
	others	(pre)	ne

11.3.2.2 In the accusative plural there is only one set of forms for the first two persons, e.g. *vidí nás, je to pre vás.*
11.3.2.3 In the third person
   a) without a preposition the form is *ich*, e.g. *vidím ich*;
   b) with a preposition there is *nich* for M +Anim and *ne* for the other occurrences, e.g.
   m*ám to pre nich* (for them - M +Anim)
   dám to na ne (on them - F/N, M -Anim).

11.4 EXPRESSING QUANTIFICATION
- Vyjadrenie množstva

11.4.0 The lexical and grammatical aspects of quantification by numerals was presented in 8.5 and 8.6. However, quantification can linguistically also be expressed by other words referring to quantity or measure, e.g.
kus (a piece of), *fľaša* (a bottle of), *pol* (half of), *trochu* (a bit of), *veľa* (many, a lot of), etc.

11.4.1 When expressing quantity or the measure of something in Slovak, the form of the genitive case of the quantified noun is required (see also the concord of nouns with numerals in 8.5), e.g.:

Koľko?

kilogram múky	málo peňazí
fľaša piva	veľa šťastia
pohár mlieka	niekoľko ľudí
šesť kusov banánov	dvadsať dekagramov salámy

11.4.2 Although the genitive case as a grammatical phenomenon has not been covered here, with the help of the vocabulary data in this textbook it can be formed and used. The genitive singular is listed as the second form and the genitive plural as the fourth form with each noun, e.g.
banán, -u; -y, -ov; hruška, -y; -y, hrušiek; človek, -a; ľudia, ľudí.

11.4.3 a) As to fruit, when quantified, but not with a numeral only, most nouns referring to it are in the genitive plural, e.g.
kilo hrušiek, veľa broskýň, trochu čerešní.
b) Of the common kinds of fruit *hrozno* is used in the genitive singular, i.e. *málo hrozna*. Genitive singular is also used with large fruit, e.g.
melón, ananás: trochu melóna, dve kilá ananásu.

11.4.4 a) As to vegetables, similarly as in English, when quantified, but not with a numeral only, some of the nouns referring to them are in the singular e.g.
veľa kapusty (a lot of cabbage),
trochu špenátu (a bit of spinach).
b) However, in Slovak, in contrast to English, most of the nouns referring to vegetables are used in the singular in these instances, being conceived of in such contexts as non-count names of food or material. E.g.
pol kila petržlenu, veľa mrkvy, dosť cibule
(for more vegetables see the list on p. 86).
Note that in many instances the Slovak singular occurs where English has the plural.
c) From among the most common vegetables used in Slovakia the plural is used with *zemiaky, paradajky, uhorky* (the small-sized ones, usually used for pickling), e.g.
päť kíl zemiakov, viac paradajok, koľko uhoriek.

11.4.5 The singular grammatical number of the names of kinds of vegetables and fruit as presented above (see 11.4.3 and 11.4.4) is also used in cases when, although not quantified, they are perceived of as food, not as individual count phenomena, e.g.
kúpim mrkvu, jeme špenát, potrebujem cibuľu.

11.4.6 As to the interrogative pronoun *koľko*,
   a) the plural form of the noun is used with it when we expect a numerical answer, e.g.
   koľko cibúľ - tri cibule, koľko mrkiev - päť mrkiev;
   b) the singular form of the noun is used when we conceive of the phenomena named by the noun as non-count and do not expect a numeric answer, but only with nouns which are used in the singular in these instances in Slovak, e.g.
   koľko cibule - veľa cibule,
   koľko mrkvy - veľa mrkvy.

potraviny, potravín *(usually only Pl)* 1. food, food products; 2. food store, grocery ; **v potravinách** at the grocery
pozdrav, -u; -y, -ov *M* greeting, card
predávať, -am, -ajú *NP (+ Acc)* to be selling
pre seba for oneself (myself, yourself ...)
preto that is why
pri pokladni at the cashier's
pult, -u; -y, -ov *M* counter; **na pulte** on the counter; **pri pulte** at the counter
reďkvička, -y; -y, -čiek *F* radish
regál, -u; -y, -ov *M* shelf (along the aisles)
republika, -y; -y, republík *F* republic
ríbezľa, -le; -le, -lí *F* red currant
rožok, rožka; rožky, rožkov *M* roll
rýchly *Adj* quick, fast

CVIČENIA

I. Odpovedzte:

1. Kde nakupujú Peter a Mária?
2. Čo kupuje Peter v potravinách? Pre koho?
3. Kupuje Mária víno?
4. Kupuje Mária celú kávu?
5. Je v potravinách málo ľudí?
6. Čo chce kúpiť Mária v zelovoci?
7. Kupuje Peter zeleninu?
8. Pestuje sa na Slovensku nejaké ovocie v zime?
9. Odkiaľ sú na Slovensku v zime jahody alebo čerešne?
10. Prečo si Mária kupuje v zelovoci igelitovú tašku?
11. Kde kupuje Mária mäso?
12. Kupuje aj nejaké mäsové výrobky?
13. Kde kupuje Peter pohľadnice?
14. Kam ich chce poslať?
15. Majú v novinovom stánku známky?
16. Majú tam už vianočné pohľadnice?
17. Čo si tam Peter ešte kupuje?
18. Čo potrebuje Peter na pošte?

II. Use *hľadáme* in front of the following phrases:

zaujímavé knihy, moderné domy, moji starí rodičia, dobré detektívky, sladké jablká, americkí profesori, vaši slovenskí študenti, dvaja šikovní chlapci, tri slobodné dievčatá, päť slovenských doktoriek, dva nezariadené byty, vaši dvaja bratia

III. Negate the following statements, adding that they apply for the persons indicated in brackets.

Príklad: *Vidíš ma? (him) Teba nevidím, ale jeho vidím.*

1. Čítaš pre neho? *(for her)*
2. Máš ju rád? *(them)*
3. Hľadáš mňa? *(her)*
4. Je to pre nás? *(them)*
5. Opýtaš sa jeho? *(her)*
6. Poznáš ich? *(him)*
7. Vidíš ju? *(you)*
8. Potrebuješ ho? *(them)*
9. Chceš jeho? *(you)*
10. Píšeš to pre nás? *(them)*

IV. Give short answers to the following questions, using pronouns in them:

1. Poznáte rektora univerzity?
2. Poznáte dekana?
3. Študujete históriu?
4. Navštevujete starých rodičov?
5. Varíte večeru každý deň?
6. Vidíte z domu alebo z internátu centrum mesta?
7. Píšete dnes pohľadnice?
8. Máte veľa priateľov?
9. Varíte niekedy večeru pre priateľov?
10. Máte radi slovenčinu?

V. Fill in the appropriate pronouns:

1. Tá kniha je pre ....*(him)*.
2. Tieto známky sú pre ....*(them)*.
3. Večera je pre ....*(us)*.
4. Červené jablká sú pre ....*(she)*.
5. Idete cez mesto? Alebo nejdete cez ....*(it)*.
6. Dva cestovné lístky sú pre ....*(you)*.
7. Tento dom je pre ....*(us)* veľký.
8. Izba hore je pre ....*(them)*.
9. Tieto peniaze sú pre ....*(her)*.
10. Profesori sú tu pre ....*(us)*.
11. Máš čas pre ....*(me)*?
12. Cestuješ cez Žilinu? Nie, necestujem cez ....*(it)*.

---

saláma, -y; -y, salám *F*   salami
sezónny   seasonal
slanina, -y; -y, slanín *F*   bacon
slivka, -y; -y, sliviek *F*   plum
smotana, -y; -y, smotán *F*   cream
spievať, -am, -ajú *NP*   to sing
stúpať, -am, -ajú *NP*   to be increasing
škodlivý   harmful
špenát, -u; -y, -ov *M*   spinach
tabuľa, -le; -le, tabúľ *M*   board
takže   so (that)
tma, -y *(only Sg) F*   darkness; **je tma**   it is dark *(literally: (there) is darkness)*
uhorka, -y; -y, uhoriek *F*   cucumber
vajíčko, -a; -a, vajíčok *N*   egg

väčší   bigger
vegetarián, -a; -i, -ov *M*   vegetarian
vchod, -u; -y, -ov *M*   entrance; **pri vchode**   at the entrance
vianočný *Adj*   pertaining to Christmas
vozík, -a; -y, -ov *M*   shopping cart
všimnúť si, všimnem si, všimnú si; *Past* všimol si *P + Acc*   to notice
vybrať si, vyberiem si, vyberú si *P + Acc*   to choose
výrobok, -bku; -bky, -bkov *M*   product
vyše   more than, above
zaplatiť, -ím, -ia *P (+ za + Acc)*   to pay (for)

VI. Preložte do angličtiny:

1. Kde sú drobné?
2. Ceny stúpajú.
3. Idem sa pozrieť, čo tam majú.
4. V obchode je dlhý rad.
5. V zime sú jahody veľmi drahé.
6. Vôbec nemám rád baklažány.
7. Prosím, vyberte si.
8. Nemáme.
9. Vy si zo mňa uťahujete, však?
10. Ešte niečo?
11. Pohľadnice sú po šesť korún.
12. Ďalší, prosím!

VII. Change into the plural:

1. Mám brata.
2. Čakám priateľku.
3. Potrebujem ten slovník.
4. Nerozumiem toho profesora.
5. Nevidím tú slečnu.
6. Hľadám ten nový obchod.
7. Nepoznám tú mladú predavačku.
8. Prosím si nejaký denník.
9. Chcem si kúpiť tú farebnú pohľadnicu.
10. Nemám doma žiadnu známku.

VIII. Ask somebody to buy what is missing, including the amount stated in brackets.

Príklad: *Nemáme chlieb. (kilo) Choď kúpiť kilo chleba.*

1. Nemáme vajíčka. *(desať)*
2. Potrebujeme múku. *(dve kilá)*
3. Doma nemáme žiadnu mrkvu. *(trochu)*
4. Na šalát ešte potrebujeme cibuľu. *(kilo)*
5. Na koláč nemáme jabĺčka. *(dve kilá)*
6. Na obed potrebujeme ešte pivo. *(tri fľaše)*
7. Nevidím doma žiadne paradajky. *(trochu)*
8. Nemáme žiadne hrozno. *(kilo)*
9. Potrebujem aj syr. *(30 dg)*
10. Chcem ešte banány. *(8)*

IX. Correct the following sentences:

1. Ho nevidím.
2. Kúp dva kilá cibúľ.
3. Nemáme doma hrachov.
4. Jeme len zdravú potravinu.
5. Je večer, už je tmavý.
6. Mária ešte musieť ísť nakupovať.
7. Pri pokladni je dlhá rada.
8. Idú kúpiť hrozná.
9. Majú veľa peniaze.
10. Táto kniha je pre jeho.

X. Write and perform dialogues for the following situations:

a) You want to buy 3 postcards, 3 stamps and a map of Bratislava.
b) At the counter of a small store you are asking for ground coffee, three rolls and a bottle of wine.
c) You are a shop assistant at a grocery store. Write a dialogue with a customer. You might like to include questions suggesting that he/she buy some other kinds of produce, too.

XI. Odpovedzte:

1. Chodíte často nakupovať potraviny?
2. Kedy obyčajne nakupujete potraviny?
3. Je obchod blízko?
4. Chodíte nakupovať pešo alebo autom?
5. Máte záhradu?
6. Pestujete v záhrade nejakú zeleninu alebo ovocie?
7. Jete veľa zeleniny a ovocia?
8. Kupujete veľa mäsa?
9. Pijete pivo?
10. Pijete veľa kávy?
11. Pijete silnú kávu?
12. Máte radi slaninu?
13. Jete veľa párkov?
14. Kupujete noviny každý deň?
15. Aké denníky kupujete?
16. Čítate aj nejaké slovenské noviny?
17. Viete spievať nejaké slovenské piesne?

---

zdravší healthier
zelenina, -y *(only Sg)* F vegetables
zeler, -u; -y, -ov M celery
zelovoc, -u; -e, -ov M greengrocer's, produce store
známka, -y; -y, -ok F postal stamp
zriedkakedy rarely, seldom
žltý melón cantaloupe

XII. Povedzte, čo vidíte na tomto obrázku: ▶

XIII. You are a doctor. Your patient complains of unspecified health problems. Ask your patient about his/her eating habits, preferences in food, whether he/she eats vegetables and fruit, etc.

XIV. Odpovedzte:

a) Akú zeleninu a aké ovocie máte teraz doma?
b) Koľko ovocia a koľko zeleniny máte teraz doma?
c) Akú zeleninu a aké ovocie máte veľmi radi?
d) Povedzte, čo je v tejto chladničke?

XV. Write down what ingredients are needed for your favorite recipe and be ready to answer how much of each ingredient is needed.

XVI. Čo vravia ľudia na obrázku?

XVII. Naučte sa porekadlo:

Risk je zisk.

(Nothing ventured, nothing gained.)

XVIII. Naučte sa spievať pieseň:

SLOVAK FOR YOU **93**

12. lekcia

V kníhkupectve

Peter a Mária sa idú pozrieť, či v kníhkupectve v centre Žiliny majú nejaké zaujímavé knihy.

Mária: Peter, aké knihy si chceš pozrieť?
Peter: Chcem si pozrieť nejaké knihy o Slovensku a kúpiť dobrý anglicko-slovenský slovník a veľkú mapu Slovenska.
Mária: Dobre. Ja si zatiaľ pozriem preklady beletrie z angličtiny a novú slovenskú literatúru.
Predavačka: Čo si želáte?
Peter: Môžete mi, prosím, ukázať, kde sú knihy o Slovensku a o slovenskom umení?
Predavačka: Nech sa páči, tu sú na pulte.
Peter: Máte niečo v angličtine?
Predavačka: Tento turistický sprievodca po Slovensku je v angličtine, aj Peter Dvorský, totiž jeho biografia. A niektoré ostatné knihy majú anglické resumé, napríklad Hrady a zámky a Brunovský.
Peter: Ďakujem. A máte nejaký dobrý nový anglicko-slovenský slovník?
Predavačka: Máme tento vreckový a tento trochu väčší, ale bohužiaľ sú už vyše 30 rokov staré.
Peter: To je škoda. Tak si kúpim len tohto sprievodcu po Slovensku a túto biografiu. Kde platím?
Predavačka: Nech sa páči, tam pri pokladni.
Peter: Mária, už niečo máš?
Mária: Áno. Kúpim si tento preklad Hellera, zbierku básní Milana Rúfusa a poviedky Štefana Moravčíka.
Peter: Potom mi toho Moravčíka požičiaš? Chcem ho skúsiť čítať.
Mária: Jasné, že požičiam. No teraz poďme zaplatiť.

Ľudia a knihy

Ľudia a knihy boli oddávna dobrí priatelia. Autori písali knihy, aby sa podelili o svoje skúsenosti, zážitky, myšlienky a pocity. Čitatelia v nich hľadali informácie, zábavu, životnú múdrosť aj obohatenie duchovného i citového života.

Predkovia Slovákov mali vlastné písmo už od deviateho storočia, od čias, keď zo Solúna na Slovensko prišli ako apoštoli viery a vzdelania bratia Cyril a Metod. Priniesli písmo pre ich reč.

SLOVNÍK

aby + *Past Tense* (so) that
akademický *Adj* pertaining to university
akademický maliar painter with an academic degree
akoby as if
apoštol, -a; -i, -ov *M* apostle
aspoň at least
autobiografia, -ie; -ie, -ií *F* autobiography
autor, -a; -i, -ov *M* author
báseň, -sne; -sne, -sní *F* poem
básnik, -a; -ci, -kov *M* poet
beletria, -e (*usually only Sg*) *F* belles lettres, fiction
Biblia, -ie; -ie, -ií *F* Bible
biografia, -ie; -ie, -ií *F* biography
biografický biographical
Boh, -a; -ovia, -ov *M* God, Lord
bol, -a, -o; -i (*Past Tense of byť*) was/were
bolieť, -í (*no 1st or 2nd Pers Sg or Pl*), -ia; *Past* bolel *NP* to hurt
Bože (*Voc of* Boh) God, Lord
cestopis, -u; -y, -ov *M* travelogue
cítiť, -im, -ia *NP* to feel
citový emotional
český *Adj* Czech
česky/po česky (in) Czech
čítanie, -ia; -ia, -í *N* reading
čitateľ, -ľa; -lia, -ľov *M* reader
dávno long ago
dejiny, -ín (*only Pl*) history
detektívka, -y; -y, -vok *F* (*Coll*) detective story/novel

Slovensko však po tom, čo sa na začiatku desiateho storočia Veľkomoravská ríša rozpadla, malo dosť pohnuté dejiny, lebo nebolo samostatné, teda ani slovenský jazyk a kultúra nemali priaznivé podmienky na svoj rozvoj. Hoci sa slovenčina používala už od desiateho či jedenásteho storočia, literatúra sa na Slovensku najprv písala najmä po latinsky, po česky, po nemecky a po maďarsky. Napriek tomu už v šestnástom storočí spisovatelia písali pomerne rozsiahlu umeleckú literatúru aj po slovensky. V období romantizmu a realizmu si už slovenská literatúra získala aj medzinárodné uznanie.

Akékoľvek boli osudy Slovenska, literárna vzdelanosť tu vždy mala vysokú úroveň. Slováci, podobne ako iné kultúrne národy, knihu vždy brali do rúk s úctou, či to bola Biblia, modlitebná knižka, alebo román, kniha básní, cestopis či intelektuálna literatúra. Na Slovensku je tradícia, že už stredoškoláci okrem slovenskej literatúry povinne študujú aj svetovú literatúru a dosť dobre poznajú jej najvýznamnejšie diela, samozrejme, obyčajne ich slovenské preklady. Mnohí slovenskí čitatelia však v origináli čítajú literatúru anglickú, americkú, nemeckú, francúzsku, českú a iné.

Každé obdobie má svoj vkus a svoje preferencie. V súčasnosti „letí", teda je obľúbená najmä literatúra faktu, biografie, sci-fi a detektívne či kriminálne romány a poviedky. Na umeleckú literatúru - na jej vydávanie alebo čítanie - akoby bolo menej peňazí a času. Aj na Slovensku však platí: Povedz mi, čo čítaš, a ja ti poviem, kto si.

Milan R ú f u s:
B á s n i k   s a   m o d l í   z a   d e t i

*Nevedia prečo,
no veľmi im to treba.
A možno ešte viacej ako chleba.
Aby im v duši pusto nebolo.
Aby ich mali radi okolo.*

*Aby im bolo mäkko
ako v mame.
Keď bolia veci, ktoré nepoznáme,
tu každé dieťa,
plaché ako laň,
na hlave musí cítiť teplú dlaň.*

*Bože,
o takú dlaň Ťa ľudské mláďa prosí.
V čase, keď ešte ani nevie, Kto si.*

Našiel Ťa hore ten džavot tenkých hláskov?

*Našiel. Dal si im liek.
A nazval si ho láskou.*

Literárne žánre

próza:
román
poviedka
zbierka poviedok
novela
detektívka, detektívny román,
detektívna poviedka
kriminálny príbeh
biografia, životopis
autobiografia
science-fiction, sci-fi
literatúra faktu

poézia:
báseň
zbierka básní

---

detektívny *Adj* detective, pertaining to detective stories
dielo, -a; -a, diel *N* work of art, work *(book)*
dlaň, -ne; -ne, -ní *F* palm of the hand; **o takú dlaň** for such a palm of the hand
do rúk into one's/sb's hands
dodatok, -tku; -tky, -tkov *M* supplement
duchovný *Adj* spiritual, intellectual
duša, -e; -e, -í *F* soul; **v duši** in the soul
džavot, -u; -y, -ov *M* chatter
encyklopédia, -ie; -ie, -ií *F* encyclopaedia

PETER DVORSKÝ
- sólista opery Slovenského národného divadla, tenor
Narodil sa 25.9.1951 v Partizánskom. Spev študoval v Bratislave aj v Miláne v La Scale. Od roku 1972 je sólista opery Slovenského národného divadla v Bratislave a vystupuje na najvýznamnejších operných scénach sveta. Patrí medzi najlepších tenoristov sveta.

ALBÍN BRUNOVSKÝ
- akademický maliar, grafik, ilustrátor
Narodil sa 25.12.1935 v Zohore pri Bratislave. Študoval a neskôr prednášal ako profesor na Vysokej škole výtvarných umení v Bratislave. Mal veľa výstav doma i v zahraničí. Zomrel 20.1.1997.

Kto je kto?

Informácie o významných osobnostiach môžete nájsť v biografickom slovníku a v encyklopédiách (pozri Dodatky). Tu na ilustráciu uvádzame aspoň základné údaje o umelcoch, ktorých mená sú v texte tejto lekcie.

KEDY V MINULOSTI?

včera
predvčerom
minulý týždeň
minulý mesiac
minulý rok
vlani
v roku 1920
v minulom storočí
v osemnástom storočí
v ....om storočí
nedávno
dávno

ŠTEFAN MORAVČÍK
- básnik, prozaik
Narodil sa 22.12.1943 v Jakubove pri Bratislave. Študoval na Filozofickej fakulte Univerzity Komenského. Pracoval v redakcii vydavateľstva Tatran a neskôr ako redaktor vydavateľstva Slovenský spisovateľ. Obľúbené sú najmä jeho poviedky (on ich volá „povesti").

MILAN RÚFUS
- básnik a esejista
Narodil sa 10.12.1928 v Závažnej Porube, okres Liptovský Mikuláš. Študoval na Filozofickej fakulte Univerzity Komenského a tam aj prednášal dejiny slovenskej a českej literatúry. Napísal mnohé zbierky básní a patrí medzi najväčších slovenských básnikov. Prekladá do slovenčiny českú, ruskú a nórsku literatúru.

---

esejista, -u; -i, -ov M   essay writer, essayist
fakt, -u; -y, -ov M   fact
francúzsky Adj   French
grafik, -a; -ci, -kov M   graphic artist
hlas, -u; -y, -ov M   voice
hlások, -ska; -sky, -skov M (Diminutive of hlas)   voice
ilustrácia, -ie; -ie, -ií F   illustrátion; **na ilustráciu**   for the sake of illustration
ilustrátor, -a; -i, -ov M   illustrator
im to treba   they need it
intelektuálny Adj   intellectual
kníhkupectvo, -a; -á, kníhkupectiev N   book store;
  v kníhkupectve   in a/the book store
knižka, -y; -y, knižiek F   book
kriminálny Adj   criminal

kultúra, -y; -y, kultúr F   culture
kultúrny   cultured; cultural
laň, lane; lane, laní F   a hind
latinsky/po latinsky Adj   (in) Latin
letieť, -ím, -ia; Past letel NP (Coll)   to be in, to be fashionable;
  literally: to fly
literárny   literary
literatúra, -y; -y, literatúr F   literature
literatúra faktu   non-fiction
ľudský Adj   human, pertaining to mankind
maďarsky/po maďarsky Adv   (in) Hungarian
maliar, -a; -i, -ov M   painter
mäkko Adv   soft; **aby im bolo mäkko**   so that they could feel soft
medzi   among, between, in the number of
menej   less

12.1 PAST TENSE - Minulý čas

12.1.1 Slovak has only one past tense. This is in contrast to English that has 6 past-tense related forms, i.e.
present perfect simple - *I have written*
present perfect continuous - *I have been writing*
simple past - *I wrote*
continuous past - *I was writing*
past perfect simple - *I had written* and
past perfect continuous - *I had been writing*.
The Slovak equivalent of all the above English forms is *ja som písal* or *písal som*. (The former past perfect tense, e.g. *ja som bol písal* is more or less extinct.)

12.1.2 The Slovak past tense can be exemplified by the conjugated past tense forms of *písať*:

Sg		Pl		
1st Pers	písal(a)	som	písali	sme
2nd Pers	písal(a)	si	písali	ste
3rd Pers	písal	–	písali	–
	písala			
	písalo			

12.1.3 The Slovak past tense form is composed of two elements:
a) the conjugated present form of *byť* which is present in the 1st and 2nd persons singular and plural, but absent in the 3rd person, e.g. *čítal som, čítal*.
b) the past tense form (*-l* form) of the verb, the distribution of its variants depending on the gender and number of the subject, i.e.

písal	M Sg
písala	F Sg
písalo	N Sg
písali	Pl

12.1.4 The conjugated form of the verb *byť* as part of the past tense takes the second place (slot) in the sentence structure, e.g. *písal si (ty si písal)*. The reflexive *si* or *sa* follow after it, e.g. *učil si sa, kúpil som si*.

12.1.5 The regular past tense form of the verb is formed by replacing the infinitival ending *-ť* by *-l(a/o/i)*:

Infintive	Past Tense Form
-ť	-l (a/o/i)
čítať	čítal
pracovať	pracoval
prosiť	prosil
hľadať	hľadal

12.1.6 Verbs with an irregular past tense form it in the following way:

a) **byť:**	1st Pers	bol(a)	som	boli	sme
	2nd Pers	bol(a)	si	boli	ste
	3rs Pers	bol	–	boli	–
		bola	–		
		bolo	–		
b) **ísť:**	1st Pers	(i)šiel	som	(i)šli	sme
	2nd Pers	(i)šiel	si	(i)šli	ste
	3rs Pers	(i)šiel	–	(i)šli	–
		(i)šla	–		
		(i)šlo	–		
c) **jesť:**	1st Pers	jedol/jedla	som	jedli	sme
	2nd Pers	jedol/jedla	si	jedli	ste
	3rs Pers	jedol	–	jedli	–
		jedla	–		
		jedlo	–		

d) -ieť > -el(a/o/i)
Verbs ending in the infinitive in *-ieť* drop the *-i-*, e.g. *vidieť - videl, rozumieť - rozumel, letieť - letel, smieť - smel*.

e) **-núť 1.> -ul(a/o/i)**
Verbs ending in the infinitive in *-núť* the present tense of which ends in *-niem, -nieš* ... drop the *-núť* and replace it by *-nul(a/o/i)*, e.g.
minúť (to spend), *miniem - minul*,
spomenúť si (to recall), *spomeniem si - spomenul si*.
-núť 2.> -ol/-la/-lo/-li
Verbs ending in the infinitive in *-núť* whose present tense forms end in *-nem, -neš*, ... drop the *-núť* and replace it by *-ol/-la/-lo/-li*, e.g.
sadnúť, sadnem - sadol, sadla, sadlo, sadli;
rozpadnúť sa, rozpadne sa - rozpadol sa, rozpadla sa, rozpadlo sa, rozpadli sa.

f) -sť/-cť
Verbs ending in *-sť* or *-cť* form the past tense in a way that cannot be systemically predicted in simple terms, e.g.

môcť	mohol	mohla	mohlo	mohli
niesť	niesol	niesla	nieslo	niesli
piecť	piekol	piekla	pieklo	piekli
rásť (to grow)	rástol	rástla	rástlo	rástli
klásť (to place)	kládol	kládla	kládlo	kládli

---

miestny *Adj* local
minulosť, -ti *(only Sg) F* the past;
 v minulosti in the past
minulý previous
mláďa, mláďaťa; mláďatá, mláďat *N* the youngling, baby
modliť sa, -ím sa, -ia sa *NP (za + Acc)* to pray (for)
modlitebná knižka prayer book, book of prayers
modlitebný *Adj* pertaining to prayer(s)
múdrosť, -ti; -ti, -tí *F* wisdom
myšlienka, -y; -y, -nok *F* thought, idea
na + *Acc* for *(purpose)*; na + *Loc* on *(location)*
 na hlave on the head
nájsť, nájdem, nájdu; *Past* našiel *P + Acc* to find
najvýznamnejší the most significant
napriek tomu in spite of that/it

narodiť sa, -ím sa, -ia sa *P* to be born
nazvať, nazvem, nazvú *P + Acc + Instr* to name, to give a/the name; **nazval si ho láskou** you gave it the name of love
Neapol, -u *M* Naples
nedávno not long ago
nemecký *Adj* German
nemecky/po nemecky (in) German
neskôr later
novela, -y; -y, noviel *F* novelette
obdobie, -ia; -ia, -í *N* period, era; **v období** + *Gen* in the period of
obľúbený favorite, popular
obohatenie, -ia *(usually only Sg) N* enrichment
obyvateľ, -ľa; -lia, -ľov *M* inhabitant, citizen
od since

SLOVAK FOR YOU

12

12.1.7 The past tense form of all irregular verbs occurring in the textbook is listed in the vocabulary as the last form of each such verbal entry, e.g.
  piecť, pečiem, pečú; *Past* piekol
  vziať, vezmem, vezmú; *Past* vzal.

12.1.8 All irregular verbs whose past tense ends in *-ol*, except for *bol*, drop the *-o-* in the remaining forms of the past tense, e.g.
  piekol, piekla, pieklo, piekli;
  mohol, mohla, mohlo, mohli.

12.2 DEGREES OF COMPARISON OF ADJECTIVES
- Stupňovanie prídavných mien

12.2.1 In Slovak degrees of comparison of adjectives are formed either regularly or irregularly; both of these types have one of the following sets of endings:

Comparative	Superlative
-ší/šia/šie	naj- -ší/šia/šie
e.g. nový novší, novšia, novšie	najnovší/šia/šie
-ejší/ejšia/ejšie	naj- -ejší/ejšia
e.g. šťastný šťastnejší/ejšia/ejšie	najšťastnejší/ejšia/ejšie

The comparative degree is formed by dropping the final vowel and adding *-ší/šia/šie* or *-ejší/ejšia/ejšie* (on the distribution of the two types of endings see 12.2.3), the superlative degree in addition to the comparative form has the prefix *naj-* (the most).

12.2.2 The gender and number forms of the comparative and superlative correspond to those of adjectives in their basic forms, e.g.

M	F	N	Pl
novší	novšia	novšie	novší, -ie
najnovší	najnovšia	najnovsie	najnovší, -ie
šťastnejší	šťastnejšia	šťastnejšie	šťastnejší, -ie

As these gender and number forms are fully predictable, in the following explanations for brevity only the masculine form is presented.

12.2.3 The ending *-ší* for forming degrees of comparison is used with:
  a) most adjectives in which the final vowel is preceded by a single consonant, e.g.

mladý	mladší	najmladší
starý	starší	najstarší
zdravý	zdravší	najzdravší

  b) adjectives in which the final vowel is preceded by *-(o/e/i)k-* which is dropped in forming degrees of comparison, e.g.

krátky	kratší	najkratší
plytký	plytší	najplytší
ťažký	ťažší	najťažší
hlboký	hlbší	najhlbší

If the *-(o/e/i)k* is preceded by *s* or *z*, these are softened, e.g.

úzky	užší	najužší
vysoký	vyšší	najvyšší

The vowel before the ending is shortened, e.g.

krátky	kratší	najkratší
úzky	užší	najužší

12.2.4 The ending *-ejší* for forming degrees of comparison is used with:
  a) adjectives in which the final vowel is preceded by a consonantal cluster, e.g.

múdry	múdrejší	najmúdrejší
štíhly	štíhlejší	najštíhlejší
príjemný	príjemnejší	najpríjemnejší

  b) most adjectives in which the final vowel is preceded by *-iv/av/ov* or *-a(s)t/-i(s)t*, e.g.

zaujímavý	zaujímavejší	najzaujímavejší
citový	citovejší	najcitovejší
guľatý	guľatejší	najguľatejší

but: *zdravý, zdravší, najzdravší*

  c) adjectives in which the final vowel is preceded by a sibilant (*c, č, dz, s, š, z, ž*), e.g.

horúci	horúcejší	najhorúcejší
cudzí	cudzejší	najcudzejší
drzý (rude)	drzejší	najdrzejší

---

oddávna since long ago, for a long time
okres, -u; -y, -ov *M* district
opera, -y; -y, opier *F* opera
operný operatic
osobnosť, -ti; -ti, -tí *F* personality
osud, -u; -y, -ov *M* destiny, fate
patriť, -ím, -ia + medzi + Acc NP rank in the number of
písať sa, píšem sa, píšu sa; *Past* písal sa NP to be written
pocit, -u; -y, -ov *M* feeling
podeliť sa (o + Acc) P to share
podmienka, -y; -y, -nok *F* (+ na + Acc) condition (for)
podobne ako similarly to
poézia, -ie; -ie, -ií *F* poetry
pohnutý (negatively) dramatic, hard
pokrstiť, -ím, -ia + Acc to Christianize

pomerne considerably, rather
po tom, čo + Verb after (doing sth)
povesť, -ti; -ti, -tí *F* legend
poviedka, -y; -y, -ok *F* short story
povinne obligatorily
poznať, -ám, -ajú NP/P + Acc to be acquainted/familiar with
požičať, požičiam, požičajú P + Acc + Dat to lend sth to sb
predok, -dka; -dkovia, -dkov *M* ancestor, predecessor
predvčerom the day before yesterday
preferencia, -ie; -ie, -ií *F* preference
preklad, -u; -y, -ov *M* translation; **v preklade** in translation
prekladať, -ám, -ajú NP + Acc to translate, to be translating
priaznivý favorable
priniesť, prinesiem, prinesú; *Past* priniesol P + Acc to bring
próza, -y; -y, próz *F* prose

d) some other adjectives with which the occurrence of the ending -ejší is rather unpredictable in simple terms, e.g.

hlúpy	hlúpejší	najhlúpejší
unavený	unavenejší	najunavenejší

12.2.5 Only several very frequent and historically old adjectives are irregular, viz:

dobrý	lepší	najlepší
zlý	horší	najhorší
veľký	väčší	najväčší
malý	menší	najmenší
krásny/pekný	krajší	najkrajší

Pekný also has the less frequent forms *peknejší - najpeknejší*.

12.2.5 When expressing comparison of the same extent of quality or denying it, Slovak uses the construction *taký/á/é ..... ako* e.g.:

| Peter is as old as Mária. | - Peter je taký starý ako Mária. |

12.3 POSSESSIVE PRONOUN *SVOJ*
- Privlastňovacie zámeno *svoj*

12.3.1 The reflexive possessive pronoun *svoj, svoja, svoje* is used when there is a relationship of possession of the subject towards the object, e.g.
mám svoju knihu (I have my (own) book),
vidia svojho otca (they can see their (own) father),
čakajú svojich priateľov (they are waiting for their friends).

12.3.2 If the relationship of ownership is stressed, *svoj* can be accompanied by *vlastný*, e.g.
má svoj vlastný bicykel (he has his own bicycle).

12.3.3 If there is a relationship of possession between the subject towards the object, the use of the person-related possessive pronouns, i.e. *môj, jeho,* etc. is redundant in Slovak and conceived of as incorrect if the possession is not stressed. In these instances *svoj* is used instead, i.e.
mám svoje auto (and not *mám *moje auto*).

12.3.4 With the third person singular and plural the usage of person-related possessive pronouns can - similarly to the situation in English - even cause confusion, e.g. *on má jeho dom* (he has his house), where *jeho* can refer to any male 3rd person, not necessarily the same one. To avoid this Slovak uses *svoj*, i.e.
on má svoj dom (he has his own house).

12.3.5 *Svoj*, similarly to possessive pronouns and adjectives, has gender forms, i.e. *svoj M, svoja F, svoje N*, number forms, i.e. the previous ones being the singular, *svoje, svojich* the plural, and case forms, e.g. Acc:
vidím svojho otca, svoju knihu, svoje priateľky.

	M	F	N		
Sg Nom	svoj	svoja	svoje	Pl	svoje
Acc +Anim	svojho	svoju	svoje		svojich
- Anim	svoj				svoje

12.3.6 Slovak uses possessive pronouns, including *svoj*, less frequently than English does, unless the possession is to be stressed.
In Slovak, in contrast to English, possessive pronouns are not used above all:
a) with parts of one's body, e.g. *bolí ma hlava* (my head aches); *moja hlava* would sound funny here, as if I were stressing that I was not having somebody else's headache, but my own;
b) in cases when it is situationally clear that the object is in the relationship of being possessed by the subject, or when it is situationally the only one, e.g. *vezmi si tašku* (take your/the bag), *Eva píše úlohu* (Eva is writing her assignment). Only if we either want to stress the possessive relationship or the fact that the object belongs to somebody other than the subject, do we use the possessive pronouns, e.g.

| Vezmi si | svoju tašku, | nie moju. |
| Vezmi si | jeho bicykel, | nie svoj. |

---

prozaik, -a; -ci, -kov *M* prose writer
pusto *Adv* empty, deserted; **aby im pusto nebolo** so that they would not feel deserted
realizmus, -zmu *(usually only Sg) M* realism
reč, -i; -i, -í *F* speech
redakcia, -ie; -ie, -ií *F* editorial office
redaktor, -a; -i, -ov *M* editor
resumé [rezümé] *Nondecl N* résumé
ríša, -e; -e, ríš *F* empire
román, -u; -y, -ov *M* novel
romantizmus, -zmu *(usually only Sg) M* romanticism
rozpadnúť sa, rozpadne sa *(no 1st or 2nd Pers Sg or Pl)*, rozpadnú sa; Past rozpadol sa *P* to disintegrate
rozsiahly extensive
samostatný sovereign, independent

scéna, -y; -y, scén *F* stage; **na najvýznamnejších operných scénach sveta** on the most prominent operatic stages of the world
science-fiction *(pronounced as in English) Nondecl F* science-fiction
sci-fi [sci-fi] *N* sci-fi
skúsiť, skúsim, skúsia *P + Acc* to try
skúsenosť, -ti; -ti, -tí *F* experience, expertise, knowledge
slobodný umelec free-lance artist
sólista, -u; -i, -ov *M* soloist
Solún, -a *M* Salonika, ancient Thesalonica *(a town in Greece)*
spev, -u; -y, -ov *M* singing
sprievodca, -u; -ovia, -ov *M* guide *(both as book or person declined as +Hum)*
storočie, -ia; -ia, -í *N* century

12

CVIČENIA

I. Odpovedzte:

1. Kde Peter a Mária hľadajú zaujímavé knihy?
2. Čo si chce Peter kúpiť?
3. Čo si chce Peter len pozrieť?
4. Majú v kníhkupectve pre Petra všetko, čo si chce kúpiť?
5. Majú aj knihy o Slovensku v angličtine?
6. Čo si chce pozrieť Mária?
7. Chce si niečo aj kúpiť?
8. Číta Mária beletriu?
9. Aké žánre číta?
10. Máte vy čas na literatúru?
11. Čo radi čítate?
12. Poznáte dobre americkú/anglickú/kanadskú/austrálsku literatúru?
13. Poznáte slovenskú literatúru?
14. Čítali ste nejakú slovenskú beletriu v preklade?
15. Čítali ste nejakú slovenskú beletriu po slovensky?

II. Give the past tense 1st person singular masculine form of the following verbs:

kúpiť, dávať, odvážiť, vedieť, písať, čítať, byť, smieť, modliť sa, nájsť, môcť, poznať, skúsiť, prednášať, ukázať, získať si, mať, vziať, hľadať, piť, jesť, sadnúť si, vziať si, rozumieť, ďakovať

III. Conjugate the following verbs:

byť, pracovať, jesť, piť, sadnúť si

IV. Drop the personal pronouns from the following phrases, carrying out all the necessary changes:

ja som čítala, on študoval, my sme to priniesli, vy ste nerozumeli, ja som si kúpil atlas, ona sa narodila v Poprade, my sa ich opýtame, ja som veľmi meškal, my sme prišli autom, vy ste si nás získali, my sme dlho čakali, ja som veľa pracoval, my sme vás potrebovali

V. Change the following sentences into the past tense:

1. Je to slovenský študent.
2. Všetci máme svoje problémy.
3. Máš veľké šťastie.
4. Nepočujem ho.
5. Pozeráme sa na nich.
6. Nehovoríme po slovensky.
7. Už dva dni ich hľadáme.
8. Veľa fajčí.
9. Mama pečie koláče.
10. Kúpim si mapu.
11. Jeme dobrý slovenský chlieb.
12. Miško sa učí matematiku.
13. Jeho mama pracuje v zelovoci.
14. Večer nemôžeme prísť.

VI. Using the words in brackets, give negative answers, saying that you did earlier what is asked about.

Príklad: *Idete dnes do kina? (včera)* Nie, včera sme išli do kina.

1. Píšete teraz Petrovi? *(minulý týždeň)*
2. Idete navštíviť mamu? *(predvčerom)*
3. Učíte sa pieseň? *(v pondelok)*
4. Kupujete dnes ovocie? *(včera)*
5. Pijete dnes víno? *(v sobotu)*
6. Opravujete auto? *(minulý mesiac)*
7. Čítate teraz slovenské noviny? *(predvčerom)*
8. Je tu váš brat? *(vlani)*
9. Večeriate? *(nedávno)*
10. Ste unavení? *(včera večer)*

VII. Preložte do angličtiny:

1. Čo si želáte?
2. Tu sú na pulte.
3. Čo si chcete pozrieť?
4. To je škoda.
5. Jasné.
6. Máme dobrú spoločnosť.
7. Platíte pri pokladni.
8. Kúpim si ju.
9. Prosím si tohto sprievodcu.
10. Môžeš mi ho požičať?
11. Môžeme si tykať?
12. Nie ste smädný?
13. Ako sa to povie po slovensky?
14. Nová metla dobre metie.
15. Páči sa mi tu.
16. Krv nie je voda.
17. Dajte mi vedieť.
18. Nerozumiem.
19. Ako to?
20. Nevadí.

---

stredoškolák, -a; -láci, -lákov *M* secondary school student
súčasnosť, -ti *(usually only Sg) F* the present;
   v súčasnosti at present
svoj, -a, -e one's own (mine, yours ...)
teda hence, thus
tenký thin
tenor, -u; -y, -ov *M* tenor
tenorista, -u; -i, -ov *M* tenor *(singer)*
text, -u; -y, -ov *M* text
tradícia, -ie; -ie, -ií *F* tradition
úcta, -y *(only Sg) F* respect; **s úctou** with respect
údaj, -a; -e, -ov *M (+ o Loc)* information, data (about)
ukázať, ukážem, ukážu *NP + Acc* to show
umelec, -lca; -lci, -lcov *M* artist
umelecký artistic, pertaining to fiction

VIII. Give negative answers, answering with whole sentences:

1. Boli ste dnes v obchode?
2. Kupovali ste dnes mäso?
3. Stretli ste dnes svojho doktora?
4. Boli ste dnes v banke?
5. Písali ste tento týždeň nejaké pohľadnice?
6. Mali ste niekedy pokazené auto?
7. Jedli ste dnes nejaké ovocie?
8. Stretli ste dnes rektora?
9. Videli ste dnes prezidenta?
10. Mali ste dnes šťastie?

IX. To the answers that you have given above in exercise VIII add *ešte*, rephrasing them if necessary:

Príklad: *Boli ste dnes v obchode?*
Nie, nebol som dnes v obchode.
Nie, ešte som dnes nebol v obchode.

X. Preložte do slovenčiny:

1. Can you show me those tourist guides?
2. I want a bigger dictionary.
3. I will buy these two books about Slovakia.
4. The other books are not in English.
5. Please, can you lend me your car? Mine is broken.
6. What can I do for you?
7. I want to send it by air mail.
8. Do you have cheaper postcards?
9. Can you give it to me tomorrow?
10. I want to try to read that book in Slovak.

XI. Odpovedzte:

1. Čo je dnes? (Aký deň je dnes?)
2. Čo ste dnes robili?
3. Čo ste robili včera?
4. Boli ste v kine?
5. Boli ste na návšteve?
6. Kúpili ste včera nejaké mäso?
7. Mali ste včera čas na svoju rodinu a svojich priateľov?
8. Čo ste robili minulý víkend?
9. Kde ste boli minulé leto?
10. Boli ste vlani na Slovensku?
11. Leteli ste niekedy lietadlom?
12. Mali ste minulý mesiac nejaké problémy?
13. Stretli ste tento týždeň nejakých zaujímavých ľudí?
14. Mali ste tento týždeň čas?
15. Kedy máte čas?

XII. Napíšte svoj krátky životopis (for inspiration you might like to use some of the following questions):

Kde ste sa narodili?
Kde sa narodili vaši rodičia?
Čo robili alebo čo robia teraz vaši rodičia?
Kde ste študovali?
Kde ste už boli?
Akých významných ľudí ste videli?
Aké najväčšie šťastie ste mali?

XIII. Form the degrees of comparison (in the masculine) of the following adjectives:

drahý, lacný, dobrý, rýchly, ľudský, dávny, citový, zlý, romantický, sladký, samostatný, veľký, významný, pohnutý, plachý, dlhý, umelecký, žltý, priaznivý, rozsiahly, zaujímavý, krátky, šťastný

XIV. Use in your own sentences the following phrases, putting them into the past tense:

pripraviť večeru, opraviť bicykel, vyskúšať auto, chodiť spolu, pomôcť mame, nepočuť otca, sadnúť si, otvoriť dvere, zazvoniť, čakať priateľa, vítať mamu, zobrať na výlet, pozrieť si film, uťahovať si, ísť domov

umenie, -ia; -ia, -í *N* art
úroveň, -vne; -vne, -vní *F* level
uvádzať, -am, -ajú *NP + Acc* to state
uznanie, -ia; -ia, -í *N* recognition
včera yesterday
Veľkomoravská ríša Great Moravian Empire - a 9th century Slavonic empire whose main centers (Nitra and Devín) were on the territory of Slovakia
viacej *(a variant of* viac*) Adv* more
viera, -y; -y, vier *F* creed, religion, faith
vkus, -u; -y, -ov *(usually only Sg) M* taste or preference (in fashion, etc.)
vlastný *Adj* one's own
vreckový *Adj* pocket-size
vydávanie, -ia *(only Sg) N* publishing

XV. Preložte do slovenčiny:

1. She drank her coffee.
2. I took my keys.
3. He saw his father.
4. I have my own office.
5. We need a house of our own.
6. They have their own problems.
7. She was looking for her brother.
8. I need my car every day.
9. He sometimes needs my car.
10. She was carrying her bag.

XVI. Preložte do angličtiny:

1. Podelili sa o svoje skúsenosti, myšlienky a pocity.
2. Hľadali zábavu i životnú múdrosť.
3. Písali pomerne rozsiahlu umeleckú literatúru.
4. Vtedy prišli apoštoli viery a vzdelania.
5. Už od deviateho storočia sme mali vlastné písmo.
6. Slovenský jazyk nemal priaznivé podmienky na svoj rozvoj.
7. Stredoškoláci už poznajú najvýznamnejšie diela svetovej literatúry.
8. Mnohí čitatelia majú radi cestopisy a literatúru faktu.

XVII. Odpovedzte:

1. Na čo ľudia potrebujú knihy?
2. Odkedy mali predkovia Slovákov svoje písmo?
3. Kto ho priniesol?
4. Kedy pokrstili predkov Slovákov?
5. Ako dlho trvala Veľkomoravská ríša?
6. Kedy sa rozpadla Veľkomoravská ríša?
7. Bolo potom Slovensko samostatné?
8. Študujú slovenskí študenti svetovú literatúru?
9. Vydáva sa v súčasnosti na Slovensku veľa umeleckej literatúry?
10. Aké žánre sú teraz obľúbené na Slovensku?
11. Aké žánre teraz letia v USA/Kanade...?
12. Aké žánre máte radi?

XVIII. Preložte do slovenčiny:

1. I do not know what literature they read.
2. We have been good friends for a long time.
3. They recorded our speech.
4. Your literature gained international recognition.
5. I usually read Slovak literature in translation.
6. Their level of education was always high.
7. Each period has its own tastes.
8. Their destiny was not sad.

XIX. Write down questions that you could ask your friend about his or her reading habits and preferences.

XIX. Write down and perform the following dialogues:

a) You are at a book store. You would like a Slovak-English Dictionary, a guide book of Slovakia in English and some books in Slovak - you are not sure what actually. The attendant is patiently giving you various questions trying to help you decide what kind of books you might like to get.

b) You are at a car-repair shop. You are telling Mr. Novák, the attendant, that they repaired your car last week, you paid a lot of money, and now it has broken down again. The attendant apologizes. You are asking him to repair it very quickly because you need it for tomorrow.

---

vydavateľstvo, -a; -á, vydavateľstiev *N* publishing house
vysoká škola university level school
výstava, -y; -y, výstav *F* exhibition
vystupovať, -ujem, -ujú *NP* to perform
výtvarný *Adj* pertaining to visual art(s)
významný significant, outstanding
vzdelanie, -ia *(usually only Sg) N* education
vzdelanosť, -ti *(only Sg) F* level of education
zábava, -y; -y, zábav *F* enjoyment, fun
zahraničie, -ia *(only Sg) N* foreign country/countries;
  v zahraničí abroad
základný *Adj* basic
zámok, -mku; -mky, -mkov *M* chateau
zapísať, zapíšem, zapíšu *P + Acc* to record in writing
zatiaľ in the meanwhile, during that time
zážitok, -tku; -tky, -tkov *M* experience
zbierka, -y; -y, -ok *F* collection
zbierka básní collection of poems
zbierka poviedok collection of short stories
získať si, -am si, -ajú si *P + Acc* to gain, to achieve
žáner, -nru; -nre, -nrov *M* genre
životný *Adj* pertaining to life
životopis, -u; -y, -ov *M* biography

XX. What would the characters in the following pictures say?

XXI. Naučte sa porekadlo:

*Kto rýchlo dáva,
dvakrát dáva.*

(A stitch in time saves nine.)

XXII. Naučte sa spievať pieseň: ▶

Aká si mi krásna

text: Peter Bella - Horal
hudba: Eugen Suchoň

Aká si mi krásna, aká si mi krásna, ty rodná zem moja, ty rodná zem moja!
Krásne i tie hory, krásne i tie hory, čo vôkol teba stoja, stoja, stoja,
krásne je i nebo nad tými horami:
žehnám ťa, vítam ťa vďačnými slzami,
žehnám ťa, vítam ťa vďačnými slzami.

13. lekcia

Hľadáme na mape

LEVOČA

KOŠICE

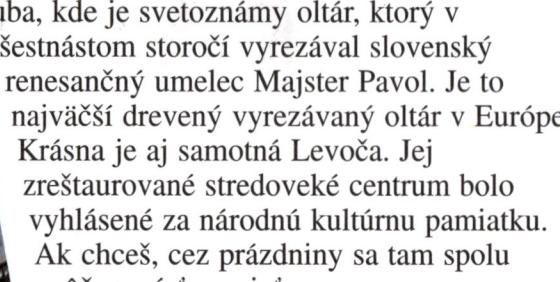

Peter: Pozri, Mária, toto je tá moja nová mapa Slovenska.
Mária: Ukáž! Je veľmi podrobná a celkom nová, tohoročná.
Peter: Kúpil som si ju, lebo som mal len starú a malú, kde bolo iba niekoľko miest. Pozrime sa, kde je Levoča, ty to určite vieš.
Mária: Áno, Levoča je tu na severovýchodnom Slovensku. Je tam Kostol svätého Jakuba, kde je svetoznámy oltár, ktorý v šestnástom storočí vyrezával slovenský renesančný umelec Majster Pavol. Je to najväčší drevený vyrezávaný oltár v Európe. Krásna je aj samotná Levoča. Jej zreštaurované stredoveké centrum bolo vyhlásené za národnú kultúrnu pamiatku. Ak chceš, cez prázdniny sa tam spolu môžeme ísť pozrieť.
Peter: A kde sú Čičmany? Čítal som, že je tam zaujímavá ľudová architektúra. Videl som aj nejaké obrázky a rád by som tam niekedy šiel.
Mária: Čičmany sú pri Žiline, môžeme tam ísť aj tento víkend. A vieš čo? Ak v lete pôjdeme do Levoče, môžeme ísť aj do Košíc. Býva tam moja teta. Keď ťa zaujíma architektúra, môžeme si tam pozrieť gotickú Katedrálu svätej Alžbety.
Peter: Dobre, len či prázdniny nebudú príliš krátke na všetky tie naše plány?
Mária: A ešte nesmieme zabudnúť – sľúbila som, že ťa vezmem na výlet do Trenčína, pamätáš sa?

SLOVNÍK

ako ... tak aj ... ... as well as ...
Alžbeta, -y; -y, Alžbiet *F* Elizabeth
architektúra, -y; -y, architektúr *F* architecture
audio(-) *Adj* audio
Baltické more the Baltic Sea
beztrestne without any punishment
bohatý *Adj* rich
by *(conditional particle)*
cudzinec, -nca; -nci, -ncov *M* foreigner
cukrová repa sugar beet
cukrový *Adj* pertaining to sugar
časť, -ti; -ti, -tí *F* part
Čierne more the Black Sea

čoho *(Gen of čo)* (of) what
desaťročie, -ia; -ia, -í *N* decade;
  po niekoľko desaťročí for several decades
dispozícia, -ie; -ie, -ií *F* disposal;
  mať k dispozícii to have at one's disposal
dobytok, -tka *(only Sg) M* cattle
drevársky *Adj* wood-processing
drevený wooden
dynamický dynamic
gotický *Adj* gothic
jaskyňa, -ne; -ne; jaskýň *F* cave
hora, -y; -y, hôr *F* mountain
hornatý mountaineous
hra, -y; -y, hier *F* game
hutnícky metallurgic

Slovensko

Slovensko je malá stredoeurópska vnútrozemská krajina. Jeho susedia sú: na severe Poľsko, na západe Česko a Rakúsko, na juhu Maďarsko a na východe Ukrajina. Slovensko má vyše päť miliónov obyvateľov. Väčšina z nich sú Slováci, ale na Slovensku žijú aj Maďari, Rómovia, Ukrajinci, Poliaci, Česi, Rusíni a iné národnosti.

Slovensko je krásna krajina. Nemá more, ale jeho príroda je malebná. Na severe ho ohraničujú Vysoké Tatry, na juhu Dunaj, na západe Malé Karpaty a na východe Vihorlat. Až tretinu územia Slovenska tvoria lesy. Slovensko je hornatá krajina a jeho hory patria do Karpatského pohoria. Mnohé jeho časti sú známe turistické oblasti. Najvyššie sú Vysoké Tatry, ktoré v roku 1994 kandidovali na Zimné olympijské hry, a v centre Slovenska sú Nízke Tatry. Najväčšie nížiny sú Podunajská a Východoslovenská. Slovenské rieky - Dunaj, Váh, Hron, Hornád, Bodrog a ďalšie - tečú na juh do Čierneho mora, len Dunajec na severe tečie do Baltického mora. Na Slovensku sú mnohé jaskyne a liečivé pramene. Slovenské kúpele poskytujú liečenie či možnosti rekreácie pre našich i zahraničných pacientov i turistov.

Slovensko je priemyselno-poľnohospodárska krajina. Je tu predovšetkým strojársky, chemický, hutnícky, drevársky a pivovarnícky priemysel. Poľnohospodárstvo sa orientuje najmä na živočíšnu výrobu - chová sa tu dobytok, ošípané, ovce, kone a hydina. Rozsiahla je však aj rastlinná výroba - pestuje sa obilie, cukrová repa, zemiaky, chmeľ, vinič, ovocie aj zelenina, niekde i tabak.

Žiaľ, mnohé priemyselné oblasti Slovenska majú veľmi znečistené životné prostredie, pretože po niekoľko desaťročí továrne takmer beztrestne vypúšťali škodlivé látky do ovzdušia a znečisťovali aj rieky. Teraz bude zas možno trvať niekoľko desaťročí, kým sa znečistenie odstráni a škody napravia. Slovensko obývajú Slováci už vyše 14 storočí, ale samostatná Slovenská republika vznikla až 1. januára 1993. Ešte nie mnohí cudzinci poznajú krásy Slovenska, jeho bohatú históriu a dynamickú súčasnosť. Slovensko však nosia v srdci nielen tí, ktorí ho obývajú, ale aj mnohí ľudia blízko i ďaleko od jeho hraníc.

---

hranica, -e; -e, hraníc *F* border *(when referring to the borders surrounding a country, in Slovak the plural is used)*
chemický *Adj* chemical
chmeľ, -u *(usually only Sg) M* hops
chovať, -ám, -ajú *NP + Acc* to breed, to deal with animal husbandry
interný internal
Jakub, -a; -ovia, -ov *M* Jacob
jaskyňa, -ne; -ne, jaskýň *F* cave
jazero, -a; -á, jazier *N* lake
kandidovať, -ujem, -ujú *NP (+ na + Acc)* to run for, to be the candidate for
Karpaty, Karpát *Pl* the Carpathians
katedrála, -y; -y, -ál *F* cathedral
kompetenčný *Adj* pertaining to competence or professionalism
kostol, a; -y, -ov *M* church
kôň, koňa; kone, koní *M* horse
krajina, -y; -y, krajín *F* country
krása, -y; -y, krás *F + Gen* the beauty of *(in Slovak often the plural is used when referring to the beauty of a country or countryside)*
kúpele, -ľov *(only Pl)* spa(s)
ľadový *Adj* ice, pertaining to ice
látka, -y; -y, -tok *F* substance
les, -a; -y, -ov *M* forest, wood
liečivý therapeutic
ľudový *Adj* folk
majster, -stra; -stri, -strov *M* maestro, master
malebný picturesque

13
Novinová správa

FIRMA IBM
OTVORILA KOMPETENČNÉ CENTRUM

Firma IBM 9. februára založila v Bratislave medzinárodné Kompetenčné centrum. V centre sú najmodernejšie počítače a najnovší software. Zamestnáva miestnych slovenských odborníkov, ako aj špecialistov z Poľska a Ruska. Má k dispozícii najmodernejšiu audio a videotechniku, ktorá slúži na školenia a prezentácie. Interná sieť ho napája na ďalšie centrá IBM na celom svete, odkiaľ môže získavať najnovšie informácie alebo priamu technickú pomoc.

NIEKTORÉ SLOVENSKÉ MESTÁ

Banská Bystrica, -ej -e *F*
Banská Štiavnica, -ej -e *F*
Bardejov, -a *M*
Bratislava, -y *F*
Brezno, -a *N*
Čadca, -e *F*
Detva, -y *F*
Dunajská Streda, -ej -y *F*
Fiľakovo, -a *N*
Gabčíkovo, -a *N*
Ilava, -y *F*
Komárno, -a *N*
Košice, Košíc *Pl*
Kysucké Nové Mesto, -ého -ého -a *N*
Levoča, -e *F*
Leopoldov, -a *M*
Liptovský Svätý Mikuláš, -ého -ého -a *M*
Lučenec, -nca *M*
Martin, -a *M*
Modra, -y *F*
Mochovce, Mochoviec *Pl*
Myjava, -y *F*
Nitra, -y *F*
Nová Baňa, -ej -e *F*
Nové Zámky, ých -ov *Pl*
Partizánske, -eho *N*
Pezinok, -nka *M*
Piešťany, Piešťan *Pl*
Poprad, -u *M*
Považská Bystrica, -ej -e *F*
Prešov, -a *M*
Prievidza, -e *F*
Rožňava, -y *F*
Ružomberok, -rku *M*
Sládkovičovo, -a *N*
Stupava, -y *F*
Svidník, -a *M*
Trenčín, -a *M*
Trenčianske Teplice, -ych Teplíc *Pl*
Trnava, -y *F*
Zvolen, -a *M*
Žilina, -y *F*

BANSKÁ BYSTRICA
ZVOLEN

Malé Karpaty, Malých Karpát *Pl*   the Little Carpathians
more, -a; -ia, -í *N*   sea
možnosť, -ti; -ti, -tí *F + Gen*   possibility
na celom svete   in the whole world
napájať, -am, -ajú *NP (+ na + Acc)*   to be connecting (to)
napraviť, -ím, -ia *P + Acc*   to put right, to remedy
národná kultúrna pamiatka   national cultural landmark
Nízke Tatry, Nízkych Tatier *Pl*   the Low Tatras
nížina, -y; -y, nížin *F*   the lowlands
nosiť, -ím, -ia *NP + Acc*   to be carrying, to carry;
   nosiť v srdci   to carry in one's heart
oblasť, -ti; -ti, -tí *F*   area
obrázok, -zka; -zky, -zkov *M*   picture (photograph, (little) drawing or reprint of a picture)
obývať, -am, -ajú *NP + Acc*   to inhabit

od *+ Gen*   (away) from
odborník, -a; -ci, -kov *M*   specialist
odstrániť, -im, -ia *P + Acc*   to do away with
ohraničovať, -ujem, -ujú *NP + Acc*   to form the border of
oltár, -a; -e, -ov *M*   altar
Olympijské hry *Pl*   Olympic Games
olympijský   Olympic
orientovať sa, -ujem sa, -ujú sa *NP (+ na + Acc)*   to be oriented (upon)
ošípaná, -ej; -é, -ých *(declined as Adj) F*   pig
ovca, e; -e, oviec *F*   sheep
ovzdušie, -ia *(only Sg) N*   atmosphere
pacient, -a; -i, -ov *M*   patient
pamätať sa, -ám sa, -ajú sa *NP (+ na + Acc)*   to remember, to recall

106 SLOVAK FOR YOU

NIEKOĽKO „NAJ-"

Najvyššia hora na Slovensku je Gerlach alebo Gerlachovský štít (2655 m, t.j. 7965 stôp). Je zaujímavé, že až do 16. storočia bol najvyšší Slavkovský štít, ale znížilo ho zemetrasenie.

Najväčšie a najhlbšie prirodzené jazero je Veľké Hincovo Pleso vo Vysokých Tatrách. Má 182 000 štvorcových metrov a je 53 m (159 stôp) hlboké.

Najdlhšia rieka je Váh (390 km).

Najstaršia známa ľadová jaskyňa v Európe je Dobšinská ľadová jaskyňa.

Najvyšší vodopád je Vysoký vodopád pri Komašove (85 m, t.j. 245 stôp). Druhý najvyšší vodopád je Kmeťov vodopád vo Vysokých Tatrách.

Najvyššie položený hrad je Muráň. Je vo výške 938 m (2814 stôp).

Najväčší zo sto sedemdesiatich slovenských hradov je Spišský hrad - je to aj najväčší hrad v strednej Európe.

3.1 FORMING ADVERBS FROM ADJECTIVES
- Tvorenie prísloviek z prídavných mien

13.1.1 Similarly to English, also in Slovak adjectives often serve as the basis for forming adverbs. In Slovak this is carried out with the help of the suffixes -o, -e, -y:

Adj	Adv suffix	Adv	
rýchly	-o	rýchlo	quickly
pekný	-e	pekne	nicely
pomalý	-y	pomaly	slowly

The predictability of the distribution of these suffixes is rather limited, hence the form of the adverb should preferably be learned by heart.

13.1.2 **-y** is
a) fully predictable with adverbs ending in -ský/cký, e.g. slovenský - slovensky, sympatický - sympaticky;
b) used with some adjectives ending in -lý, e.g. pomalý - pomaly;
but: veselý - veselo.

13.1.3 **-e** is frequent in cases when:
a) the adverb is formed from a participle, e.g. unaviť (to tire) - unavený - unavene (in a tired way);
b) the adjective ends in -ný, e.g. pekný - pekne, zábavný - zábavne;
but: dávny - dávno, rovný (straight) - rovno.

13.1.4 **-o** is frequent in cases when:
a) the adjective ends in -avý, -ivý, -istý, -vý: zaujímavý - zaujímavo, sivý - sivo, mladistvý (youthful) - mladistvo;
b) the adjective ends in -lý, e.g. smelý (brave) - smelo;
but: pomalý - pomaly;
c) the adjective ends in -ký (but not -ský/cký; see 13.1.2), e.g. ďaleký - ďaleko, sladký - sladko;
but: slovenský - slovensky, umelecký - umelecky;
d) the edjective ends in -tý, e.g. žltý - žlto, bohatý - bohato.

13.1.5 With a number of adverbs both -e or -o can be used, e.g. rýchle/rýchlo, dôležite/dôležito, umele/umelo (artificially).

13.1.6 As the predictability of the suffixes for forming adverbs from adjectives is both rather limited and rather non-transparent, it is not advisable to attempt to form the adverbs, but their form should be learned from the dictionary, e.g. dobrý - dobre, mladý - mlado.

---

pamiatka, -y; -y, -tok *F* landmark; souvenir
pes, psa; psi/psy, psov *M* dog
pivovarnícky *Adj* pertaining to breweries, beer-producing
plán, -u; -y, -ov *M* plan
pleso, -a; -á, plies *N* moraine lake
počítať, -am, -ajú *NP + Acc* to count sth
podrobný detailed
podunajský *Adj* Danubian, pertaining to the area along the Danube
pohorie, -ia; -ia, -í *N* mountain range
poľnohospodársky agricultural
poľnohospodárstvo, -a *(usually only Sg) N* agriculture
položený *Adj* located, situated
poskytovať, -ujem, -ujú *NP + Acc + pre + Acc* to offer, to provide sth for
prameň, -a; -ne, -ov *M* (mineral or thermal) spring

prezentácia, -ie; -ie, -ií *F* presentation
priamy *Adj* direct
priemyselno-poľnohospodársky industrial-agricultural
priemyselný industrial
prirodzený natural, not man-made
prostredie, -ia; -ia, -í *N* environment
rastlinná výroba crop production and horticulture
rastlinný *Adj* pertaining to plants
rekreácia, -ie; -ie, -ií *F* holiday making
renesančný *Adj* pertaining to renaissance
repa, -y; -y, riep *F* beet
rieka, -y; -y, riek *F* river
Róm, -a; -ovia, -ov *M* Romani, Gypsy
rozsiahly extensive
Rusín, -a; -i, -ov *M* Ruthenian

13.2 DEGREES OF COMPARISON OF ADVERBS
- Stupňovanie prísloviek

13.2.1 Adverbs ending in *-o, -e, -y* can form degrees of comparison. These are formed in a regular or irregular way, in both cases containing:

Basic Form	Comparative	Superlative
-o/-y	-šie	naj- -šie
veselo	veselšie	najveselšie
pomaly	pomalšie	najpomalšie
-o/-e-/y	-ejšie	naj- -ejšie
rýchlo	rýchlejšie	najrýchlejšie
prekvapene	prekvapenejšie	najprekvapenejšie
priateľsky	priateľskejšie	najpriateľskejšie

As you will note, the endings of degrees of comparison correspond to those of Neuter Sg or to Pl of degrees of comparison of adjectives.

13.2.2 With adverbs ending in *-o/-y* the distribution of *-šie* and *-ejšie* is analogous to the situation with adjectives (see 12.2.3 and 12.2.4), e.g.:
novšie, najnovšie; šťastnejšie, najšťastnejšie.

13.2.3 Adverbs ending in *-e* as a rule form the degrees of comparison with the ending *-ejšie*, e.g.
prekvapenejšie.

13.3.4 The changes of the word root that occur in adjectives (see 12.2.3 b) analogously occur also in adverbs, e.g.
krátko - kratšie, vysoko - vyššie, nízko - nižšie.

13.2.5 The degrees of comparison of the following adverbs (some of them not ending in *-o, -e, -y*) are formed irregularly:

dobre	lepšie	najlepšie
zle	horšie	najhoršie
pekne/krásne	krajšie	najkrajšie
ďaleko	ďalej	najďalej
málo	menej	najmenej
mnoho/veľa/veľmi	viac	najviac
skoro	skôr	najskôr

13.2.6 The predicative *rád, -a, -o; -i/-y* can also form degrees of comparison, these being similar to the forms of *ďaleko* and *málo*, i.e.

rád, -a, -o; -i/-y	radšej	najradšej

13.2.7 When making comparisons, as the equivalent of the English *than* Slovak uses ako or než (cf. with comparison of adjectives in 12.2.6), e.g.

On varí lepšie ako/než ja.	He cooks better than I do.
Jeho auto ide rýchlejšie ako/než moje.	His car goes faster than mine.
Otec hovorí po anglicky lepšie ako/než mama.	Father speaks English better than mother does.

Note that the verb is not repeated after the second item compared.

13.2.8 When making parallel comparisons of the type *the more ... the better*, Slovak, similarly to the situation with adjectives (see 12.2.7) uses

čím ...., tým...............
Čím skôr prídeš, tým lepšie. - The sooner you come, the better.

13.3 CONDITIONAL MOOD
- Podmieňovací spôsob

13.3.1 In Slovak the present conditional is formed by means of the conditional particle *by* and the past tense form of the verb, i.e. the conjugated *byť* and the *-l* form of the verb, i.e.

by + conjugated *byť* + ...-l(a/o/i)
Ja by som išiel domov.   (I would go home.)
Išiel by som domov.   „

By takes the second syntactic place (slot), and then comes the conjugated *byť*. If *sa* or *si* are present, they come after the conjugated *byť*, e.g.

Ja by som si kúpil slovník.	(I would buy a dictionary)
Kúpil by som si slovník.	„
Vy by ste sa išli učiť?	(You would go to study?)
Išli by ste sa učiť?	„

(Unless differentiated by stress and intonation, the above pairs of sentences with and without the pronoun as subject have basically the same meaning.) The present conditional expresses the so-called real condition, i.e. what could possibly happen.

---

samotný, -á, -é *Adj* itself *(it precedes the modified noun:* samotná Levoča - *Levoča itself)*
severovýchodný north-eastern;
  na severovýchodnom Slovensku in north-eastern Slovakia
sieť, -te; -te, -tí *F* network
sľúbiť, -im, -ia *P + Acc* to promise
slúžiť, -i, -ia *NP (+ na + Acc + pre + Acc)* to serve (for sth for sb)
software, -ru; -ry, -rov *M* software
stopa, -y; -y, stôp *F (measure of length)* foot
stredoeurópsky Central European
strojársky *Adj* pertaining to machine engineering
sused, -a; -ia, -ov *M* neighbour
svätý *Adj* saint
svetoznámy *Adj* world-renowned
škoda, -y; -y, škôd *F* damage

školenie, -ia; -ia, -í *N* briefing, training
špecialista, -u; -i, -ov *M* specialist
štít, -u; -y, -ov *M* peak
štvorcový *Adj* square
tabak, -u *(usually only Sg) M* tobacco
technický technological, technical
technika, -y; -y, techník *F* technology, technical equipment
tiecť, tečie *(no 1st and 2nd Pers Sg or Pl)*, tečú; *Past* tiekol
  NP (+ do + Acc) to flow (into)
tohtoročný *Adj* pertaining to this year, this year's
továreň, -me; -me, -mí *F* factory
tretina, -y; -y, tretín *F* (one) third
turista, -u; -i, -ov *M* tourist
turistický *Adj* tourist
tvoriť, -ím, -ia *NP + Acc* to form, to be formed by

13.3.2 In Slovak there also exists the past conditional the form of which is basically the same as that of the present conditional, but, in addition, it contains *bol, -a, -o; -i*, i.e. the past tense of *byť*, e.g.

Ja by som bol čítal. (I would have read.)
Potom by som bol čítal. (Then I would have read.)
Bol by som čítal. (I would have read.)

When the subject is present, or the sentence is introduced by an adverb, *bol* is placed after the conjugated *byť*, otherwise it takes the initial position. The past conditional expresses the so-called unreal condition, i.e. something that could have happened but did not.

13.4 CONDITIONAL SENTENCES
- Podmieňovacie súvetia

13.4.1 Just as in English, Slovak conditional sentences referring to the present or future real condition can also be formed without the conditional mood itself, only with the help of the conjunctions *ak* (if) or *keď* (when). The verbs are in the present or future tense in the sentence with the conditional conjunction and in the future tense (for future tense see 14.2) in the other sentence, e.g.

Ak/Keď potrebuješ tú knihu, prinesiem ju.
(If you need that book I will bring it.)
Ak/Keď chceš, budem tam.
(If you want (me to), I will be there.)
Ak/Keď budeš chcieť, budem šoférovať.
(If you would like me to, I will drive.)

13.4.2 Conditional sentences expressing real condition can also use the conditional mood, and then they have the following structure:

Ay/Keby + byť + Subj +....-l +Obj, ...-l + by + byť + Obj
Ay/Keby si (ty) chcel tú knihu, priniesol by som ju.

Ay/Keby + byť + Subj +Obj, +...-l Subj + by + byť + Obj +...-l
Ay/Keby si (ty) tú knihu chcel, ja by som ju priniesol.

(If you needed that book, I would bring it (to you).)

13.4.3 Conditional sentences expressing unreal conditions have the following structure:

Keby + byť + Subject + bol + ...-l, + Obj bol + by + byť + ...-l
Keby si (ty) bol chcel tú knihu, bol by som ju priniesol.
(If you had needed that book, I would have brought it for you.)
Keby som to bol vedel, nebol by som tam šiel.
(If I had known about it, I would not have gone there.)

In unreal conditional sentences *bol* comes before the *-l* form in the first clause and it introduces the second clause if the subject or an adverb are not present in it; if they are present, *bol* comes before the *-l* form. The *-l* form is placed at the end of the sentence.

13.4.4 Similarly to the situation in English, in all types of conditional sentences the order of the clauses can be reversed, e.g.

Ak chceš, opravím to. Opravím to, ak chceš.
(If you want me to, I will repair it. I will repair it if you want me to.)

13.5 SA AS AN IMPERSONAL OR PASSIVE REFLEXIVE FORMANT
- Sa ako neosobný alebo pasívny zvratný formant

13.5.0 So far we have met *sa* as:
a) a reflexive formant (or pronoun), e.g.
naučím sa (I will learn, literally „I will teach myself");
b) a rather desemantized formant as part of the form of the verb, e.g.
pýtam sa (I am asking);
c) a formant expressing reciprocal activity, e.g.
rozprávať sa (to speak with each other) as against *rozprávať* (to speak).

13.5.1 In addition, sa can be used to form impersonal passive statements, e.g.
literatúra sa písala (literature was written), *odstráni sa* (will be removed), *orientuje sa* (is oriented). Hence e.g. the translation of the English

it must be done	is:	musí sa to urobiť
it is written there	„ :	píše sa tam
vine is grown there	„ :	pestuje sa tam vinič

13.5.2 Sa can also be used to translate English impersonal statements or general statements containing *one* or *you*, e.g.

that is not supposed to be done	to sa nerobí
one should not forget about it	na to sa nesmie zabudnúť
you do not eat that fruit	to ovocie sa neje

územie, -ia; -ia, -í *N* territory
videotechnika, -y; -y, videotechník *F* video-technology, video technical equipment
Vihorlat, -u *M* the Vihorlat (mountain)
vinič, -a; -e, -ov *M* vine
vnútrozemský landlocked
vodopád, -u; -y, -ov *M* waterfall
vyhlásený *Adj* declared
vyhlásiť, -im, -ia *P + Acc* to declare
východoslovenský East Slovak
vypúšťať, -am, -ajú *NP + Acc* to be letting out, to be emitting
vyrezávať, -am, -ajú *NP + Acc* to carve
výroba, -y; -y, výrob *F* production
Vysoké Tatry, Vysokých Tatier *Pl* the High Tatras
výška, -y; -y, výšok *F* altitude

13.5.3 *Sa* takes its usual second syntactic position (slot), unless preceded by *by*, e.g.

> študovala by sa tam matematika (mathematics would be studied there).

13.6 ADJECTIVES PERTAINING TO NATIONALITIES
- Prídavné mená týkajúce sa národností

13.6.1 Related to names of countries (see 8.3) and names of members of nationalities (see 9.5) are the respective adjectives.

13.6.2 Adjectives pertaining to nationalities are formed in the following ways (only the masculine form is stated):
  a) If the name of the country ends in -sko/cko, the final -o in it is dropped and replaced by the adjectival endings -ý/y, e.g.
  Slovensko - slovenský, Anglicko - anglický, Francúzsko - francúzsky.
  b) If the name of the country ends in -a, -ia, these are dropped and -ský is added in all cases except when the ending is preceded by -k- when -cký is added, e.g.
  Európa - európsky, Kanada - kanadský, Amerika - americký.
  c) If the name of the country does not end in -sko/cko or -(i)a, the ending -ský is added, e.g.
  Senegal - senegalský, Jemen - jemenský.
  Some changes of the final consonants can occur, e.g. *Kongo - konžský* (for those check the forms in a dictionary).

13.6.3 Note that while the name of the country is capitalized, the relevant adjective, in contrast to English, is not capitalized in Slovak, e.g.
American literature - *americká literatúra*
Slovak student - *slovenský študent.*
The adjective pertaining to nationality is capitalized only when it is the initial word in a proper name, e.g.
Slovak Republic - *Slovenská republika,* but United States of America - *Spojené štáty americké.*

13.7 ADVERBS PERTAINING TO LANGUAGES
- Príslovky vyjadrujúce, v akej reči

13.7.1 Adverbs pertaining to languages are formed from the respective adjectives by dropping the final vowel and adding -y, and they are preceded by *po,* e.g.

> *po anglicky* ((in) English), *po slovensky* ((in) Slovak),
> *po čínsky* ((in) Chinese), *po nemecky* ((in) German).

The types of phrases in which they occur can be exemplified by the following sentences:

Ako hovoria? Po francúzsky.	What are they speaking? French. In what language are they speaking? In French.
Neviem hovoriť po čínsky.	I cannot speak Chinese.
Rozumiete po japonsky?	Can you understand Japanese?
Povedal to po španielsky.	He said it in Spanish.

13.7.2 As you have noted, adverbs pertaining to languages are not capitalized, e.g.
po slovensky, po anglicky.

CVIČENIA

I. Odpovedzte:
1. Čo si Peter kúpil?
2. Prečo?
3. Aké mestá chce navštíviť?
4. Aká národná kultúrna pamiatka je v Levoči?
5. Čo svetoznáme je v Levoči?
6. Čo zaujímavé majú Čičmany?
7. Prečo chce Mária, aby navštívili Košice?
8. Na aký výlet ešte chce vziať Petra?

II. Ukážte na mape Slovenska:
a) Čičmany, Levoču, Žilinu, Košice, Trenčín;
b) ďalšie slovenské mestá, ktoré sú na strane 106

III. Odpovedzte:
1. Aké slovenské mestá ste už navštívili?
2. Čo je tam zaujímavé?
3. Navštívili ste už niektoré slovenské pohoria?
4. Navštívili ste už vy alebo vaši rodičia niektoré slovenské kúpele?
5. Boli ste už niekedy v jaskyni? Kde?
6. Má Slovensko more?
7. Sú na Slovensku nejaké lesy?
8. Aký priemysel je na Slovensku?
9. Čo sa pestuje na Slovensku?
10. Je životné prostredie všade na Slovensku zdravé?
11. Sú Slováci mladý národ?
12. Ako dlho obývajú Slováci Slovensko?
13. Kedy vznikla Slovenská republika?
14. Kto sú susedia Slovenska?
15. Aké národnosti žijú na Slovensku?

vzniknúť, -ne *(no 1st or 2nd Pers Sg or Pl)*, -nú; *Past* vznikol *P* to arise
zabudnúť, -dnem, -dnú; *Past* zabudol *P (+ na + Acc)* to forget
založiť, -ím, -ia *P + Acc* to found, to establish
zamestnávať, -am, -ajú *NP + Acc* to be employing, to employ
zaujímať, -am, -ajú *NP + Acc* to be of interest to; to be interested in; **zaujíma ho architektúra** he is interested in architecture
zemetrasenie, -nia; -nia, -ní *N* earthquake

IV. Answer by using complete sentences:

Kto z vašej rodiny:
1. vie najlepšie variť 2. vie najkrajšie písať 3. vie najlepšie pracovať na počítači 4. vie najlepšie po slovensky 5. pije najviac piva 6. má najviac peňazí 7. najrýchlejšie chodí autom 8. chodí najviac autobusom 9. cestuje najviac lietadlom 10. najviac pracuje 11. najradšej chodí na bicykli 12. má najväčšie šťastie 13. má najviac detí 14. má najväčší byt alebo dom 15. vie najlepšie spievať 16. je najkrajší 17. je najpríjemnejší 18. je najšikovnejší 19. je najhorší 20. je najmladší 21. je najstarší 22. je najmúdrejší 23. je najtučnejší 24. je najhlučnejší 25. je najsympatickejší 26. je najzábavnejší?

V. Odpovedzte:

1. Čo robíte doma najradšej?
2. Čo viete robiť najrýchlejšie?
3. Čo najčastejšie jete?
4. Čoho máte najmenej?
5. Aký obchod máte najbližšie?
6. Čo kupujete najčastejšie?
7. Čo najčastejšie pijete?
8. Čo máte bližšie - bankomat alebo banku?
9. Kedy sa máte najhoršie?
10. Koho vidíte častejšie - svoju rodinu alebo svojich kolegov a kolegyne?
11. Čo máte radšej - zimu alebo leto?
12. Ako chodíte častejšie - autom alebo autobusom?
13. Ako viete lepšie - po anglicky alebo po slovensky?
14. Čo myslíte, kde na svete je najlepšie?

VI. Preložte do slovenčiny:

1. You must do it quickly.
2. We do not live very far.
3. Could you do it better?
4. Ján is studying more than Jozef.
5. Our car goes faster than yours.
6. They are living more comfortably than we are.
7. We bought it cheaper.
8. Unfortunately, Slovaks smoke more than Americans do.
9. Our daughter studies better than theirs.
10. He spoke in the most interesting way.
11. They brought the most modern technology.
12. It is their newest company.
13. They employ the best Slovak specialists.
14. The information network serves for direct technical assistance.
15. We have at our disposal the most recent (newest) information.

VII. Odpovedzte:

Máte telefón? Máte fax? Máte e-mail? Ak áno:
Čo používate najčastejšie?
Za čo najviac platíte?
Čo je najlacnejšie?
Čo vám (to you) najviac pomáha?
Čo vám robí väčšie problémy?
Čo vám dáva najviac informácií?
Chodíte na služobné cesty?
Nosíte si svoj počítač?

VIII. Odpovedzte:

1. Ako sa volá najvyššie slovenské pohorie?
2. Kde je?
3. Je na Slovensku viac nížin alebo pohorí?
4. Kde sú najväčšie nížiny?
5. Tečú všetky slovenské rieky na juh?
6. Sú rieky na Slovensku znečistené?
7. Kto do nich vypúšťa škodlivé látky?
8. Poznáte nejaké slovenské mestá, kde sú veľké elektrárne?
9. Poznáte nejaké hrady alebo zámky?
10. Bývajú na Slovensku nejakí vaši príbuzní?
11. Kde bývajú?

---

získavať, -am, -ajú *NP + Acc*   to be acquiring
známy   (well-)known
znečistený   polluted
znečistiť, -ím, -ia *P + Acc*   to pollute
znečisťovať, -ujem, -ujú *NP*   to be polluting
znížiť, -i, -ia *P + Acc*   to lower sth
zreštaurovaný   restored
zreštaurovať, -ujem, -ujú *P*   to restore
živočíšna výroba   livestock production
živočíšny *Adj*   pertaining to animals
životné prostredie   (ecological) environment

IX. Fill in the blanks in the following sentences:

1. ..... som mal čas, prišiel by som.
2. ..... budem mať čas, prídem.
3. ..... by si mohol prísť?
4. Keby som ju bol stretol, ... by som sa jej na to opýtal.
5. Vedeli ..... ste mi povedať, kde býva Peter?
6. Kúpil ..... som si tú knihu, keby som mal peniaze.
7. Nešiel by som tam, ... som nemusel.
8. ..... potrebuješ pomoc, povedz mi.
9. Kedy ..... ste nás mohli navštíviť?
10. Ak by ..... mohol ísť autom, veľmi ..... mi to pomohlo.

X. Odpovedzte:

1. Poznáte dobre svoju krajinu?
2. Čo sa vám tam najviac páči?
3. Žijú tam ľudia šťastne?
4. Aké národnosti tam žijú?
5. Aký je tam oficiálny jazyk?
6. Kedy vznikla vaša krajina?
7. Aké sú vaše najvyššie hory?
8. Aká je vaša najdlhšia rieka?
9. Ktoré sú vaše najpriemyselnejšie oblasti?
10. Je vaše životné prostredie zdravé?
11. Kam chodí najviac obyvateľov vašej krajiny na výlety a na prázdniny?
12. Ako tam najčastejšie cestujú?

XI. Preložte do angličtiny:

1. Učia sa tam hovoriť po nemecky.
2. Už sa to musí urobiť.
3. Kúpil som si noviny.
4. Píše sa tam, aké máme problémy.
5. Na Slovensku sa pomaranče nepestujú.
6. Strýko sa prišiel pozrieť, kde bývame.
7. Znečistenie sa musí odstrániť.
8. Kedy sa to musí napísať?
9. Na to sa nesmie zabudnúť.
10. Aké jazyky sa učíte?
11. To sa nesmie robiť.
12. Nemôže sa tam prísť neskoro.
13. Videli sa asi hodinu.
14. Rozprávali sa.
15. Začali sa mať radi.

XII. Preložte do slovenčiny:

1. The sooner you come, the better.
2. The more money he received, the more problems he had.
3. The closer they live, the more often we can visit them.
4. The more often I read Slovak, the better I remember it.
5. The more friends they had, the happier they were.
6. The newer the car you have, the fewer problems you have.
7. The sweeter the cakes are, the worse they are for your health.
8. The longer I knew him, the more I liked him.
9. The sooner we can go there, the better for us.
10. The more often he comes, the more he will get done.

XIII. Change the following phrases into adjectival ones.

Príklad: *Čína - bicykel - čínsky bicykel*
Kanada - hokej, Mexiko - pieseň, Japonsko - gejša, India - oceán, Francúzsko - koňak, Anglicko - futbal, Slovensko - kultúra, Škótsko - whisky, Holandsko - poľnohospodárstvo, Tibet - pohoria, Maďarsko - guláš, Taliansko - umenie, Európa - únia, Egypt - pyramídy, Írsko - more, Vietnam - konflikt, Čechy - pivo, Rusko - auto, Amerika - život, Švédsko - diplomat, Švajčiarsko - banka, Grécko - história

XIV. Odpovedzte:

1. Ako viete hovoriť? Ako rozumiete?
2. Ako vie hovoriť váš/vaša: otec, matka, syn, dcéra, brat, sestra?
3. Ako hovoria ľudia vo Švajčiarsku?
4. Ako hovoria ľudia v Kanade?
5. Ako hovoria delegáti v OSN (v Organizácii spojených národov - UNO)?
6. Ako vedia hovoriť Američania?
7. Ako hovoria ľudia v Bratislave?

XV. Opýtajte sa priateľa/priateľky, čo by robil/a:

1. if (s)he had a million crowns;
2. if (s)he had 10 children;
3. if (s)he had a castle.
   Odpoveď napíšte.

XVI. Prečítajte si:

Bohatá pani poslala svojho psa študovať do školy.
Po mesiaci sa ho pýta:
Pani: Bobinko, ako sa ti páči škola?
Pes : Hav, hav.
Pani: Vieš už písať?
Pes : Hav, hav.
Pani: A vieš už aj počítať?
Pes : Hav, hav.
Pani: A koľko je toto (*ukázala tri prsty*)?
Pes : Hav, hav, hav.
Pani: A vieš už aj nejaký cudzí jazyk?
Pes : Mňau, mňau.

XVII. Čo by mohli povedať tí, čo sú na obrázkoch?

XVIII. Krížovka

Nájdite odpoveď na otázku:
Kto je tvoj najlepší priateľ?

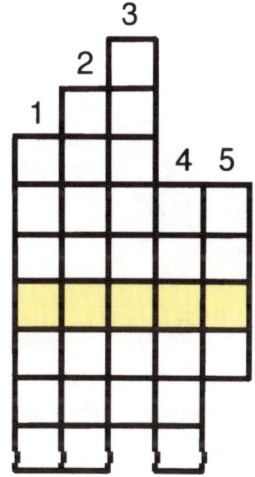

1 cave
2 technology
3 harmful
4 rich
5 castle

XIX. Naučte sa porekadlo:

*Ako sa do hory volá,
tak sa z hory ozýva.*

(What goes around, comes around.)

XX. Naučte sa spievať pieseň:

Po nábreží koník beží

Po nábreží koník beží, koník vraný,
šuhajíček maľovaný?
Skadiaľ som, stadiaľ som,
Slovenstva syn verný som,
duša moja.

2. A pod lipkou a nad lipkou iskieročka,
skadeže si, moja milá frajerôčka?
Skadiaľ som, stadiaľ som,
slovenského rodu som,
duša moja!

3. Z tej jedličky dve hrdličky na tú lúčku,
ja som Slovák, ty Slovenka, daj mi rúčku!
Rúčku ti podávam,
tebe verná zostávam,
duša moja!

SLOVAK FOR YOU

14. lekcia

Korešpondencia

Bratislava 15. novembra

Drahá mamička a ocko,

srdečne Vás pozdravujem. Do Bratislavy sme pricestovali dobre, len sme boli dosť unavení, lebo vo vlaku sme ani trochu nespali. Dnes sa mi vôbec nechcelo vstávať. U vás v Žiline sme sa mali veľmi dobre, vďaka za všetko. Pozdravujte od nás starých rodičov – fajn, že nás prišli pozrieť aj oni.

Tak už zas študujeme. Ale myslíme aj na kultúru. Ako vieš, Peter sa tiež zaujíma o divadlo, a tak v sobotu pôjdeme na operu. Hlavné úlohy budú spievať Peter Dvorský a Sergej Kopčak, tak už sa veľmi tešíme. V činohre by sme chceli vidieť jednu novú hru. Je to komédia a má výborné obsadenie, hrajú tam naši najlepší herci a herečky a má veľký úspech. Keď na jar budeš mať dovolenku, mali by ste si ju tiež prísť pozrieť. Podľa toho, čo sme počuli, určite sa po celý čas budeš smiať a dobre sa zabavíš. Nová scéna dáva dobrý muzikál, my sme ho videli pred mesiacom, aj ten by ste mali vidieť. Len mi dajte vopred vedieť, kedy prídete, aby som Vám kúpila lístky, lebo sú často vypredané. Radi by sme išli aj na džezový festival a na Bratislavské hudobné slávnosti, ak dostaneme lístky.

Cez semester na šport človek nemá veľa času, ale chodím aspoň plávať a behať. A na jar budem môcť zas hrať tenis.

Zajtra pôjdem na večierok. Moja kamarátka Elena má narodeniny a pripravuje oslavu u nich doma. Ešte jej musím kúpiť darček. Asi tam pôjdem sama, lebo Peter, myslím, ide na basketbalový zápas.

Ako som Vám hovorila, budem mať len tri skúšky a keď aj Peter urobí skúšky, pôjdeme do Levoče a do Košíc. Teta mi písala, že budeme môcť u nej bývať.

Budem končiť, lebo ešte sa mám na zajtra učiť históriu. Povedzte Miškovi, nech nechodí stále na bicykli, ale radšej nech sa učí, aby mal dobré vysvedčenie.

Takže ahojte a majte sa dobre. Ak by ste mi náhodou chceli poslať nejaké peniaze, neváhajte – určite sa zídu.

Objíma a bozkáva Vás Vaša

Maja

P.S. Pozdravuje Vás aj Peter. Aj on Vám čoskoro napíše list.

Pohľadnice a pozdravy

Z výletu:

> Srdečný pozdrav z výletu vo Vysokých Tatrách Vám posielajú
>
> Mária a Peter
>
> P.S. Počasie je krásne. V Košiciach aj v Levoči bolo fajn. Škoda, že zajtra už ideme späť do Bratislavy.

Na Vianoce:

> Príjemné a požehnané vianočné sviatky Vám zo srdca želá
>
> rodina Krátka

Na Nový rok:

> Šťastný Nový rok, veľa zdravia, spokojnosti a lásky Vám úprimne želajú
>
> Jozef a Eva

Na Veľkú noc:

> Veselé veľkonočné sviatky a dievčatám veľa vody srdečne želajú
>
> dedko a babka

Na narodeniny:

> Srdečne Ti blahoželáme k Tvojim narodeninám a želáme Ti všetko najlepšie.
>
> S láskou
>
> mama a otec

SLOVNÍK

ani not even
ale but, however
basketbalový *Adj* pertaining to basketball
behať, -ám, -ajú *NP* to be running
bezdrôtový cordless
blahoželať, -ám, -ajú *NP (+ Dat + k + Dat)* to congratulate (sb on sth)
bozkávať, -am, -ajú *NP + Acc* to be kissing
často often
človek, -a; ľudia, ľudí *M* one, you *(impersonal generic reference to a person or people in general)*
činohra, -y; -y, -hier *F* drama theatre
čoskoro soon
darček, -a; -y, -ov *M* (small) present
dedko, -a; -ovia, -ov *M (Coll, expresses endearment)* grandpa
distribuovať, -uujem, -uujú *NP + Acc* to distribute
distribútor, -a; -i, -ov *M* distributor
divadlo, -a; -á, divadiel *N* theatre
dobierka, -y; -y, -rok *F* cash on delivery;
  na dobierku (as) cash on delivery mail
dolu uvedený *Adj* hereunder stated
doručený *Adj* delivered
dovoliť, -ím, -ia *P + Dat + Acc* to allow sb sth;
  dovoľte, aby let me
dovolenka, -y; -y, dovoleniek *F* vacation, holidays
drahý *Adj* dear *(used for relatives or close friends)*

SLOVAK FOR YOU

14 Úradné listy

Vážený pane,

dovoľte, aby som Vás poprosil o informáciu. V katalógu Vašej firmy sa píše, že si Vaši zákazníci telefonicky alebo písomne môžu objednať Vaše výrobky.

Chcel by som si objednať Váš bezdrôtový telefón typu T 1, ale neviem, či ich posielate na dobierku, alebo mám poslať peniaze vopred šekom. Prosím, aby ste mi túto informáciu oznámili listom alebo telefonicky na doluuvedenú adresu alebo číslo telefónu. Zároveň prosím, aby ste uviedli, na aký dlhý čas je záruka na Vaše telefóny.

Ďakujem.

S pozdravom

Ján Novák

Chicago, 24. 2. 1996

Milá pani riaditeľka,

srdečne Vás pozdravujem a chcela by som Vás poprosiť o láskavosť. Mám veľký záujem o Slovensko. Veľmi rada by som si kúpila knihu Slovakia - the Heart of Europe, ktorú nedávno vydalo Vaše vydavateľstvo. Bohužiaľ, neviem, kto ju distribuuje a kam mám napísať, ani aká je jej cena a či si ju možno kúpiť aj na dobierku. Bola by som Vám veľmi vďačná, keby ste mi mohli letecky alebo faxom poslať adresu distribútora, cenu knižky a poštovného (v korunách alebo v dolároch) a informáciu, za aký dlhý čas a ako môže byť doručená do USA. Ak je to možné, pošlite mi, prosím, aj formulár objednávky.

Vopred ďakujem a želám všetko najlepšie.

S úctou

Mary Smith

---

džezový *Adj* pertaining to jazz
faxom by fax
herec, -rca; -rci, -rcov *M* actor
herečka, -y; -y, -čiek *F* actress
hrať, -ám, -ajú *NP* to play
hudobné slávnosti music festival
hudobný *Adj* musical
katalóg, -u; -y, -ov *M* catalog
komédia, -ie; -ie, -ií *F* comedy
končiť, -ím, -ia *NP* to be finishing, to finish
korešpondencia, -e *(only Sg) F* correspondence
láskavosť, -ti; -ti, -tí *F* favor
list, -u; -y, -ov *M* letter; **listom** by (a) letter
mamička, -y; -y, -čiek *F (Coll, expresses endearment)* mom, mommy

mať, mám, majú + *Inf NP (+ Acc)* to be expected or obliged to do
Miškovi *Dat* to Miško
muzikál, -u; -y, -ov *M* a musical
náhodou by (some/any) chance
na operu to an opera
napísať, -šem, -šu *P + Acc* to write
nech *(Imper particle for 3rd Pers)* may (he/she/they)
nechce sa mi (+Infinit) I do not feel like (doing sth)
objednávka, -y; -y, -vok *F* order
objímať, -am, -ajú *NP + Acc* to be embracing/hugging
obsadenie, -ia *(only Sg) N (+ Acc)* cast (of a play, etc.)
ocko, -a; -ovia, -ov *M (Coll, expresses endearment)* dad, daddy
od nás from us
oslava, -y; -y, oslláv *F* celebration
oznámiť, -im, -ia *P + Acc + Dat* to announce sth to sb

116 SLOVAK FOR YOU

4.1 PERFECTIVE AND NON-PERFECTIVE VERBS
- Dokonavé a nedokonavé slovesá

14.1.0 Although Slovak verbs have only 3 tenses and no continuous or perfective forms of tenses, they can also express the meaning differences that in English are expressed by the numerous verbal forms. In Slovak the most common means to do so are verbal prefixes or suffixes. Their system is rather complex and often specific with individual verbs and their meanings. Perfectiveness and non-perfectiveness of Slovak verbs will be dealt with here only with regard to its relevance for forming the future tense (see 14.2).

14.1.1 Basically, Slovak verbs are divided into perfective (P) and non-perfective (NP).
  a) Perfective verbs express action or state conceived of as completed or one-time action, e.g.
  napísať (to write), *kúpiť* (to buy), *povedať* (to say).
  b) Non-perfective verbs express a continuing or repetitive action, e.g.
  písať (to be writing, to write), *kupovať* (to be buying, to buy), *hovoriť* (to be speaking, to speak).
  In the vocabulary of this textbook each verb is marked as perfective (P) or non-perfective (NP). This division is relevant for forming the future tense (see 14.2).

14.1.2 Most Slovak verbs differentiate perfectivity and non-perfectivity (and other grammatical and/or semantic features) with the help of prefixes and suffixes, e.g.

Perfective	Non-Perfective
dať	dávať
kúpiť	kupovať
nakúpiť	nakupovať
napísať	písať
uvariť	variť
vypiť (drink up)	piť
vydať	vydávať

The examples can also serve to hint at the complexity of the situation. E.g. with *vypiť* the prefix *vy-* has a perfective function, with *vydávať* this is not the case, as *vy-* occurs in both the perfective and imperfective verb in the meaning of *out*. Similarly *na-* can but does not have to differentiate verbs as to their perfectivity, e.g. it differentiates *napísať* (P) from *písať* (NP), but it occurs with both *nakúpiť* (P) and *nakupovať* (NP). Moreover, the prefixes can carry their own semantic meaning, e.g. *napísať* - to write (down), *odpísať* - to copy, *prepísať* - to rewrite, *pripísať* - to add (in writing), etc.

On the contrary, if suffixes as *-ovať/uj-*, *-ávať/áva-*, etc. are added to a verb, usually, but not always, these denote continuous action or repetitiveness, making the verbs non-perfective, e.g. *kúpiť* (P) vs *kupovať* (NP), but e.g. *potrebovať* (NP) does not have any counterpart without this suffix.

14.1.3 Among the most common perfective prefixes are:

do-	dočítať, dojesť, doniesť
na-	napísať, navariť, napočítať
pri-	pripísať, priniesť, prikúpiť
u-	urobiť, uvariť
vy-	vydať, vypiť, vypísať

However, with each occurrence of the above prefixes with different verbs check in the dictionary whether the verb is or is not perfective (see 14.1.2 above).

14.1.4 Some Slovak verbs occur only as non-perfective verbs. These include modal verbs, e.g. *musieť*, *smieť*, and verbs by their meaning close to modals, e.g. *potrebovať* (see also 14.1.2), *mať* (to be to do sth) (see 14.3).

14.1.4 A small number of Slovak verbs can be both perfective and non-perfective, e.g. *odpovedať* (to answer).

14.2 FUTURE TENSE - Budúci čas

14.2.1 While in English the future tense is formed analytically, i.e. with the help of *will/shall* followed by the infinitive of the verb, e.g. *I will write*, future tense in Slovak is formed in one of the following ways:
  a) by using the present tense of the verb to express future meaning, e.g. *napíšem* (see 14.2.2), or
  b) analytically, with the help of the conjugated *byť*, e.g. *budem písať* (see 14.2.3).
  The choice of these two possibilities depends on whether the verb is

	Infinitive	Future Tense
a) perfective	*napísať*	*napíšem*
b) non-perfective	*písať*	*budem písať*

14.2.2 Slovak perfective verbs have no present tense meaning. Their present tense form expresses a future meaning, e.g.

dám	I will give
napíšu	they will write
prídeme	we will come

---

písomne *Adv* in writing
plaváreň, -rne; -rne, -rní *F* swimming pool
plávať, -am, -ajú NP to swim
po celý čas all the time
podľa + *Acc* by, according to
poprosiť, -ím, -ia P + Acc + o + Acc to ask sb for sth
posielať, -am, -ajú NP + Acc + Dat to be sending sth to sb
poštovné, -ého *(only Sg) N* postage
pozdravovať, -ujem, -ujú NP + Acc to extend or send greetings to
požehnaný blessed
pred + *Instr* before, ago; **pred mesiacom** a month ago
pricestovať, -ujem, -ujú P to arrive (after travelling)
P.S. *(Abbr from Latin)* **post scriptum** *(in correspondence introduces an afterthought)*

radosť, -ti *(only Sg) F* joy
radšej (should) better, preferably
riaditeľ, -ľa; -lia, -ľov *M* director
riaditeľka, -y; -y, riaditeliek *F* female director
s + *Instr* with; **s láskou** with love; **s pozdravom** sincerely *(literally: with a greeting)*
sám, sama, samo, sami alone, by oneself
scéna, -y; -y, scén *F* scene
smiať sa, smejem sa, smejú sa; *Past* smial sa NP to laugh
srdečne cordially *(used in correspondence as English sincerely)*
srdečný *Adj* cordial; **srdečný pozdrav** sincere greetings
s úctou with respects
stále all the time
sviatok, -tku; -tky, -tkov *M* holiday
šek, -u; -y, -ov *M* check; **šekom** by check

The verb *ísť* forms the future tense irregularly, i.e.

pôjdem	pôjdeme
pôjdeš	pôjdete
pôjde	pôjdu

14.2.3 Non-perfective verbs form the future tense analytically, with the help of the conjugated future tense forms of the verb *byť* followed by the infinitive of the particular verb, e.g.

(ja)	budem	písať	(my)	budeme	písať
(ty)	budeš	písať	(vy)	budete	písať
(on)	bude	písať	(oni)	budú	písať
(ona)	„	„	(ony)	„	„
(ono)	„	„			

14.2.4 Verbs which are both perfective and non-perfective, can form the future in both of the above ways, e.g.

odpoviem	budem odpovedať

14.2.5 Negation of forms expressing the future is analogous to the negation of other forms of verbs, e.g.

dám	nedám
pôjdu	nepôjdu
budeš spievať	nebudeš spievať

14.3 *MAŤ* AS A MODAL VERB
- *Mať ako modálne sloveso*

14.3.1 The Slovak verb *mať* can be used as a modal verb, e.g.

mám tam ísť	I am (expected/supposed/obliged) to go there
majú sa učiť	they are „ to study

14.3.2 *Mať* expresses a lower degree of obligation modality than *musieť*. It can also correspond to *should*, e.g.

mám ho navštíviť?	should I visit him?

If it is in the conditional mood, it always corresponds to *should*, e.g

mal by som to urobiť	I should do it

14.4 *ČLOVEK* AS AN INDEFINITE GENERIC REFERENCE
- *Človek ako neurčité všeobecné pomenovanie*

14.4.1 The basic meaning of *človek* is *human being, person*. However, it can also be used as an indefinite generic reference, e.g.

človek nemá čas	one does not have time, you do not have time
človek to musí vidieť	one has to see it, you have to see stand it

14.4.2 It is important to note that to translate a statement like *you do not have time* as (ty) *nemáš čas* can not only be erroneous (it is only used when personal reference is to be expressed), but, in addition, can also be rude if you are not on informal terms with the person, hence, it has to be translated as *človek nemá čas*. Similarly, e.g.

you never know	človek nikdy nevie
you would not expect it	človek by to nečakal

14.5 THE ADVERBIAL PRONOUN *SÁM*
- *Vymedzovacie zámeno sám*

14.5.1 The Slovak pronoun *sám* has gender and number forms analogous to those of *rád*, i.e.

14.5.2 *Sám* and its forms can be used in two functions:
a) To express *alone*, e.g.

pôjdem tam sama	I will go there alone

b) to express *(by) myself, without anybody's help or interference*, e.g.

napísali to sami	they wrote it (by) themselves

14.6 *RADŠEJ*

14.6.1 In Slovak *radšej*, i.e. the comparative degree of *rád*, can be used to express:
a) *to prefer (to do) sth to sth*, e.g.

Radšej plávam ako behám.	I prefer swimming to running.

b) (with *mať*): *to prefer sb/sth (to sb/sth)*, e.g.

Otec má radšej kávu (ako čaj).	Father prefers coffee (to tea.)
Mám radšej strýka ako tetu.	I prefer my uncle to my aunt.

telefonicky *Adv* by/over the telephone
tenis, -u *(only Sg) M* tennis
tešiť sa, -ím sa, -ia sa *NP (+ na + Acc)* to look forward to
typ, -u; -y, -ov *M* type; **typu** of the type
u + *Gen* at (sb's place or home); **u nich (doma)** at their home
úloha, -y; -y, úloh *F* role
úprimne sincerely
úradný *Adj* official
urobiť, -ím, -ia *P* to do, to pass
úspech, -u *(only Sg) M* success; **mať úspech** to be successful, to have success
uviesť, uvediem, uvedú; *Past* uviedol *P + Acc* to state sth
váhať, -am, -ajú *NP* to hesitate
vám (*Dat Of* vy) to/for you
vážený *Adj* respected

c) *(one should) preferably/better*, e.g.

radšej choďte domov	you better go home
radšej cestuj autom	preferably you ought to go by car
radšej by tam nemali ísť	they should better not go there

In such phrases the equivalent of the English modal verb is the Slovak imperative mood or the conditional mood.

d) *(one would) rather, (one would) prefer*, e.g.

radšej by som čítal	I would rather read
radšej by išli autom	they would rather go by car

In these phrases the English conditional mood is parallelled by the Slovak conditional mood.

14.7 NECH AS AN IMPERATIVE PARTICLE
- *Nech ako imperatívna častica*

14.7.1 In Slovak the imperative mood can be formed only in the case of 2nd person singular, 1st person plural and 2nd person plural, e.g. *čítaj, čítajme, čítajte* (see 10.3).

14.7.2 To express the imperative mood with the other persons Slovak uses *nech* and the relevant conjugated form of the verb in the present tense, e.g.

nech napíšem, nech napíše, nech napíšu

i.e. let me write it, let him/her/it write it, let them write it.

14.8 THE STYLE OF CORRESPONDENCE
- *Štýl korešpondencie*

14.8.0 Similarly to English, also in Slovak the style of correspondence has its specific characteristic features, and they often differ from those in English. Let us point out some of the basic linguistic features of Slovak correspondence.

14.8.1 As part of the address to which the correspondence is sent in Slovak we write:
Vážený pán
Vážená pani
Vážená slečna
Vážená rodina
If the person has a title it is usually abbreviated and used in the line before the name, e.g.
Vážený pán
Dr. Pavol Novák
(See also 1.5)

14.8.2 To address the person at the beginning of the letter itself we use:
Vážený/-á/-í - in formal contexts or to a person or to people whom we do not know, e.g.
Vážený pán Veselý,
Vážená pani Veselá,
Vážený pán doktor,
Vážení páni;
Milý/-á/-í - (followed, as above, by the address itself) in neutral or informal contexts;
Drahý/-á/-í - (followed, as above, by the address itself) to family members or to close friends.

14.8.3 The second person pronouns, both personal and possessive, and, of course, also their conjugated forms, are capitalized, e.g.
Ty, Teba, Tvoj, Vy, Vás, Váš, etc.

14.8.4 The typical introductory phrase of a Slovak letter might be:
Srdečne Ťa/Vás pozdravujem or
Posielam Ti/Vám srdečný pozdrav, both meaning I am sending you sincere greetings.
Official letters are often introduced by:
Dovoľte, aby som ..... - Let me .....

14.8.5 The closing phrase in neutral style is usually:
S pozdravom - Sincerely (*literally:* with a greeting)
So srdečným pozdravom - With a sincere (*literally:* cordial*) greeting
In very formal letters we can write:
S úctou - Respectfully (*literally:* with respect*)
In a very affectionate letter to family members or very close friends we can write:
S láskou - With love.
However, the latter is used much less often than the English *Love* and its presence in a letter to just a friend with whom we do not have a very close relationship would sound inappropriate.

14.8.6 If you are requesting some service or favor, usually you would end the letter with
Vopred (Ti/Vám) ďakujem(e) - Your help will be appreciated (*literally*: Thank you in advance.)

---

vďačný (+ *Dat* + za + *Acc*) obliged, thankful (to sb for sth)
vďaka, -y (*only Sg*) (*Coll*) *F* (+ *Dat* + za + *Acc*) thanks (to sb for sth)
večierok, -rka; -rky, -rkov *M* party
Veľká noc Easter
veľkonočný *Adj* pertaining to Easter
Vianoce, Vianoc *Pl* Christmas
vopred in advance
vôbec at all
vstávať, -am, -ajú *NP* to be getting up
výborný excellent
vydať, -ám, -ajú *P* + *Acc* to publish
vypredaný sold out
vysvedčenie, -ia; -ia, -í *N* grades, student record
zákazník, -a; -ci, -kov *M* customer

zápas, -u; -y, -ov *M* match, meet
zároveň at the same time
záruka, -y; -y, záruk *F* warranty
záujem, -jmu; -jmy, -jmov *M* (+ *o* + *Acc*) interest (in);
  mať záujem o to be interested in, to have interest in
zaujímať, -am, -ajú *NP* sa o + *Acc* to be interested in;
  zaujíma sa o divadlo he is interested in theater
zdravie, -ia (*only Sg*) *N* health
zísť sa, zídem sa, zídu sa; *Past* zišiel sa *P* to come in handy
zo srdca cordially
želať, -ám, -ajú *NP* + *Dat* + *Acc* to wish sb sth

14

CVIČENIA

I. Check whether the following verbs are perfective or non-perfective and use the phrases in the future tense in short sentences of your own:

čítať knihu, mať čas, kúpiť ovocie, spievať pieseň, poslať list, posielať peniaze, prosiť brata, poprosiť o pomoc, predať dom, nepredávať auto, vydať noviny, vydávať slovníky, želať šťastie, pricestovať domov, napísať odpoveď, nehrať hlavnú úlohu, urobiť skúšky, pozrieť si hru, vstávať skoro, ísť na večierok, byť zvedavý, prísť ráno, poskytovať informácie, znečistiť ovzdušie, nevypúšťať škodlivé látky, získať si uznanie, poznať literatúru, platiť veľa, rozumieť po slovensky

II. Preložte:

1. They will come tomorrow. 2. They will be here for three days. 3. They will be staying at a hotel. 4. They will visit friends. 5. They will go to the theater. 6. They will travel by taxi. 7. They will talk with friends. 8. They will have business talks. 9. They will make phone calls to the USA. 10. They will go home by plane.

III. Odpovedzte:

1. Kedy píše Mária list rodičom?
2. Koho pozdravuje?
3. Ako Mária a Peter pricestovali do Bratislavy?
4. Bol vlak plný?
5. Spali vo vlaku?
6. Chcelo sa Márii ráno vstávať?
7. Ako sa mali Mária a Peter v Žiline?
8. Majú Peter a Mária aj nejaký iný program ako študovať?
9. Na aké predstavenia chodia?
10. Aké športy ich zaujímajú?
11. Kam pôjde Mária zajtra?
12. Čo ešte musí kúpiť?
13. Kam pôjde Peter zajtra?
14. Koľko skúšok bude mať Peter?
15. Čo sa musí Mária na zajtra učiť?
16. Čo majú jej rodičia povedať Miškovi?
17. Kto im čoskoro tiež napíše list?
18. Bude ten list napísaný po anglicky alebo po slovensky?

IV. Preložte do angličtiny:

1. Príďte sa pozrieť na tú hru.
2. Neváhajte.
3. Dajte mi vopred vedieť.
4. Dávajú výborný muzikál.
5. Máme tam ísť na budúci týždeň.
6. Nepôjde tam sám.
7. Kúpila si si už lístky?
8. Elena pripravuje oslavu narodenín u nich doma.
9. Radšej tam príďte včas.
10. Už bolo vypredané.
11. Objímam vás.
12. Radšej by ste mu to nemali hovoriť.
13. Hlavné úlohy hrajú naši najlepší herci.
14. Musím ešte kúpiť darček.
15. Mali by ste ho vidieť.
16. Kedy budete mať dovolenku?
17. Nech ten list napíšu oni.
18. Človek ho niekedy nerozumie.

V. Odpovedzte:

1. Aké športy vás zaujímajú?
2. O aké krajiny máte záujem? Prečo?
3. Chodíte na výlet radšej autom alebo vlakom?
4. Máte radšej komédie alebo tragédie?
5. Ktorá bola najlepšia hra, akú ste videli?
6. Kedy máte narodeniny?
7. Mali ste oslavu na svoje minulé narodeniny?
8. Bola doma alebo v reštaurácii?
9. Bolo jedlo dobré?
10. Dostali ste veľa darčekov?
11. Aké jedlo ste mali?
12. Spievali ste?
13. Bola spoločnosť príjemná?
14. Kto bol najzábavnejší?
15. Ako dlho ste sa zabávali?

VI. Preložte do slovenčiny tento list:

Dear Mr. Brown,
   Let me ask you for a favour. My wife is very interested in art. Please send us your catalog of pictures and all the necessary information so that we could buy some of your pictures.
      With many thanks,
      Sincerely,

VII. Respond to the following sentences by referring the imperative to the person(s) stated in brackets (use *nech* where necessary).

Príklad: *Napíšte to. (oni) Nech to radšej napíšu oni.*
1. Kúpte tie knihy. *(on)* 2. Pomôžte im. *(vy)* 3. Prečítajte to. *(ona)* 4. Priprav obed. *(vy)* 5. Odpovedz. *(ona)* 6. Spievajte. *(oni)* 7. Príďte večer. *(my)* 8. Otvorte dvere. *(oni)* 9. Choďte na dovolenku. *(ty)* 10. Vezmite si kľúče. *(on)*

VIII. Preložte do angličtiny:

1. Pozdravujte starých rodičov.
2. Posielam Vám srdečný pozdrav.
3. Ten darček nebudem kupovať sama.
4. Synovec má narodeniny na jeseň.
5. Chcela by som poslať nejaké peniaze.
6. Dúfam, že bude mať dobré vysvedčenie.
7. V činohre sme boli pred mesiacom.
8. Obsadenie tej komédie nebolo najlepšie.
9. Zíde sa nám pomoc.

11. Ak tam náhodou pôjdete, vezmite si pas.
12. Chodia aspoň behať a plávať.
13. Chceli vopred vedieť, kde a ako býva.
14. Ich podmienky na šport neboli veľmi priaznivé.
15. Poskytovali pomoc pre podnikateľov.
16. Pamätali sa na ten krásny gotický kostol.
17. Radšej píšem pohľadnice ako listy.
18. Používajú radšej platobnú kartu.

IX. Napíšte pohľadnice:

1. z výletu na hrad
2. z návštevy Levoče
3. z rekreácie v Nízkych Tatrách

X. Peter a Mária čítajú Kam v Bratislave. Čo myslíte, kam pôjdu dnes večer? Kam by ste išli vy?

10. Cestoval/a si sám/sama, alebo išla na dovolenku aj tvoja rodina alebo tvoji priatelia?
11. Akých priateľov máš najradšej?
12. Kedy si najšťastnejší/ia?
13. Čo je pre teba v živote najzaujímavejšie?
14. Čo je pre teba v živote najdôležitejšie?

XII. Napíšte list:

1. to your friend(s) about your visit to Slovakia or another country;
2. to your colleague about your Slovak classes;
3. to your family about your Slovak and/or other friends.

XIII. Odpovedzte, prosím, po slovensky:

1. Kde budete môcť používať slovenčinu?
2. Ako dlho sa človek musí učiť, aby vedel dobre čítať, písať aj hovoriť?
3. Rozumiete, keď ľudia hovoria po slovensky?
4. Telefonovali ste už po slovensky?
5. Rozumiete slovenské rádio?
6. Pozeráte nejaké slovenské programy?
7. Rozumiete slovenské piesne?
8. Napísali ste už po slovensky nejaké listy?
9. Dostali ste už nejaký slovenský list? Kto ho napísal?
10. Ako dlho sa každý deň učíte po slovensky?
11. Čo je v slovenčine pre vás najväčší problém?
12. Čítate nejaké slovenské noviny?
13. Kúpili ste si nejaké slovenské knihy?
14. Máte na Slovensku nejaké obľúbené miesto?
15. Máte nejakých slovenských priateľov alebo priateľky?
16. Čo myslíte, čo je najdôležitejšie pre Slovensko?
17. Aké máte najbližšie plány?

XIV. Naučte sa porekadlo:

V núdzi poznáš priateľa.

(A friend in need is a friend indeed.)

XV. Naučte sa slovenskú štátnu hymnu:

XI. Opýtajte sa svojho priateľa alebo priateľky:

1. Aké ročné obdobie máš najradšej?
2. Aké športy máš najradšej?
3. Aké sú tvoje najobľúbenejšie jedlá?
4. Aké jedlá ješ najčastejšie?
5. Aké jedlá vieš najlepšie variť?
6. Aký program máš najčastejšie cez víkend?
7. Ktorý deň v týždni máš najradšej?
8. Ako najradšej cestuješ?
9. Kde si bol/a na svojej najkrajšej dovolenke?

APPENDIX - DODATKY

1. SPELLING DATA

a) Words Spelled with y - Vybrané slová a slová od nich utvorené

B   by, aby, byť, bystrý, Bystrica, Bytča, byť, nábytok, bydlisko, bývať, príbytok, dobytok, obyčaj, kobyla, býk, bylina, bydlo, byt, dobyť, odbyt
- byť - *to be*
- biť - *to beat*

M   my, mykať, mýliť sa, myslieť, umývať, mydlo, myš, šmýkať sa, hmyz, žmýkať, priemysel, Myjava, mýto, mys
- my - *we*
- mi - *(to) me*

P   pýcha, pýtať sa, pýr, kopyto, prepych, pysk, pykať, pýšiť sa, pytliak
- pysk - *mouth (of an animal)*
- pisk - *the sound of a pipe*

R   ryba, rýchly, ryť, rýpať, hrýzť, kryť, koryto, korytnačka, strýc, ryčať, ryža, bryndza, rys *(1. feature, 2. lynx)*, Korytnica, rýdzi, rýdzik, brýzgať, rytier, trýzniť, rým

S   syn, syr, sýty, sypať, syseľ, syčať, sýkorka, sychravý, vysychať

V   vysoký, zvyk, vy *(you)*, výr, výskať, vyť, vy- *(prefix)*, vyžla *(setter - dog)*
- výr - *eagle-owl*
- vír - *whirl*
- vyť - *to howl*
- viť - *to weave (a wreath)*
- zavíjať - *to enwrap*

Z   jazyk, nazývať, ozývať sa, prezývať, pozývať, vyzývať

-ly/lý   lyko, lysý, lýtko, lyžica, blýskať sa, mlyn, plyn, plytký, vzlykať, slýchať, lyže, pomaly

b) Words Spelled with ä - Písanie ä

päsť, päť, päta, opäť, späť, smäd, bábä, holúbä, žriebä, väčši, vädnúť, vaz, obväz, zväz, hovädo, nevädza, svätý, deväť, väzeň

2. DECLENSION PATTERNS - Vzory skloňovania

a) NOUNS - Podstatné mená

Masculine

Sg	Nom		chlap		hrdina		dub		stroj
	Gen		chlapa		hrdinu		duba		stroja
	Dat		chlapovi		hrdinovi		dubu		stroju
	Acc		chlapa		hrdinu		dub		stroj
	Loc	(o)	chlapovi	(o)	hrdinovi	(o)	dube	(o)	stroji
	Instr		chlapom		hrdinom		dubom		strojom
Pl	Nom		chlapi		hrdinovia		duby		stroje
	Gen		chlapov		hrdinov		dubov		strojov
	Dat		chlapom		hrdinom		dubom		strojom
	Acc		chlapov		hrdinov		duby		stroje
	Loc	(o)	chlapoch	(o)	hrdinoch	(o)	duboch	(o)	strojoch
	Instr		chlapmi		hrdinami		dubmi		strojmi

Feminine

Sg	Nom		žena		ulica		dlaň		kosť
	Gen		ženy		ulice		dlane		kosti
	Dat		žene		ulici		dlani		kosti
	Acc		ženu		ulicu		dlaň		kosť
	Loc	(o)	žene	(o)	ulici	(o)	dlani	(o)	kosti
	Instr		ženou		ulicou		dlaňou		kosťou
Pl	Nom		ženy		ulice		dlane		kosti
	Gen		žien		ulíc		dlaní		kostí
	Dat		ženám		uliciam		dlaniam		kostiam
	Acc		ženy		ulice		dlane		kosti
	Loc	(o)	ženách	(o)	uliciach	(o)	dlaniach	(o)	kostiach
	Instr		ženami		ulicami		dlaňami		kosťami

Neuter

Sg	Nom	mesto	srdce	vysvedčenie	dievča
	Gen	mesta	srdca	vysvedčenia	dievčaťa
	Dat	mestu	srdcu	vysvedčeniu	dievčaťu
	Acc	mesto	srdce	vysvedčenie	dievča
	Loc	(o) meste	(o) srdci	(o) vysvedčení	(o) dievčati
	Instr	mestom	srdcom	vysvedčením	dievčaťom
Pl	Nom	mestá	srdcia	vysvedčenia	dievčatá
	Gen	miest	sŕdc	vysvedčení	dievčat
	Dat	mestám	srdciam	vysvedčeniam	dievčatám
	Acc	mestá	srdcia	vysvedčenia	dievčatá
	Loc	(o) mestách	(o) srdciach	(o) vysvedčeniach	(o) dievčatách
	Instr	mestami	srdcami	vysvedčeniami	dievčatami

b) ADJECTIVES - Prídavné mená

		M	F	N	M	F	N
Sg	Nom	pekný	pekná	pekné	cudzí	cudzia	cudzie
	Gen	pekného	peknej	pekného	cudzieho	cudzej	cudzieho
	Dat	peknému	peknej	peknému	cudziemu	cudzej	cudziemu
	Acc +Anim	pekného	peknú	pekné	cudzieho	cudziu	cudzie
	−Anim	pekný			cudzí		
	Loc	(o) peknom	(o) peknej	(o) peknom	(o) cudzom	(o) cudzej	(o) cudzom
	Instr	pekným	peknou	pekným	cudzím	cudzou	cudzím
Pl	Nom +Anim	pekní	pekné	pekné	cudzí	cudzie	cudzie
	−Anim	pekné	cudzie				
	Gen	pekných	pekných	pekných	cudzích	cudzích	cudzích
	Dat	pekným	pekným	pekným	cudzím	cudzím	cudzím
	Acc +Anim	pekných	pekné	pekné	cudzích	cudzie	cudzie
	−Anim	pekné			cudzie		
	Loc	(o) pekných	(o) pekných	(o) pekných	(o) cudzích	(o) cudzích	(o) cudzích
	Instr	peknými	peknými	peknými	cudzími	cudzími	cudzími

		M	F	N
Sg	Nom	otcov	otcova	otcov
	Gen	otcovho	otcovej	otcovho
	Dat	otcovmu	otcovej	otcovmu
	Acc +Anim	otcovho	otcovu	otcovo
	−Anim	otcov		
	Loc	(o) otcovom	(o) otcovej	(o) otcovom
	Instr	otcovým	otcovou	otcovým
Pl	Nom +Anim	otcovi	otcove	otcove
	−Anim	otcove		
	Gen	otcových	otcových	otcových
	Dat	otcovým	otcovým	otcovým
	Acc +Anim	otcových	otcove	otcove
	−Anim	otcove		
	Loc	(o) otcových	(o) otcových	(o) otcových
	Instr	otcovými	otcovými	otcovými

c) PRONOUNS - Zámená

i. Personal - Osobné

Sg		1st Pers	2nd Pers	3rd PersM	F	N
	Nom	ja	ty	on	ona	ono
	Gen	mňa, ma	teba, ťa	jeho, ho, neho, -ňho, -ň	jej, nej	jeho, ho, neho
	Dat	mne, mi	tebe, ti	jemu, mu, nemu	jej, nej	jemu, mu, nemu
	Acc	mňa, ma	teba, ťa	jeho, ho, neho, -ňho	ju, ňu	ho
	Loc	(o) mne	(o) tebe	(o) ňom	(o) nej	(o) ňom
	Instr	mnou	tebou	ním	ňou	ním

Pl		1st Pers	2nd Pers	3rd Pers		
	Nom +Anim	my	vy	oni	ony	ony
	−Anim			ony		
	Gen	nás	vás	ich, nich	ich, nich	ich, nich
	Dat	nám	vám	im, nim	im, nim	im, nim
	Acc +Anim	nás	vás	ich, nich	ich, ne	ich, ne
	−Anim			ich, ne		
	Loc	(o) nás	(o) vás	(o) nich	(o) nich	(o) nich
	Instr	nami	vami	nimi	nimi	nimi

ii. Possessive - Privlastňovacie

		M	F	N		M	F	N
Sg	Nom	môj	moja	moje	Pl +Anim	moji	moje	moje
					-Anim	moje		
	Gen	môjho	mojej	môjho		mojich	mojich	mojich
	Dat	môjmu	mojej	môjmu		mojim	mojim	mojim
	Acc +Anim	môjho	moju	moje		mojich	moje	moje
	-Anim	môj				moje		
	Loc	(o) mojom	(o) mojej	(o) mojom		(o) mojich	(o) mojich	(o) mojich
	Instr	mojím	mojou	mojim		mojimi	mojimi	mojimi

iii. Demonstrative - Ukazovacie

		M	F	N		M	F	N
Sg	Nom	ten	tá	to	Pl +Anim	tí	tie	tie
					-Anim	tie		
	Gen	toho	tej	toho		tých	tých	tých
	Dat	tomu	tej	tomu		tým	tým	tým
	Acc +Anim	toho	tú	to		tých	tie	tie
	-Anim	ten				tie		
	Loc	(o) tom	(o) tej	(o) tom		(o) tých	(o) tých	(o) tých
	Instr	tým	tou	tým		tými	tými	tými

3. MEASURES AND WEIGHTS - Miery a hmotnosť

a) Linear Measures - Dĺžkové miery

1 metre = 10 decimetres = 100 centimetres =
= 1000 millimetres
1 kilometre = 1000 metres

10 millimetres	=	1 centimetre
10 centimetres	=	1 decimetre
100 centimetres	=	1 metre
1000 metres	=	1 kilometre
1 centimetre	=	0.39 inch
1 metre	=	1.09 yard
1 kilometre	=	0.62 statute mile
1 inch	=	2.54 centimetres
1 foot	=	30.48 centimetres
	=	0.30 metre
1 yard	=	91.44 centimetres
	=	0.91 metre
1 statute mile	=	1.61 kilometer
1 nautical mile	=	1.85 kilometer

b) Weights - Hmotnosť

1 kilogram	=	100 decagrams = 1,000 grams
1 ton	=	1,000 kilograms
1 kilogram	=	2.2 pounds

		Avoirdupoids	Troy
1 grain	=	0.065 grams	0.065 grams
1 ounce	=	28.35 grams	31.10 grams
1 pound	=	45.4 decagrams	37.33 decagrams
	=	0.45 kilograms	0.37 kilograms
1 long ton	=	1,016 kilograms	
	=	1.02 ton	
1 US short ton	=	907.19 kilograms	
	=	0.907 ton	

c) Capacity - Objem

1 litre = 10 decilitres = 1,000 millilitres

Liquid

		GB	US
1 litre	=	0.22 gallons	0.26 gallons
	=	1.76 pint	2.11 pint
	=	35.10 fluid ounces	33.81 fluid ounces

		GB	US
1 fluid ounce	=	0.284 decilitre	0.296 deciliter
1 pint	=	0.568 litre	0.473 liter
1 quart	=	1.136 litre	0.946 liter
1 gallon	=	4.546 litres	3.785 liters

Dry

		GB	US
1 pint	=	0.568 litre	0.551 litre
1 quart	=	1.138 litre	1.101 litre
1 bushel	=	34.228 litres	35.328 litres

4. NAMES IN THE CALENDAR - Mená v kalendári

	Január	Február	Marec	Apríl	Máj	Jún
1.	-	Tatiana	Albín	Hugo	-	Žaneta
2.	Alexandra	Erik, Erika	Anežka	Zita	Žigmund	Xénia
3.	Daniela	Blažej	Bohumil	Richard	Galina	Karolína
4.	Drahoslav	Veronika	Kazimír	Izidor	Florián	Lenka
5.	Andrea	Agáta	Fridrich	Miroslava	Lesana	Laura
6.	Antónia	Dorota	Radoslav	Irena	Hermína	Norbert
7.	Bohuslava	Vanda	Tomáš	Zoltán	Monika	Róbert
8.	Severín	Zoja	Alan	Albert	Ingrida	Medard
9.	Alexej	Zdenko	Františka	Milena	Roland	Stanislava
10.	Dáša	Gabriela	Branislav	Igor	Viktória	Margaréta
11.	Malvína	Dezider	Angela	Július	Blažena	Dobroslava
12.	Ernest	Perla	Gregor	Estera	Pankrác	Zlatko
13.	Rastislav	Arpád	Vlastimil	Aleš	Servác	Anton
14.	Radovan	Valentín	Matilda	Justína	Bonifác	Vasil
15.	Dobroslav	Pravoslav	Svetlana	Fedor	Žofia	Vít
16.	Kristína	Ida	Boleslav	Danica	Svetozár	Blanka
17.	Nataša	Miloslava	Ľubica	Rudolf	Gizela	Adolf
18.	Bohdana	Jaromír	Eduard	Valér	Viola	Vratislav
19.	Drahomíra	Vlasta	Jozef	Jela	Gertrúda	Alfréd
20.	Dalibor	Lívia	Víťazoslav	Marcel	Bernard	Valéria
21.	Vincent	Eleonóra	Blahoslav	Ervín	Zina	Alojz
22.	Zora	Etela	Beňadik	Slavomír	Júlia	Paulína
23.	Miloš	Roman	Adrián	Vojtech	Želmíra	Sidónia
24.	Timotej	Matej	Gabriel	Juraj	Ela	Ján
25.	Gejza	Frederik	Marián	Marek	Urban	Tadeáš
26.	Tamara	Viktor	Emanuel	Jaroslava	Dušan	Adriána
27.	Bohuš	Alexander	Alena	Jaroslav	Iveta	Ladislav
28.	Alfonz	Zlatica	Soňa	Jarmila	Viliam	Beáta
29.	Gašpar	Radomír	Miroslav	Lea	Vilma	Peter, Pavol
30.	Ema		Vieroslava	Anastázia	Ferdinand	Melánia
31.	Emil		Benjamín		Petronela	

	Júl	August	September	Október	November	December
1.	Diana	Božidara	Drahoslava	Arnold	Denisa	Edmund
2.	Berta	Gustáv	Linda	Levoslav	-	Bibiána
3.	Miloslav	Jerguš	Belo	Stela	Hubert	Oldrich
4.	Prokop	Dominik	Rozália	František	Karol	Barbora
5.	Cyril a Metod	Hortenzia	Regina	Viera	Imrich	Oto
6.	Patrícia	Jozefína	Alica	Natália	Renáta	Mikuláš
7.	Oliver	Štefánia	Marianna	Eliška	René	Ambróz
8.	Ivan	Oskár	Miriama	Brigita	Bohumír	Marína
9.	Lujza	Ľubomíra	Martina	Dionýz	Teodor	Izabela
10.	Amália	Vavrinec	Oleg	Slavomíra	Tibor	Radúz
11.	Milota	Zuzana	Bystrík	Valentína	Martin	Hilda
12.	Nina	Darina	Mária	Maximilián	Svätopluk	Otília
13.	Margita	Ľubomír	Ctibor	Koloman	Stanislav	Lucia
14.	Kamil	Mojmír	Ľudomil	Boris	Irma	Branislava
15.	Henrich	Marcela	Jolana	Terézia	Leopold	Ivica
16.	Drahomír	Leonard	Ľudmila	Vladimíra	Agnesa	Albína
17.	Bohuslav	Milica	Olympia	Hedviga	Klaudia	Kornélia
18.	Kamila	Helena	Eugénia	Lukáš	Eugen	Sláva
19.	Dušana	Lýdia	Konštantín	Kristián	Alžbeta	Judita
20.	Eliáš	Anabela	Ľuboslav	Vendelín	Félix	Dagmara
21.	Daniel	Jana	Matúš	Uršula	Elvíra	Bohdan
22.	Magdaléna	Tichomír	Móric	Sergej	Cecília	Adela
23.	Oľga	Filip	Zdenka	Alojzia	Klement	Nadežda
24.	Vladimír	Bartolomej	Ľuboš	Kvetoslava	Emília	Adam a Eva
25.	Jakub	Ľudovít	Vladislav	Aurel	Katarína	-
26.	Anna	Samuel	Edita	Demeter	Kornel	Štefan
27.	Božena	Silvia	Cyprián	Sabína	Milan	Filoména
28.	Krištof	Augustín	Václav	Dobromila	Henrieta	Ivana
29.	Marta	Nikola	Michal	Klára	Vratko	Milada
30.	Libuša	Ružena	Jarolím	Šimon	Ondrej	Dávid
31.	Ignác	Nora		Aurélia		Silvester

SLOVAK FOR YOU

5. BANK HOLIDAYS - Štátne sviatky

1.	január	- **Nový rok; Deň vzniku Slovenskej republiky (1993)**
6.	január	- **Traja králi**
	...	- **Veľký piatok**
	...	- **Veľkonočný pondelok**
1.	máj	- **Sviatok práce**
5.	júl	- **Deň slovanských vierozvestcov Cyrila a Metoda**
19.	august	- **výročie Slovenského národného povstania (1944)**
1.	september	- **Deň Ústavy Slovenskej republiky**
15.	september	- **Sedembolestná Panna Mária**
1.	november	- **Sviatok Všetkých svätých**
24.	december	- **Štedrý deň**
25.	december	- **1. sviatok vianočný**
26.	december	- **2. sviatok vianočný**

6. Bibliography of Selected Books on the Slovak Language and Slovakia
- Bibliografia vybraných kníh o slovenčine a o Slovensku

a) Textbooks:

Baláž, Peter - Darovec, Miloslav - Trebatická, Heather: Slovak for Slavicists. SPN, Bratislava, 1991 (plus dictionary and tapes)

Hammer, Louise B.: Manual for Individualized Studies: Elementary Slovak I, Elementary Slovak II. Columbus, OH: Ohio State University Foreign Language Publication, Nos. 112, 112A, 113, 113 A (plus tapes), 1994

Hammer, Louise B.: Manual for Individualized Studies: Intermediate Slovak I, Intermediate Slovak II. Columbus. OH: Ohio State University Foreign Language Publication (plus tapes), 1995

Holíková, Klaudia - Weissová, Mária: Základy slovenčiny. Essential Slovak. Grundkurs Slowakisch. Slovacco Elementare. Učebnica. Pracovný zošit. Danubiaprint, 1995; ISBN 80-218-0179-4

Holíková, Klaudia (ed.) et al.: Dobrý deň, slovenčina. KON-PRESS, Bratislava, 1991 (plus dictionary and tapes)

Mistrík, Jozef: Basic Slovak. SPN, Bratislava, 1980; ISBN 80-08-01333-8 (plus tapes)

Oravec, Ján - Prokop, Jozef: Slovenčina pre krajanov hovoriacich po anglicky. A Slovak Textbook for English-Speaking Countrymen. Matica slovenská, 1986

Swan, Oscar E. - Gálová-Lörinc, Sylvia: Beginning Slovak. Slavica Publishers, Columbus, 1990

Votruba, Martin: Elementary and Intermediate Slovak, Pittsburgh, University of Pittsburgh (year not given)

b) Grammars:

Bázlik, Miroslav - Kubišová, Alžbeta: Porovnávacia gramatika anglického a slovenského jazyka II. Univerzita Komenského, Bratislava, 1991

Bázlik, Miroslav - Votruba, Martin: Porovnávacia gramatika angličtiny a slovenčiny. Univerzita Komenského, Bratislava, 1983

Konuš, Joseph J.: Practical Slovak Grammar. Published by the author. Pittsburgh, 1939

Mistrík, Jozef: A Grammar of Contemporary Slovak. SPN, Bratislava, 1988

Mistrík, Jozef: Gramatika slovenčiny, SPN, 1994; ISBN-80-08-02184-5

Pauliny, Eugen: Slovenská gramatika. (Opis jazykového systému.) Bratislava, SPN, 1981

c) Dictionaries:

Bilingual:

Bocková, Viera et al.: Anglicko-slovenský ekonomický slovník. Elita, Bratislava, 1993

Franko, Štefan: Anglicko-slovenský slovník. English-Slovak Dictionary. Economics, Economy. Slovacontact, Prešov, 1993

Konuš, Jozef J.: Slovak-English Phraseological Dictionary. Slovensko-anglický frazeologický slovník. Slovak Catholic Sokol, Passaic, 1969

Kvetko, Pavol: Anglicko-slovenský frazeologický slovník. SPN, Bratislava, 1984

Kvetko, Pavol: Slovensko-anglický frazeologický slovník. SPN, Bratislava, 1995

Šimko, Ján: Anglicko-slovenský slovník. SPN, Bratislava, 1967; 1991

Vilikovská, J., Vilikovský, P.: Slovensko-anglický slovník. SPN, Bratislava, 1971

Slovak:

Hochel, Branislav: Slovník slovenského slangu. Hevi, Bratislava, 1993

Kačala, Ján - Pisárčiková, Mária (editors): Krátky slovník slovenského jazyka. Veda, Bratislava, 1987

Majtán, Milan (ed.): Historický slovník slovenského jazyka. I/A-J. Veda, Bratislava, 1991

Mistrík, Jozef: Frekvencia slov v slovenčine. Vydavateľstvo SAV, Bratislava, 1969

Mistrík, Jozef: Retrográdny slovník slovenčiny. UK, Bratislava, 1976

d) Other Materials

Činčura, Andrew: An Anthology of Slovak Literature. University Hardcovers. Riverside, 1976

Drobná, Oľga et al.: Slovensko moje. Perfekt, Bratislava, 1996

Hajko, Vladimír - Filkorn, Vojtech (editors): Encyklopédia Slovenska. Veda, Bratislava, 1985. 6 volumes

Hajko, Vladimír - Filkorn, Vojtech (editors): Malá encyklopédia Slovenska. Veda, Bratislava, 1987

Hammerová, Louise - Ripka, Ivor: Speech of American Slovaks. Jazykové prejavy amerických Slovákov. Veda, Bratislava, 1994. ISBN 80-224-0151-X

Horecký, Ján: Slovenčina v našom živote. SPN, 1988

Horecký, Ján - Buzássyová, Klára - Bosák, Ján a kol.: Dynamika slovnej zásoby súčasnej slovenčiny, Veda, Bratislava, 1989; ISBN 80-224-0047-5

Kirschbaum, Joseph M.: Slovak Language and Literature. Essays. Readings in Slavic Literatures 12, ed. J. B. Rudnyckyj. Winnipeg, Cleveland, 1975; ISBN 75 - 15250

Kirschbaum, Stanislav J.: A History of Slovakia. The Struggle for Survival. St. Martin' Press, New York; ISBN 0-315-10403-0

Kovtun, George J.: Czech and Slovak Literature in English. A Bibliography. Library of Congress, Washington, 1984

Mannová, E. - Daniel, D. P. (editors): A Guide to Historiography in Slovakia. Veda, Bratislava, 1995

Mikuš, Jozef A.: Slovakia. A Political and Constitutional History. Veda, Bratislava, 1995

Mistrík, Jozef: Moderná slovenčina. Veda, Bratislava, 1984

Pauliny, Eugen: Dejiny spisovnej slovenčiny. Bratislava, 1948

Rudinsky, Norma L.: Incipient Feminists: Women Writers in the Slovak National Revival. Slavica Publishers, Columbus 1991

Rudinsky, Norma L. (editor and transl.): That Alluring Land. Slovak Stories by Timrava. University of Pittsburgh Press, Pittsburgh and London, 1992; ISBN 0-8229-5473-7

Slovenský biografický slovník, Matica slovenská, Martin, 1992

Smith, J. S.: Not Waiting for Miracles (Seventeen Contemporary Slovak Poets). Transl. by Viera S. Smith, Štefánia Allen. Modrý Peter, Levoča, 1993

Spiesz, Anton: Dejiny Slovenska. Perfekt, Bratislava, 1992

Strhan, Milan, Daniel. D.P. (editors): Slovakia and the Slovaks - A Concise Encyclopaedia. Encyclopaedical Institute of the Slovak Academy of Sciences/Goldpress Publishers, Bratislava, 1994. ISBN 80-85584-11-5

7. BRIEF SURVEY OF SLOVAK HISTORY
- Stručný prehľad slovenských dejín

1 mil. BC	- beginnings of human inhabitation of Slovakia
end of 5th century	- arrival of the Slavs in Slovakia mid-6th century - arrival of the Avars
623-658	- Samo's Empire - the oldest West-Slavic state. Established to protect the Slavs from the attacks of nomadic Huns.
826-829	- 1st Christian church on our territory built and consecrated in Nitra
833	- Duke Mojmír establishes the Great Moravian Empire after annexing Pribina's principality of Nitra. The Great Moravian Empire was on the territory of modern Slovakia, Moravia, Bohemia, Silesia and parts of Hungary and Austria, with its main centers in Slovakia and Moravia.
863	- arrival of brothers Cyril and Methodius in Slovakia at the invitation of Prince Rastislav. These Byzantine missionaries christened the local inhabitants, created an alphabet for their language and translated parts of the Scriptures into their language. Old Church Slavonic was approved by the Pope as a liturgical language.
907	- disintegration of the Great Moravian Empire, above all as a result of Hun and Frankish invasions
1000	- Slovakia is made part of the feudal Hungarian state for almost 1.000 years
13th century	- municipal rights granted to a number of Slovak towns (e.g. Banská Štiavnica 1238, Trnava 1238, Zvolen 1238, Nitra 1248, Banská Bystrica 1255, Kežmarok 1269, Levoča 1271, Bratislava 1291)
1465	- In Bratislava King Matthias Corvinus founds the first university in Slovakia - Academia Istropolitana
1526	- At the Battle of Mohács the Hungarian Empire defeated by the Turkish Ottoman Empire. Consequently, in 1536 for nearly 300 years afterwards Bratislava became the capital of the Hungarian Kingdom, the seat of governmental offices, of the Parliament, of the Archbishopric and the coronation town of Hungarian kings and queens.
1635	- Jesuit university founded in Trnava
late 18th century	- The liberal reforms of Maria Theresa and her son Joseph II enabled the National Revival Movement of the Slovaks.
1787	- First codification of the Slovak language by Anton Bernolák (based on West Slovak dialects)
1843	- Second codification of the Slovak language by Ľudovít Štúr (based on Central Slovak dialects and continued in modern standard literary Slovak)
1848-1849	- Movement for Slovak national autonomy led by the Slovak National Council
1861	- Memorandum of the Slovak Nation expressing the desire for national autonomy
1863	- the founding of Matica slovenská - the Slovak national cultural institution in Martin
1867	- Austro-Hungarian „Ausgleich" (Compromise) which by constructing a dual state enabled the beginning of a period of extreme oppression of the Slovaks by the Hungarians. Most Slovak schools were closed and the Slovak language was ousted from official and educational use.
1875	- the forced closing of Matica slovenská
1914-1918	- World War I
1915	- the Cleveland Agreement between the Czechs and the Slovaks to establish a common federal state of the two nations with autonomous Slovakia
1918	- the Pittsburgh Agreement to establish the democratic Czecho-Slovak Republic with Slovakia as its part
1918	- on Oct. 28 establishment of the Czechoslovak Republic after the disintegration of the Austro-Hungarian monarchy
1919	- Milan Rastislav Štefánik, co-founder of the Czechoslovak Republic, a Slovak astronomer, politician and general in the French Army, dies in an airplane accident near Bratislava
1938	- in an arbitration judgement in Vienna Hitler awarded one fifth of Slovak territory to Hungary - Czechoslovakia broken up as a result of the Munich treaty
1939	- on March 13 the Slovak State formed, basically as a result of Hitler's threat of dividing Slovakia among Germany, Hungary and Poland
1939-1945	- World War II
1944	- Slovak National Uprising against fascism
1945	- re-establishment of the Czechoslovak Republic
1948	- in the February coup democracy in Czechoslovakia defeated by the rise of communist dictatorial regime
1968	- Prague Spring - Czechoslovakia, under the leadership of the Slovak Alexander Dubček, tries to develop a more democratic reformed socialism - on August 21 Warsaw Pact troops invade Czechoslovakia
1989	- Beginning of the Velvet Revolution which led to the demise the totalitarian communist regime and renewal of democracy
1992	- in July the Slovak National Council proclaims the sovereignty of the Slovak Republic - on September 3, the Slovak Constitution adopted and signed
1993	- on January 1, the independent and sovereign Slovak Republic formed after the division of Czechoslovakia - on January 19, Slovak Republic becomes member of the UN - on June 30, Slovakia becomes member of the Council of Europe

DICTIONARY - SLOVNÍK

a and
á *Interj* oh
abeceda, -y; -y, abecied *F* alphabet
aby + *Past Tense* (so) that
adresa, -y; -y, adries *F* address
Afrika, -y *F* Africa
ahoj/te *(Infml Coll Sg/Pl; used also by children and teenagers)* hi, bye
aj also, too
ak if
akademický *Adj* pertaining to university; academic
akademický maliar painter with an academic degree
ako 1. as 2. how
ako sa máš/máte? *(Sg Infml/Pl or Sg Infml)* how are you?
ako sa ti/vám páči ...? *(Sg Infml/Pl or Sg Fml)* how do you like ...?
ako sa ti/vám páči na Slovensku? *(Sg Infml/Pl or Sg Fml)* how do you like it in Slovakia?
ako sa ti/vám to páči? *(Sg Infml/Pl or Sg Fml)* how do you like it?
ako sa to povie? how do you say it? how does one say it?
ako sa to povie po slovensky? how do you say it/that in Slovak? what is it in Slovak?
ako sa voláš/voláte? *(Sg Infml/Pl or Sg Infml)* what is your name?
ako ... tak aj ... ... as well as ...
ako to ? how come?
akoby as if
aký, -á, -é *(about quality, kind, etc.)* what, of what kind
album, -u; -y, -ov *M* album
ale but, however
alkohol, -u *(usually only Sg) M* alcohol
Alžbeta, -y; -y, Alžbiet *F* Elizabeth
Američan, -a; -ia, -ov *M* American (male)
Američanka, -y; -y, -niek *F* American (female)
americký *Adj* American
ananás, -u; -y, -ov *M* pineapple
anglicko-slovenský English-Slovak
anglicky/po anglicky *Adv* (in) English
angličtina, -y *F* English (language)
ani 1. either; (with neg.) neither, nor 2. not even
áno yes
Antarktída, -y *F* Antarctica
apoštol, -a; -i, -ov *M* apostle
apríl, -a; -y, -ov *M* April
Argentína, -y *F* Argentina
architektúra, -y; -y, architektúr *F* architecture
asi probably, perhaps
aspoň at least
atómová elektráreň atomic power station
atómový atomic, pertaining to atom
audio(-) *Adj* audio
august, -a; -y, -ov *M* August
aula, -y; -y, ául *F* (the main/largest) university auditorium
Austrália, -ie *F* Australia
auto, -a; -á, áut *N* car; **autom** by car
autobiografia, -ie; -ie, -ií *F* autobiography
autobus, -u; -y, -ov *M* bus; **autobusom** by bus
autor, -a; -i, -ov *M* author
avokádo, -a; -a, avokád *N* avocado
Ázia, -e *F* Asia
Ázijec, -jca; -jci, -jcov *M* an Asian
až as far as
babka, -y; -y, babiek *F (Infml)* grandmother, grandma
baklažán, -u; -y, -ov *M* eggplant

Baltické more the Baltic Sea
banán, -a; -y, -ov *M* banana
banka, -y; -y, bánk *F* bank; **do banky** to the bank; **v banke** at/in the bank
bankomat, -u; -y, -ov *M* automatic teller
bar, -u; -y, -ov *M* bar, saloon
baraní *Adj* pertaining to lamb or sheep
báseň, -sne; -sne, -sní *F* poem
basketbalový *Adj* pertaining to basketball
básnik, -a; -ci, -kov *M* poet
batožina, -y; -y, -žín *F* luggage
bazén, -a; -y, -ov *M* swimming pool
behať, -ám, -ajú *NP* to be running
beletria, -e *(usually only Sg) F* belles lettres, fiction
beloch, -a; belosi, belochov *M* white person
bezdrôtový cordless
bezmäsitý without meat
beztrestne without any punishment
Biblia, -ie; -ie, -ií *F* Bible
bicykel, -kla; -kle, -klov *M* bicycle; **na bicykli** by bicycle; **jazdiť na bicykli** to ride a bicycle; **mám pokazený bicykel** my bicycle is broken
Bielorusko, -a *N* Belorus
biely white
biografia, -ie; -ie, -ií *F* biography
biografický biographical
blahoželať, -ám, -ajú *NP (+ Dat + k + Dat)* to congratulate (sb on sth)
blízko *Adv* near, nearby
Boh, -a; -ovia, -ov *M* God, Lord
bohatý *Adj* rich
bohoslovecký theological
bohužiaľ unfortunately
bol, -a, -o; -i *(Past Tense of byť)* was/were
bolieť, -í *(no 1st or 2nd Pers Sg or Pl)*, -ia; *Past* bolel *NP* to hurt
bonboniéra, -y; -y, bonboniér *F* box of chocolates/of chocolate candy
bozkávať, -am, -ajú *NP + Acc* to be kissing
Bože *(Voc of* Boh*)* God, Lord
brada, -y; -y, brád *F* chin
brat, -a; -ia, -ov *M* brother
brať, beriem, berú *NP* to take
brat(r)anec, -nca; -nci, -ncov *M* male cousin
bravčový pertaining to pork
Brazília, -ie *F* Brazil
broskyňa, -ne; -ne, broskýň *F* peach
bryndzové halušky, -ých -šiek *(Pl)* small potato dumplings with sheep cheese
brzda, -y; -y, bŕzd *F* braking device, brake
brzdiť, -ím, -ia *NP* to break, to be breaking
budem *(Future Tense of* byť*)* I will be
budova, -y; -y, budov *F* building
budú *(3rd Pers Pl Future Tense of* byť*)* (they) will be
budúci *Adj* future
bufet, -u; -y, -ov *M* snack bar
Bulharsko, -a *N* Bulgaria
by *(conditional particle)*
byt, -u; -y, -ov *M* apartment
byť, som, sú; *Past* bol *NP* to be; **byť na rade** to be sb's turn (in a line)
bývať, bývam, bývajú *NP* to live, to be living
celkom quite
celý *Adj* whole, entire
cena, -y; -y, cien *F* price
centrum, -tra; -trá, centier *N* center; **do centra mesta** to the center of town, *(direction)* downtown
ceruzka, -y; -y, ceruziek *F* pencil
cesnak, -u; -y, -ov *M* garlic
cesta, -y; -y, ciest *F* trip, journey; road
cestopis, -u; -y, -ov *M* travelogue

cestovať, cestujem, cestujú *NP + Instr* to travel
cestovný *Adj* pertaining to travel; traveller's
cestujúca, -ej; -e, -ich *F* female passenger, traveller
cestujúci, -eho; -i, -ich *M* male passenger, traveller
cez *+ Acc* 1. across 2. during;
   cez prázdniny during the holidays
cibuľa, -le; -le, cibúľ *F* onion
cibuľka, -y; -y, cibuliek *F* young onion, scallion
cigareta, -y; -y, cigariet *F* cigarette
cítiť, -im, -ia *NP* to feel
citový emotional
citrón, -u; -y, -ov *M* lemon
coca cola [koka kola], also **kokakola**, -y; -y, coca col/kokakol *F* coca cola
colná kontrola checking by customs officers; customs checkpoint
colný *Adj* pertaining to the customs office
cudzinec, -nca; -nci, -ncov *M* foreigner
cukor, cukru (usually only Sg) *M* sugar
cukrová repa sugar beet
cukrovar, -u; -y, -ov *M* sugar mill
cukrový *Adj* pertaining to sugar
cvičenie, -ia; -ia, -í *N* exercise
čaj, -u; -e, -ov *M* tea
čakať, -ám, -ajú *NP* to wait, to be waiting
čas, -u; -y, -ov *M* time
časť, -ti; -ti, -tí *F* part
často often
čašník, -a; čašníci, čašníkov *M* waiter
ču/te *(Infml Coll Sg/Pl) (used mostly by young people)* hi/bye
čelo, -a; -á, čiel *N* forehead
čerešňa, -e; -e, -í *F* cherry
černoch, -a; černosi, černochov *M* black person
čerstvý fresh
červený red
červený melón watermelon
Česko, -a *N* Czechia
český *Adj* Czech
česky/po česky (in) Czech
či whether, if
čí *M* whose
čia *F* whose
čie *N; Pl* whose
Čierne more the Black Sea
čierny black
Čína, -y *F* China
činohra, -y; -y, -hier *F* drama theatre
číslo, -a; čísla, čísel *N* number;
   číslo pasu passport number
číslovka, -y; -y, -viek *F* numeral
čítaj/te *(Imper of* čítať*)* read
čítanie, -ia; -ia, -í *N* reading
čítať, -am, -ajú *NP + Acc* to read sth
čitateľ, -ľa; -lia, -ľov *M* reader
členok, -nka; -nky, -nkov *M* ankle
čln, -a; -y, -ov *M* boat, row boat
človek, -a; ľudia, ľudí *M* 1. man, human being;
   2. *(impersonal generic reference to a person or people in general)* one, you
čo *(about a substance, phenomenon, thing)* what
čo ja viem? *(Coll)* what do I know?; who knows?
čo platím? how much is it? *(literally: what do I pay?)*
čo stojí/stoja...? how much is/are ...?
čo to stojí? how much is it?
čoho *(Gen of* čo*)* (of) what
čokoláda, -y; -y, čokolád *F* (a bar of) chocolate
čokoládový *Adj* pertaining to chocolate
čoskoro soon
črevo, -a; -á, čriev *N* intestine
dajte mi vedieť let me know
ďakovať, ďakujem, ďakujú *NP + Dat + za + Acc* to thank sb for sth
ďakujem (I) thank (you/sb);
   ďakujem pekne thank you very much
ďalej further
ďaleko *Adv* far
ďalší *Adj* the following; **ďalší, prosím** next, please
Dánsko, -a *N* Denmark
darček, -a; -y, -ov *M* (small) present
dať, dám, dajú *P + Acc* to place, to put
dať si, -ám si, -ajú si *P + Acc (Coll)* to have sth (to drink or to eat)
dátum, -u; -y, -ov *M* date
dávať, -am, -ajú *NP* to be giving
dávno long ago
dcéra, -y; -y, dcér *F* daughter
december, -bra; -bre, -brov *M* December
deciliter, -tra; -tre, -trov *M* deciliter *(about 1/2 cup)*
dedičný hereditary
dedko, -a; -ovia, -ov *M (Coll, expresses endearment)* grandpa
dedo, dedko, -a; -ovia, -ov *M (Infml)* grandfather
dejiny, -ín *(only Pl)* history
deka *N Nondecl (Coll Abbr from dekagram)* decagram
dekagram, -u; -y, -ov *M* decagram
dekan, -a; -i, -ov *M* dean
dekanát, -u; -y, -ov *M* dean's office
deň, dňa; dni, dní *M* day
denník, -a; -y, -ov *M* daily
desať ten
desaťročie, -ia; -ia, -í *N* decade;
   po niekoľko desaťročí for several decades
desiata, -y; -e, desiat *F* snack between breakfast and lunch, midmorning snack
desiatovať, -ujem, -ujú *NP* to have a snack between breakfast and lunch
desiaty tenth
detektívka, -y; -y, -vok *F (Coll)* detective story/novel
detektívny *Adj* detective, pertaining to detective stories
deväť nine
deväťdesiat ninety
devätnásť nineteen
deviaty ninth
dezert, -u; -y, -ov *M* dessert
dg *(Abbr from dekagram)* decagram
dielo, -a; -a, diel *N* work of art, work *(book)*
diétny dietary, dietetic
dievča, -čaťa; -čatá, -čat *N* girl
dispozícia, -ie; -ie, -ií *F* disposal;
   mať k dispozícii to have at one's disposal
distribuovať, -uujem, -uujú *NP + Acc* to distribute
distribútor, -a; -i, -ov *M* distributor
divadlo, -a; -á, divadiel *N* theatre
divina, -y *(only Sg) F* venison
dl *(Abbr from* deciliter*)* deciliter
dlaň, -ne; -ne, -ní *F* palm of the hand;
   o takú dlaň for such a palm of the hand
dlho (for a) long time
dlhý *Adj* long
dnes today
do to, into
dobierka, -y; -y, -rok *F* cash on delivery;
   na dobierku (as) cash on delivery mail
dobre *Adv* well, fine
dobré popoludnie good afternoon
dobré predpoludnie good morning *(used during later morning hours till noon)*
dobré ráno good morning
dobrú chuť bon appetit
dobrú noc good night
dobrý *Adj* good
dobrý deň greeting during daytime *(not in the evening or at night; compare to Australian „good day")*

dobrý večer good evening
dobytok, -tka (only Sg) M cattle
dodatok, -tku; -tky, -tkov M supplement
dohodou by negotiation
dojesť, -jem, -jedia; Past dojedol P + Acc to finish eating, to eat up
dokonca even
doktor, -a; -i, -ov M male doctor
doktorka, -y; -y, -riek F female doctor
doľava to the left
dolu down, downstairs; downwards
doluuvedený Adj hereunder stated
dom, -u; -y, -ov M house; **v dome** in the house
doma at home
domáci Adj within the country
domov home (direction)
doobeda Adv before noon
dopiť, dopijem, dopijú P + Acc to finish drinking, to drink up
doplň/te (Imper of doplniť) fill in
doplniť, -ím, -ia P + Acc to fill in
doprava to the right
doručený Adj delivered
dosť considerably; quite, sufficiently;
   dosť + Gen enough of, considerable amount of
dostať, dostanem, dostanú P + Acc to get, to obtain
dotazník, -a; -y, -ov M questionnaire, personal data form
doteraz up to now
dovážať, -am, -ajú NP + Acc to be importing
dovidenia see you, good-bye
dovolenka, -y; -y, dovoleniek F vacation, holidays
dovoliť, -ím, -ia P + Dat + Acc to allow sb sth;
   dovoľte, aby let me
dovoz, -u (only Sg) M import;
   z dovozu imported (literally: from import)
drahý Adj 1. expensive 2. dear (used for relatives or close friends)
drevársky Adj wood-processing
drevený wooden
driemať, driemem, driemu NP to be taking a nap, to be nodding off
drobné (only Pl) change
druh, -u; -y, -ov M 1. kind, sort 2. species
druhý second (in sequence)
duchovný spiritual, intellectual
Dunaj, -a M the Danube
dusený stewed
dusiť, -ím, -ia NP + Acc to stew
duša, -e; -e, -í F soul; **v duši** in the soul
dva two
dvadsať twenty
dvaja M +Hum two
dvanásť twelve
dvere, dverí (only Pl) door; **na dverách** (Loc) on the door
dvesto two hundred; **dvesto korún** two hundred crowns
dynamický dynamic, dramatic
džavot, -u; -y, -ov M chatter
džem, -u; -y, -ov M jam; **s džemom** with jam
džezový Adj pertaining to jazz
džús, -u; -y, -ov M juice
e-mail [ímeil] M e-mail
egreš, -a; -e, -ov M gooseberry
elektráreň, -me; -me, -mí F power station
elektronická pošta electronic mail
elektrotechnický Adj pertaining to electrical engineering
encyklopédia, -ie; -ie, -ií F encyclopaedia
esejista, -u; -i, -ov M essay writer, essayist
Estónsko, -a N Estonia
ešte still; yet; **ešte len** only, just
Európa, -y F Europe
európsky Adj European
existovať, -ujem, -ujú NP to exist

fajčiť, -ím, -ia NP + Acc to smoke
fajn all right, fine, well
fakt, -u; -y, -ov M fact
fakulta, -y; -y, fakúlt F faculty (the building and the institution); **na fakulte** (Loc) at the faculty
farba, -y; -y, farieb N color; **akej farby** of what colour
farebný color, colored
farmaceutický pharmaceutical
fax, -u; -y, -ov M fax; **faxom** by fax
fazuľa, -le; -le, fazúľ (as food usually only Sg) F bean(s)
fazuľový Adj pertaining to beans
február, -a; -re, -ov M February
festival, -u; -y, -ov M festival
fikcia, -ie; -ie, -ií F fiction
filé (Nondecl) N fillet
filozofická fakulta faculty of arts
filozofický Adj philosophical, pertaining to philosophy or arts
Fínsko, -a N Finland
firma, -y; -y, firiem F firm, company
Florida, -y F Florida; **na Floride** in Florida
folklórny Adj pertaining to folklore
fotografia, -ie; -ie, -ií F photograph;
   fotografia na vízum visa photograph
frajer, -a; -i, -ov M (Coll) boyfriend
frajerka, -y; -y, frajeriek F (Coll) girlfriend
Francúz, -a; -i, -ov M Frenchman
Francúzka, -y; -y, -zok F Frenchwoman
Francúzsko, -a N France
francúzsky Adj French
fráza, -y; -y, fráz F phrase
garáž, -e; -e, -í F garage
geografický geographical
gotický Adj gothic
grafik, -a; -ci, -kov M graphic artist
granátové jablko N pomegranate
Grécko, -a N Greece
guláš, -a; -e, -ov M goulash
hádanka, -y; -y, -niek F riddle
hala, -y; -y, hál F hall
halier, a; o, ov M heller (one hundredth of a koruna)
haló hallo
herec, -rca; -rci, -rcov M actor
herečka, -y; -y, -čiek F actress
história, -ie (usually only Sg) F history
hladká múka finely ground flour
hladný hungry
hľadať, hľadám, hľadajú NP + Acc to be looking for
hlas, -u; -y, -ov M voice
hlások, -ska; -sky, -skov M (Diminutive of hlas) voice
hlava, -y; -y, hláv F head; **na hlave** on the head
hlávkový šalát 1. lettuce 2. lettuce salad
hlavný Adj main
hlboký deep
hlboký tanier soup plate
hlučný noisy
hlúpy stupid, dumb
hneď right now, in a minute
hnedý brown
hoci although
hocičo anything;
   hocičo sa môže stať anything can happen
hociktorý, -á, -é any, whichever
hodina, -y; -y, hodín F hour
hodinky, hodiniek (only Pl) watch
hodiny, hodín (only Pl) clock
Holandsko, -a N Holland
hora, -y; -y, hôr F mountain
hore Adv up, upstairs; upwards
hornatý mountaineous
hosť, -a; hostia, hostí M guest
hostiteľ, -a; -lia, -ľov M host

hotel, -a; -y, -ov *M*   hotel
hotový   ready, finished
hovädzí *Adj*   pertaining to beef
hovoriť, -ím, -ia *NP*   to speak;
   hovoriť po anglicky   to speak English;
   hovoriť po slovensky
     to speak Slovak
hra, -y; -y, hier *F*   game
hrach, -u *(as food only Sg) M*   pea
hrachový *Adj*   pertaining to peas
hrad, -u; -y, -ov *M*   castle
hranatý   square
hranica, -e; -e, hraníc *F*   border *(when referring to the borders surrounding a country, in Slovak the plural is used)*
hranolky, -ov *(only Pl) (Coll)*   french fries
hrášok, -šku; -šky, -ov *(as food only Sg) M*   pea
hrať, -ám, -ajú *NP*   to play
hrozno, -a; -á, hrozien *(usually only Sg) N*   grape
hruď, -e; -e, -í *F*   chest (of the body)
hruška, -y; -y, hrušiek *F*   pear
hudobné slávnosti *(Pl)*   music festival
hudobný *Adj*   musical
husací *Adj*   pertaining to goose
hutnícky   metallurgic
hydina, -y *(only Sg) F*   poultry
chcieť, chcem, chcú; *Past* chcel *Mod*   to want
chemický *Adj*   chemical
chladnička, -y; -y, chladničiek *F*   refrigerator
chlapec, -pca; -pci, -ov *M*   boy
chlieb, chleba; chleby, chlebov *M*   bread
chmeľ, -u *(usually only Sg) M*   hops
chodidlo, -a; -á, chodidiel *N*   sole of the foot
chodiť, chodím, chodia *NP*   to attend; *(repeatedly/frequently)* to go; **chodiť spolu** *(Coll)* to be dating (each other)
chorý   sick
chovať, -ám, -ajú *NP + Acc*   to breed, to deal with animal husbandry
chrípka, -y; -y, chrípok *(usually only Sg) F*   flu, influenza;
   mám chrípku   I have the flu
chutný   tasty
chvalabohu   fortunately, thank God/goodness
chvíľa, e; -e, chvíľ *F*   a (little/short) while;
   o chvíľu   in a while
chvíľu   for a while
idem *(1st Pers Sg of* ísť*)*   I am going;
   idem domov   I am going home
igelitový *Adj*   plastic
ich *(Acc of* oni*)*   1. them   2. their(s)
ilustrácia, -ie; -ie, -ií *F*   illustration;
   na ilustráciu   for the sake of illustration
ilustrátor, -a; -i, -ov *M*   illustrator
im to treba   they need it
inak   otherwise; at other times
India, -ie *F*   India
informácia, -ie; -ie, -ií *F*   information
intelektuálny *Adj*   intellectual
internát, -u; -y, -ov *M*   student hostel
interný   internal
iný *Adj*   other, different
inzerát, -u; -y, -ov *M*   advertisement
Írsko, -a *N*   Ireland; **z Írska**   from Ireland
ísť, idem, idú; *Past* išiel, išla; *Imper* choď/te *NP*   to go; to travel; **ísť na nákup**   to go shopping;
   ísť pešo   to go on foot
izba, -y; -y, -ieb *F*   room
ja   I, me
jablko, -a; -á, jabĺk *N*   apple
jabĺčko, -a; -a, jabĺčok *N*   apple
jahoda, -y; -y, jahôd *F*   strawberry

jaj(!)   *(expressing pity or displeasure; also a reaction to pain or to being frightened)*   wow (!)
Jakub, -a; -ovia, -ov *M*   Jacob
január, -i; -re, -ov *M*   January
jar, -i; -i, -í *F*   spring
jarný *Adj*   pertaining to spring
jaskyňa, -ne; -ne; jaskýň *F*   cave
jasné *(Coll)*   sure, of course, right
jazdiť, -ím, -ia *NP (+ na + Loc)*   to ride; to drive;
   jazdiť na bicykli   to ride a bicycle;
   jazdiť na aute   to drive a car
jazero, -a; -á, jazier *N*   lake
jazyk, -a; -y, -ov *M*   language
je   *(3rd Pers Sg of* byť*)*   (he/she/it) is
jedáleň, -lne; -lne, -lní *F*   dining room
jedálny lístok   menu (card)
jedenásť   eleven
jedlo, -a; -á, jedál *N*   food; meal
jednoizbový *Adj*   pertaining to one room, one-room
jednoposteľový *Adj*   pertaining to a single room
jeho *(M/N Possessive Pronoun)*   his; its
jej   her(s)
jeseň, -e; -e, -í *F*   fall, British autumn
jesenný *Adj*   pertaining to fall
jogurt, -u; -y, -ov *M*   yogurt
ju *(Acc Sg of* ona*)*   her
juh, -u *M*   south; **na juhu**   on/in the south
júl, -a; -y, -ov *M*   July
jún, -a; -y, -ov *M*   June
južný *Adj*   southern, south
kačací *Adj*   pertaining to duck
kaleráb, -u; -y, -ov *M*   kohlrabi
kam   where to
kamarátka, -y; -y, kamarátok *F*   friend (female)
kamzík, -a; -ci/ky, -kov *M*   chamois
Kamzík, -a *M*   a hill above Bratislava in the Carpathians
Kanada, -y *F*   Canada
kancelária, -e; -e, -í *F*   office (of an office worker);
   v kancelárii   in an/the office
kandidovať, -ujem, -ujú *NP (+* na *+ Acc)*   to run for, to be the candidate for
kapusta, -y; -y, kapúst *F*   cabbage
Karpaty, Karpát *Pl*   the Carpathians
karta, -y; -y, -iet *F*   card
katalóg, -u; -y, -ov *M*   catalog
katedra, -y; -y, katedier *F*   department (of a faculty)
katedrála, -y; -y, -ál *F*   cathedral
káva, -y; -y, káv *F*   coffee
kaviár, -u; -e, -ov *M*   caviar
každý, -á, -é   every, each
kde   where
keď   when
kedy   when; **na kedy?**   for when?
kel, -u; -y, -ov *M*   kale
kg *(Abbr from* kilogram*)*   kilogram
kilo, -a; -á, kíl *(Coll Abbr from* kilogram*) N*   kilogram
kilogram, -u; -y, -ov *M*   kilogram (about 2.2 lb)
kino, -a; -á, kín *N*   movies, cinema;
   do kina   to the movies/cinema;
   v kine   at/in the movies/cinema
kiwi *Nondecl N*   kiwi
klobása, -y; -y, klobás *F*   sausage
kľúč, -a; -e, -ov *M*   key
knedľa, -le; -le, -lí *F*   (large raised) dumpling
kniha, -y; -y, kníh *F*   book
kníhkupectvo, -a; -á, kníhkupectiev *N*   book store;
   v kníhkupectve   in a/the book store
knižka, -y; -y, knižiek *F*   book
koberec, -rca; -rce, -ov *M*   carpet
koho *Gen/Acc*   whom
koláč, -a; -e, -ov *M*   cake
koľaj, -e; -e, -í *F*   track; *(British)* quay

SLOVAK FOR YOU 131

koleno, -a; -á, kolien *N* knee
koľko how many
koľko je hodín? what time is it? *(literally: how many hours is it?)*
koľko máš/máte rokov? *(Sg Infml/Pl or Sg Fml)* how old are you?
komédia, -ie; -ie, -ií *F* comedy
komín, -a; -y, ov *M* chimney
kompetenčný *Adj* pertaining to competence or professionalism
končiť, -ím, -ia *NP* to be finishing, to finish
končiť sa, -í sa *(no 1st or 2nd Pers Sg or Pl)*, -ia sa *NP* to be ending
konečne finally
koniec, -nca; -nce, -ncov *M* end; **na koniec** to the end
kontakt, -u; -y, -ov *M* contact
kontinent, -u; -y, -ov *M* continent
kontrola, -y; -y, kontrol *F* checking, inspection; checkpoint
konzultačné hodiny office hours
konzultovať, -tujem, -tujú *NP* to have consultations; to consult
kopírovacie stredisko copy center
korenený spiced
koreniť, -ím, -ia *NP + Acc* to add spices
korešpondencia, -e *(only Sg) F* correspondence
koruna, -y; -y, korún *F* crown (Slovak monetary unit)
kostol, a; -y, -ov *M* church
košík, -a; -y, -ov *M* basket
kozub, -a; -y, -ov *M* fireplace
kôň, -a; kone, koní *M* horse
krajina, -y; -y, krajín *F* country
krása, -y; -y, krás *F (+ Gen)* the beauty (of) *(in Slovak often the plural is used when referring to the beauty of a country or countryside)*
krásny beautiful
-krát time(s) *(expressing how many times)*
krátky short
kreditná karta credit card
kreslo, -a; -á, kresiel *N* armchair
kriminálny *Adj* criminal
krk, -u; -y, -ov *M* neck
krstné meno *N* first name
kto who; **kto je tam** who is calling; who is there, who is it
ktorý, -á, -é which
kufor, -fra; -fre, -ov *M* suitcase
kuchyňa, -e; -e, kuchýň *F* kitchen
kukurica, -e; -e, kukuríc *F* corn
kultúra, -y; -y, kultúr *F* culture
kultúrna pamiatka cultural landmark
kultúrny cultured; cultural
kúpalisko, -a; -á, kúpalísk *N* swimming pool
kupé *(Nondecl) N* compartment
kúpele, -ľov *(only Pl)* spa(s)
kúpeľňa, -ne; -ne, -ní *F* bathroom *(the toilet is usually not part of it)*
kúpiť, -im, -ia *P + Acc* to buy
kúpiť si, -im si, -ia si *P + Acc* to buy (for oneself)
kurací *Adj* pertaining to chicken
kurča, -aťa; -atá, -čiat *N* chicken
kurz, -u; -y, -ov *M* exchange rate
kus, -a; -y, -ov *M* piece
kvasnice, -níc *(only Pl)* yeast
kvet, -u; -y, -ov *M* flower
kým until, by the time that
kyslá smotana sour cream
kyslý sour
kysnúť, -nem, -snú; *Past* kysol *NP* *(about dough)* to rise
lacnejší cheaper
lacný cheap
ľadový *Adj* ice, pertaining to ice
ľahký *Adj* light; easy

lahodný delicious
lakeť, lakťa; lakte, lakťov *M* elbow
lampa, -y; -y, lámp *F* lamp
laň, lane; lane, laní *F* a hind
láskavosť, -ti; -ti, -tí *F* favor
latinsky/po latinsky *Adv* (in) Latin
látka, -y; -y, -tok *F* substance
lebo because
lekár, -a; -i, -ov *M* (medical) doctor (male)
lekárka, -y; -y, -rok *F* (medical) doctor (female)
lekársky medical, pertaining to medicine
lekcia, -ie; -ie, -ií *F* lesson
len only, just
les, -a; -y, -ov *M* forest, wood
let, -u; -y, -ov *M* flight
letecky by air mail
letenka, -y; -y, -niek *F* plane ticket
letieť, -ím, -ia; *Past* letel *NP* 1. to fly 2. *(Coll)* to be in, to be fashionable
letný *Adj* pertaining to summer
leto, -a; -á, liet *N* summer
letuška, -y; -y, letušiek *F* air hostess, flight attendant
líce, -a; -a, líc *N* cheek
liečivý therapeutic
liek, -u; -y, -ov *M* medication, medicine
lietadlo, -a; -á, -diel *N* airplane; **lietadlom** by plane
list, -u; -y, -ov *M* letter; **listom** by (a) letter
lístok, -tka; -tky, -tkov *M* ticket
literárny literary
literatúra, -y; -y, literatúr *F* literature
literatúra faktu non-fiction
Litva, -y *N* Lithuania
losos, -a; -y, -ov *M* salmon
Lotyšsko, -a *N* Latvia
ľudia, -í *(Pl of človek)* people
ľudový *Adj* folk
ľudský *Adj* human, pertaining to mankind
lupienok, -nka; -nky, -nkov *M* chip
Luxembursko, -a *N* Luxemburg
luxusný luxurious
lyžica, -e; -e, lyžíc *F* spoon
lyžička, -y; -y, lyžičiek *F* small spoon; teaspoon
Maďarsko, -a *N* Hungary
maďarsky/po maďarsky *Adv* (in) Hungarian
magnetofón, -u; -y, -ov *M* tape recorder
máj, -a; -e, -ov *M* May
maj/te sa dobre *(Imper Sg Infml/Pl or Sg Fml)* have a good time
Maja, -e; -e, Máj *F (Infml for* Mária*)* Mary
majster, -stra; -stri, -strov *M* maestro, master
makový *Adj* pertaining to poppy seed
Malé Karpaty, Malých Karpát *Pl* the Little Carpathians
malebný picturesque
malina, -y; -y, malín *F* raspberry
maliar, -a; -i, -ov *M* painter
malý small, little
mám prísť I should come, I am (supposed) to come
mama, -y; -y, mám *F (Infml)* mother, mom
mamin mother's
mamička, -y; -y, -čiek *F (Coll, expresses endearment)* mom, mommy
mami *(Voc Infml)* mom
manažment, -u; -y, -ov *M* management; pertaining to management
mandarínka, -y; -y, mandarínok *F* tangerine
manekýnka, -y; -y, -nok *F* fashion model
manžel, -a; -ia, -ov *M* husband
manželka, -y; -y, -liek *F* wife
mapa , -y; -y, máp *F* map;
  mapa sveta map of the world
marec, -rca; -rce, -ov *M* March
marhuľa, -e; -e, marhúľ *F* apricot

maslo, -a; -á, masiel *(usually only Sg) N* butter
mastný greasy
máš/máte telefón *(Sg Infml/Pl or Sg Fml)* you have a telephone/telephone call
mať, mám, majú *NP + Acc* to have
mať, mám, majú *+ Inf NP (+ Acc)* to be expected or obliged to (do); **mám prísť** I should come, I am (supposed) to come
matematicko-fyzikálna *Adj* of mathematics and physics
matka, -y; -y, matiek *F (slightly Fml)* mother
mäkko *Adv* soft; **aby im bolo mäkko** so that they could feel soft
mäsiarstvo, -a; -a, mäsiarstiev *N* butcher's (store); **v mäsiarstve** at the butcher's
mäso, -a; -á, mies *(usually only Sg) N* meat
mäsový *Adj* pertaining to meat
medzi among, between, in the number of
medzinárodný international
melón, -a; -y, -ov *M* watermelon or cantaloupe
menej less
meno, -a; -á, mien *N* name; first name; **na meno** in the name
menu [menü] *N* menu
mesiac, -a; -e, -ov *M* 1. month; **po mesiaci** after a month 2. moon
mesto, -a; á, miest *N* town, city; **do centra mesta** to the center of the town
meškať, -ám, -ajú *NP* to be late, to be delayed, to have a delay
mi *(Dat Sg of ja)* (to) me
miestenka, -y; -y, miesteniek *F* seat reservation
miestny *Adj* local
miesto, -a; -a, miest *N* seat; place
miešanec, -nca; -nci, -ncov *M* a person of mixed race
miešaný *Adj* mixed
miešať, -am, -ajú *NP + Acc* to mix
mihalnica, -e; -e, mihalníc *F* eyelash
mikrovlnná rúra *F* microwave oven
mikrovlnný microwave
miliarda, -y; -y, miliárd *F* billion
milión, -a; -y, -ov *M* one million
milý kind, nice
mimo outside, elsewhere than
minulosť, -ti *(only Sg) F* the past; **v minulosti** in the past
minulý previous
minúta, -y; -y, minút *F* minute
misa, -y; -y, mís *F* bowl
Miško, -a; -ovia, -ov *M (Diminutive Infml for Michal)* Mike; **Miškovi** *Dat* to Miško
mláďa, mláďaťa; mláďatá, mláďat *N* the youngling, baby
mladý *Adj* young
mletý *Adj* ground
mlieko, -a *(usually only Sg) N* milk
mlieť, meliem, melú; *Past* mlel *NP + Acc* to grind
mne *(Dat Sg of ja)* (to) me
mne to nevadí *(Coll)* I do not mind it
mnohí, -é numerous
moderný modern
modlitebný *Adj* pertaining to prayer(s)
modlitebná knižka prayer book, book of prayers
modliť sa, -ím sa, -ia sa *NP (za + Acc)* to pray (for)
modrý blue
moment, -u; -y, -ov *M* moment; just a moment
morčací *Adj* pertaining to turkey
more, -a; -ia, -í *N* sea
motorka, -y; -y, motoriek *F* motorcycle; **na motorke** by motorcycle
možno perhaps, probably, maybe
možnosť, -ti; -ti, -tí *F + Gen* possibility
môcť, môžem, môžu; *Past* mohol *Mod* 1. to be allowed to 2. to be willing (and able) to, can
môj, moja, moje my; mine
môže *(3rd Pers Sg of* môcť*)* (he/she/it) is allowed to, can; **môže sa použiť** it can be used
mraznička, -y; -y, mrazničiek *F* freezer
mrkva, -y; -y, mrkiev *(as food only Sg) F* carrot
múdrosť, -ti; -ti, -tí *F* wisdom
múdry clever, bright, educated
múka, -y; -y, múk *F* flour
musieť, musím, musia; *Past* musel *Mod* to have to, must
muzikál, -u; -y, -ov *M* a musical
muž, -a; -i, -ov *M* man; *(Infml)* husband
mužský male
my we, us
myslieť, myslím, myslia; *Past* myslel *NP + na + Acc* to think of/about
myslím *(1st Pers Sg of* myslieť*)* I think, I suppose
myšlienka, -y; -y, -nok *F* thought, idea
na *+ Acc* for *(purpose)*; **na** *+ Loc* on *(location)*
načas on time
nádoba, -y; -y, nádob *F* dish
náhodou by (some/any) chance
najmä above all
najmenej the least
najprv (at) first
nájsť, nájdem, nájdu; *Past* našiel *P + Acc* to find
najväčší the largest
najviac the most
najvýznamnejší the most significant
nákup, -u; -y, -ov *M* shopping
nákupný *Adj* pertaining to shopping
nakupovať, -ujem, -ujú *NP* to do the shopping, to be shopping
naozaj really
napájať, -am, -ajú *NP (+ na + Acc)* to be connecting (to)
napísaný *Adj* written
napísať, -šem, -šu *P + Acc* to write
nápoj, -a; -e, -ov *M* drink
napr. *(Abbr of* napríklad*)* for example
napraviť, -ím, -ia *P + Acc* to put right, to remedy
napriek tomu in spite of that/it
napríklad for example
národ, -a; -y, -ov *M* nation
narodiť sa, -ím sa, -ia sa *P* to be born
národná kultúrna pamiatka national cultural landmark
národnosť, -ti; -ti, -tí *F* (ethnic) nationality
národný national
nástupište, -šťa; -štia, nástupíšť *N* station platform
nastupovať, nastupujem, nastupujú *NP do + Gen* to be getting on, to be boarding *(a bus, a plane, etc.)*
naši my family, my folks
našťastie fortunately
nauč/te sa *(Imper of* naučiť sa*)* learn
naučiť sa, -ím sa, -ia sa *P + Acc* to learn sth
návšteva, -y; -y, návštev *F* visit; **na návšteve** visiting, on a visit; **na návštevu** for a visit
nazdar *(slightly old-fashioned)* hello; bye
nazvať, nazvem, nazvú *P + Acc + Instr* to name, to give a/the name; **nazval si ho láskou** you gave it the name of love
Neapol, -u *M* Naples
nebol, -a, -o; -i *(Past Tense of* nebyť*)* was not
nebývať, -am, -ajú *NP* not to live
neďaleko nearby
nedávno not long ago
nech *(Imper Particle for 3rd Pers)* may (he/she/they)
nech sa páči 1. here you are 2. *(when offering sth)* please 3. after you
nechať, nechám, nechajú *P + Acc* to leave
nechcieť, nechcem, nechcú *Mod + Acc* not to want to; **nechce sa mi** I do not feel like

nechutný tasteless; disgusting
nejaký, -á, -é some, some sort of
Nemecko, -a *N* Germany
nemecky/po nemecky *Adv* (in) German
neporiadny *Adj* disorderly
nerozumieť, -iem, -ejú; *Past* nerozumel *NP* not to understand
neskôr later
nevadí it does not matter; I do not mind;
   to nevadí that does not matter
nevedieť, neviem, nevedia; *Past* nevedel *NP* not to know
nevesta, -y; -y, neviest *F* daughter-in-law; bride
nič nothing
ničí, -ia, -ie nobody's
nie 1. no (as a sentential negative response) 2. not (with the conjugated forms of the verb byť or with non-verbal negation)
niečo something
niekam (direction) somewhere
niekde (location) somewhere
niekedy sometimes
niekoľkí (M +Hum Pl of niekoľko) several
niektorý, -á, -é some
nielen ... ale aj not only ... but also
nikam (direction) nowhere
nikde (location) nowhere
nikdy never
nikto nobody
Nízke Tatry, Nízkych Tatier *Pl* the Low Tatras
nízko *Adv* low
nížina, -y; -y, nížin *F* the lowlands
no well, so (a hesitation or a contact word); **no čo** (Coll) so what; well; **no dobre** well, all right; all right then
noc, -i; -i, -í *F* night; **v noci** at night
noha, -y; -y, nôh *F* leg; foot
Nórsko, -a *N* Norway
nos, -a; -y, -ov *M* nose
nosiť, -ím, -ia *NP + Acc* to be carrying, to carry;
   nosiť v srdci to carry in one's heart
novela, -y; -y, noviel *F* novelette
november, -bra; -bre, -ov *M* November
novinový stánok, -nku; -nky, -nkov *M* newspaper stall/stand
noviny, novín (only Pl) newspaper
nový new
nôž, noža; nože, nožov *M* knife
nudný boring
o (about time) 1. in, within 2. at; **o chvíľu** in a (little/short) while
obdobie, -ia; -ia, -í *N* 1. season 2. period, era;
   v období + *Gen* in the period of
obec, obce; obce, obcí *F* community
obed, -a; -y, -ov *M* lunch; **na obed** at noon
obedovať, -ujem, -ujú *NP* to have lunch
obchod, -u; -y, -ov *M* store, shop
obchodný *Adj* pertaining to business
obchodný dom department store
objednať, -ám, -ajú *P + Acc (+ pre + Acc)* to order, to make a reservation of sth (for sb)
objednávka, -y; -y, -vok *F* order
objímať, -am, -ajú *NP + Acc* to be embracing
oblasť, -ti; -ti, -tí *F* area
oblička, -y; -y, obličiek *F* spleen
obľúbený favorite, popular
obočie, -ia; -ia, -í *N* eyebrow
obohatenie, -ia (usually only Sg) *N* enrichment
obraz, -u; -y, -ov *M* picture, painting
obrázok, -zka; -zky, -zkov *M* picture (photograph, (little) drawing or reprint of a picture)
obroda, -y; -y, obrôd *F* revival
obrus, -u; -y, -ov *M* tablecloth
obsadenie, -ia (only Sg) *N (+ Acc)* cast (of a play, etc.)
obsadený *Adj* occupied; (about e.g. a seat) taken; (about a plane, bus, etc.) full
obsluha, -y; -y, obslúh *F* service
obyčajne usually
obývačka, -y; -y, obývačiek *F* living room
obývaný *Adj* inhabited
obývať, -am, -ajú *NP + Acc* to inhabit
obyvateľ, -ľa; -lia, -ľov *M* inhabitant, citizen
oceán, -u; -y, -ov *M* ocean
ocko, -a; -ovia, -ov *M* (Coll, expresses endearment) dad, daddy
ocot, octu; -y, -ov *M* vinegar
od since, from the time of; **od roku** since/from the year; **od** + *Gen* (away) from; **od nás** from us
odborník, -a; -ci, -kov *M* specialist
oddávna since long ago, for a long time
odchádzať, -am, -ajú *NP* to be leaving
odkiaľ where from
odlet, -u; -y, -ov *M* departure (of airplane)
odporný disgusting
odpoveď, -e; -e, í *F* (na + Acc) answer (to sth)
odpovedať, -ám, -ajú *NP* to answer
odpovedz/te (Imper of odpovedať) answer
odstrániť, -im, -ia *P + Acc* to do away with
odtiaľ from there
odtiaľto from here
odvážiť, -im, -ia *P + Acc* to weigh
ohraničovať, -ujem, -ujú *NP + Acc* to form the border of
okno, -a; -á, okien *N* window; **pri okne** at/by the window
oko, -a; oči, očí *N* eye
okrem + *Gen* except for
okres, -u; -y, -ov *M* district
okrúhly *Adj* round, having a round shape
október, -bra; -bre, -brov *M* October
olovrant, -u; -y, -ov *M* afternoon snack
olovrantovať, -ujem, -ujú *NP* to have a/the afternoon snack
oltár, -a; -e, -ov *M* altar
Olympijské hry *Pl* Olympic Games
olympijský Olympic
on he
ona she
oni they
ono it
ony they (referring F, N, M -Hum)
opera, -y; -y, opier *F* opera; **na operu** to an opera
operný operatic
opravený *Adj* repaired
opraviť, opravím, opravia *P + Acc* to repair
opýtať sa, -am sa, -ajú sa *P* to ask
oranžový *Adj* orange
orientovať sa, -ujem sa, -ujú sa *NP (+ na + Acc)* to be oriented (upon)
osem eight
osemdesiat eighty
osemnásť eighteen
oslava, -y; -y, oslav *F* celebration
oslovenie, -ia; -ia, -í *N* addressing sb
osobnosť, -ti; -ti, -tí *F* personality
ostatný, -á, -é other
osud, -u; -y, -ov *M* destiny, fate
ošípaná, -ej; -é, -ých (declined as Adj) *F* pig
otázka, -y; -y, otázok *F* question
otcov father's
otec, otca; otcovia, otcov *M* father
otvorený *Adj* open
otvoriť, -ím, -ia *P + Acc* to open
otvoriť sa, -ím sa, -ia sa *P* to become opened
oválny *Adj* oval
ovca, e; -e, oviec *F* sheep
ovocie, -a (only Sg) *N* fruit
ovzdušie, -ia (only Sg) *N* atmosphere

oznámiť, -ím, -ia P + Acc + Dat   to announce sth to sb
ôsmy   eighth
P.S. *Abbr* from Latin **post scriptum** *(in correspondence introduces an afterthought)*
pacient, -a; -i, -ov M   patient
páčiť sa, -im sa, -ia sa (+ *Dat*) NP   to be liked (by); to like **nech sa páči** 1. here you are   2. *(when offering sth)* please   3. after you; **páči sa mi** + *Nom*   I like sb/sth; **páči sa ti** + *Nom*   you like sth/sb; do you like sth/sb?
palacinka, -y; -y, palaciniek F   pancake, crepe
palec, palca; palce, palcov M   thumb
pamätať sa, -ám sa, -ajú sa NP (+ na + Acc)   to remember, to recall
pamiatka, -y; -y, -tok F   landmark; souvenir
pán, -a; -i, -ov M   Mr, sir, gentleman
pani, -i/-ej; -i/-ie, paní F   Mrs, lady, madam
paprika, -y; -y, paprík F   (green, red, yellow) pepper
pár, -u; -y, -ov M   pair
paradajka, -u; -y, paradajok F   tomato
paradajkový *Adj*   pertaining to tomatoes
parkovisko, -a; -á, parkovísk N   parking lot
párok, -rku; -rky, -rkov M   hot dog
partner, -a; -i, -ov M   colleague, partner
pas, -u; -y, -ov M   passport; **číslo pasu**   passport number
pasová kontrola   the checking of passports; passport checkpoint
pasový *Adj*   pertaining to passport
patriť, -ím, -ia + medzi + *Acc* NP   rank in the number of
päť   five
päťdesiat   fifty
pätnásť   fifteen
pečeň, -ne; -ne, -ní F   liver
pečený   baked; roasted
pedagogický   pedagogical
pekne   nicely
pekný   nice, nice-looking, pretty, handsome
peniaze, peňazí *(only Pl)*   money
penzia, -e; -e, -ií F   retirement, pension; **na penzii**   in retirement, retired
pero, -a; -á, pier N   pen
pes, psa; psi/psy, psov M   dog
pestovať, -ujem, -ujú NP + Acc   to grow sth
pešo   on foot
petržlen, -u; -y, -ov M   parsley
piatok, -u; -y, -ov M   Friday
piaty   fifth
piecť, pečiem, pečú; *Past* piekol NP + Acc   to bake
pieseň, -sne; -sne, -sní F   song
pilot, -a; -i, -ov M   pilot
pirohy, -ov *(Pl)* **so syrom**   dough filled with cheese, usually shaped in squares and boiled
písací stôl M   desk
písať, píšem, píšu NP + Acc   to write sth
písať sa, píšem sa, píšu sa; *Past* písal sa NP   to be written
písať si, píšeme si, píšu si NP   to write to each other
písmo, -a; -a, písiem N   script, letters; handwriting; (system of) writing
písomne *Adv*   in writing
píš/te *(Imper of* písať*)*   write; **píšte tlačeným písmom**   print, write in printed letters
pitie, -ia *(only Sg)* N   drinking; **na pitie**   for drinking
pivo, -a; -á, pív N   beer
pivovarnícky *Adj*   pertaining to breweries, beer-producing
plachý   shy
plán, -u; -y, -ov M   plan
platiť, -ím, -ia NP   to pay
platobná karta   bank card, handybank card
plaváreň, -ne; -ne, -ní F   swimming pool
plávať, -am, -ajú NP   to swim

piece, -a; plecia, pliec N   shoulder
pleso, -a; -á, plies N   moraine lake
plnený *Adj*   stuffed
plniť, -ím, -ia NP + Acc   to stuff; to fill
plný   full
plocha, -y; -y, plôch F   runway; area
plytký   shallow
plytký tanier   dinner plate
po celý čas   all the time
po päť korún   five crowns each
po tom, čo   after
pobyt, -u; -y, -ov M   stay
pocit, -u; -y, -ov M   feeling
počasie, -ia *(usually only Sg)* N   weather
počítač, -a; -e, -ov M   computer; **na počítači**   on the computer
počítať, -am, -ajú NP + Acc   to count sth
počuť, počujem, počujú NP + Acc   to hear
počúvaj/te *(Imper of* počúvať*)*   listen
počúvať, -am, -ajú NP + Acc   to be listening, to listen to
poď/te *(Imper of* ísť*)*   come; **poď/te ďalej** *(Imper of* ísť*)*   come in; **poď/te sem** *(Imper of* ísť*)*   come here
podeliť sa (o + *Acc*) P   to share
podľa + *Acc*   by, according to
poďme *(Imper of* ísť*)*   let us go
podmienka, -y; -y, -nok F (+na + *Acc*)   condition (for)
podnikateľ, -a; -lia, -ľov M   businessman, enterpreneur
podobne   the same (to you)
podobne ako   similarly to
podpis, -u; -y, -ov M   signature
podrobný   detailed
podunajský *Adj*   Danubian, pertaining to the area along the Danube
poézia, -ie; -ie, -ií F   poetry
pohár, -a; -e, -ov M   glass, cup
pohľadnica, -e; -e, pohľadníc F   picture postcard
pohlavie, -via; -via, -ví N   sex
pohnutý *(negatively)*   dramatic, hard
pohodlný   comfortable
pohorie, -ia; -ia, -í N   mountain range
pokazený   broken; **mám pokazený bicykel**   my bicycle is broken
pokaziť, -ím, -ia P + Acc   to cause sth to become broken or out of order
pokladňa, -dne; -dne, -dní F   ticket office; cashier's desk; **pri pokladni**   at the cashier's
pokladníčka, -y; -y, -čok F   female ticket officer
pokrstiť, -ím, -ia + Acc   to Christianize
pol + *Gen Adv*   half of
polička, -y; -y, poličiek F   shelf
polievka, -y; -y, -vok F   soup
poľnohospodársky   agricultural
poľnohospodárstvo, -a *(usually only Sg)* N   agriculture
poloha, -y; -y, polôh F   location
položený *Adj*   located, situated
Poľsko, -a N   Poland
poludnie, -ia; -ia, -dní N   noon; **na poludnie**   at noon
pomaly   slowly
pomaranč, -a; -e, -ov M   an orange
pomedzi + *Acc*   in between
pomerne   considerably, rather
pomoc, -i F *(only Sg)*   help, assistance
pomôcť, pomôžem, pomôžu; *Past* pomohol P   to help
pondelok, -lka; -lky, -ov M   Monday
poobede   in the afternoon
popolník, -a; -y, -ov M   ashtray
popoludní   in the afternoon
popoludnie, -ia; -ia, -dní N   afternoon
poprosiť, -ím, -ia P + Acc + o + Acc   to ask sb for sth
porekadlo, -a; -á, -diel N   proverb
poriadok, -dku; -dky, -dkov M   order
Portugalsko, -a N   Portugal

poschodový *Adj* having two floors or more than one floor
posielať, -am, -ajú *NP + Acc + Dat* to be sending sth to sb
poskytovať, -ujem, -ujú *NP + Acc + pre + Acc* to offer, to provide sth for
poslať, pošlem, pošlú *P + Acc* to send
poslucháreň, -rne; -rne, -rní *F* university auditorium, large classroom
posteľ, -e; -e, -í *F* bed
pošta, -y; -y, pôšt *F* 1. mail; 2. post office
  na pošte at the post office
poštovné, -ého *(only Sg) N* postage
potom then
potraviny, potravín *(usually only Pl)* 1. food, food products; 2. food store, grocery;
  v potravinách at the grocery
potrebovať, -bujem, -bujú *NP + Acc* to need
používať, -am, -ajú *NP + Acc* to use
Považie, -ia *N* region along the Váh river
povedať, poviem, povedia; povedz *P + Acc (sth) + Dat (to sb)* to say, to tell
povedz/te *(Imper of* povedať*)* say
povesť, -ti; -ti, -tí *F* legend
poviedka, -y; -y, -ok *F* short story
povinne obligatorily
povolanie, -ia; -ia, -í *N* occupation, profession
pozdrav, -u; -y, -ov *M* 1. greeting; 2. greeting card
pozdravovať, -ujem, -ujú *NP + Acc* to extend or send greetings to
pozerať, -ám, -ajú *NP + Acc* to be looking at
poznať, -ám, -ajú *NP/P + Acc* to be acquainted/familiar with
pozrieť, pozriem, pozrú; *Past* pozrel *P + (na + Acc)* to (have a) look (at)
pozrieť sa, pozriem sa, pozrú sa; *Past* pozrel sa *P (+ na + Acc)* to (have a) look (at)
pozri/te *(Imper of* pozrieť*)* look
požehnaný *Adj* blessed
požičať, požičiam, požičajú *P + Acc + Dat* to lend sth to sb
práca, -e; -e, prác *F* work
pracovať, pracujem, pracujú *NP* to work
pracovňa, -ne; -ne, -ní *F* (university teacher's) office
prameň, -a; -ne, -ov *M (mineral or thermal)* spring
prastará mama *F* great-grandmother
prastarý otec *M* great-grandfather
pravnučka, -y; -y, -čiek *F* great grand daughter
pravnuk, -a; pravnuci, pravnukov *M* great grand son
právnický *Adj* pertaining to law
prázdniny, prázdnin *(only Pl)* vacation, holidays;
  cez prázdniny during the holidays
prázdny *Adj* empty
pre *+ Acc* for sb/sth; for (the sake of); because of
pre seba for oneself (myself, yourself ...)
preclenie, -ia *N* imposing duty;
  na preclenie to be declared
prečo why
pred *+ Instr* before, ago; **pred mesiacom** a month ago
predajňa, -e; -e, -í *F* store
predať, predám, predajú *P + Acc* to sell sth
predavač, -a; -i, -ov *M* shop assistant, attendant (male), sales person
predavačka, -y; -y, -čiek *F* shop assistant, attendant (female)
predávať, -am, -ajú *(NP + Acc)* to be selling
predjedlo, -a; -á, -dál *N* appetizer
prednášať, -am, -ajú *NP + Acc* to lecture on sth
prednáška, -y; -y, -šok *F* lecture
predok, -dka; -dkovia, -dkov *M* ancestor, predecessor
predpoludnie, -ia; -ia, -dní *N* time between (early) morning and noon
predpoludním before noon
predstavenie, -ia; -ia, -í *N* performance

predstaviť, -ím, -ia *P + Acc* to introduce
predvčerom the day before yesterday
preferencia, -ie; -ie, -ií *F* preference
preklad, -u; -y, -ov *M* translation;
  v preklade in translation
prekladať, -ám, -ajú *NP + Acc* to translate, to be translating
prekvapený *Adj* surprised
prekvapiť, -ím, -ia *P + Acc* to surprise
preložiť, -ím, -ia *P + do (into) Gen (+ Acc sth)* to translate
prelož/te do angličtiny/slovenčiny *(Imper of* preložiť*)* translate into English/Slovak
prenajať, prenajmem, prenajmú *P + Acc* (to offer) to rent sth
prepáčiť, -im, -ia *P + Dat (sb) + Acc (for sth)* to excuse sb for sth
prepáč/te *(Imper of* prepáčiť*)* excuse me/us/sb
preto that is why
prezentácia, -ie; -ie, -ií *F* presentation
pri *+ Loc* at, near, by; **pri okne** at/by the window
priamy *Adj* direct
priateľ, -a; -ia, -ov *M* friend (male)
priateľka, -y; -y, -liek *F* friend (female)
priaznivý favorable
príbuzná, -ej; -é, -ých *F* a relative (female)
príbuzný, -ého; -í, -ých *M* a relative (male)
pricestovať, -ujem, -ujú *P* to arrive (after travelling)
pridať, -ám, -ajú *P + Acc* to add
priemyselno-poľnohospodársky industrial-agricultural
priemyselný industrial
priezvisko, -a; -á, priezvisk *N* last name, surname
príjemný pleasant
príklad, -u; -y, -ov *M* example
prikryť, prikryjem, prikryjú *P + Acc* to cover
príloha, -y; -y, príloh *F* trimmings, garnish
priniesť, prinesiem, prinesú; *Past* priniesol *P + Acc* to bring
príroda, -y *(only Sg) F* countryside, nature
prirodzený natural, not man-made
pristávací pertaining to landing
pristávacia dráha landing strip/runway
pristávať, -am, -ajú *NP* to be landing
príslušenstvo, -a; -á, -stiev *N* bathroom and toilet
prísť, prídem, prídu; *Past* prišiel; *Imper* príď/prídi *P* to come, to arrive
profesor, -a; -i, -ov *M* (male) profesor
profesorka, -y; -y, -riek *F* (female) professor
prostredie, -ia; -ia, -í *N* environment
prosím 1. here you are 2. *(when offering sth)* please 3. *(in response to* ďakujem; *in Slovak it is impolite not to say anything)* you are welcome 4. after you 5. please
prosím? 1. *(when answering the phone)* hallo? 2. *(when not understanding or hearing something well)* pardon me?
prosím si I would like (to have); *(asking for something)* please
prosiť, -ím, -ia *NP + Acc* to ask sb
prosiť si, -ím si, -ia si *NP + Acc* to be asking for sth/sb
protiklad, -u; -y, -ov *M* an opposite, sth having opposite meaning
próza, -y; -y, próz *F* prose
prozaik, -a; -ci, -kov *M* prose writer
prst, -a; -y, -ov *M* finger
PSČ *(Abbr from* poštové smerovacie číslo*)* (postal) zip code
pult, -u; -y, -ov *M* counter; **na pulte** on the counter; **pri pulte** at the counter
pusto *Adv* empty, deserted; **aby im pusto nebolo** so that they would not feel deserted
rad, -u; -y, -ov *M* line; **byť na rade** to be one's turn (in a line)
rád, rada, rado; radi glad; **som rád/rada/rado** I am glad
radosť, -ti *(only Sg) F* joy

radšej 1. better, preferably 2. (should) better, preferably
Rakúsko, -a *N* Austria
rameno, -a; -á, ramien *N* arm
raňajky, raňajok *(only Pl)* breakfast
ráno, -a; -a, rán *N* morning
rasca, -e *(only Sg) F* caraway seed
rastlinná výroba crop production and horticulture
rastlinný *Adj* pertaining to plants
realizmus, -zmu *(usually only Sg) M* realism
rebro, -a; -á, rebier *N* rib
recepcia, -ie; -ie, -ií *F* reception *(office in a hotel)*
recepčná *F* receptionist (female)
recept, -u; -y, -ov *M (+ na Acc)* recipe (for sth)
reč, -i; -i, -í *F* speech
redakcia, -ie; -ie, -ií *F* editorial office
redaktor, -a; -i, -ov *M* editor
reďkvička, -y; -y, -čiek *F* radish
regál, -u; -y, -ov *M* shelves (along the aisles)
rekreácia, -ie; -ie, -ií *F* holiday making
rektor, -a; -i, -ov *M* rector *(university president)*
rektorát, -u; -y, -ov *M* rector's office
renesančný *Adj* pertaining to renaissance
repa, -y; -y, riep *F* beet
republika, -y; -y, republík *F* republic
résumé [rézumé] *Nondecl N* résumé
reštaurácia, -ie; -ie, -ií *F* restaurant;
   v reštaurácii at a restaurant
rezeň, rezňa; rezne, rezňov *M* chop
riad, -u; -y, -ov *M* dishes *(can also be used in the singular number as a collective noun)*
riaditeľ, -ľa; -lia, -ľov *M* director
riaditeľka, -y; -y, riaditeliek *F* female director
ríbezľa, -le; -le, -lí *F* red currant
rieka, -y; -y, riek *F* river
ríša, -e; -e, ríš *F* empire
roastbeef [rozbíf], -u; -y, -ov *M* roastbeef
robiť, -ím, -ia *NP* to do
ročné obdobie season of the year
ročný *Adj* pertaining to a/the year
rodič, -a; -ia, -ov *M* parent
rodina, -y; -y, -dín *F* family
rodné meno *N* surname at birth; maiden name
rodokmeň, -a; -ne, ňov *M* family tree
rok, -u; -y, -ov *M* year; **má osem rokov**
   (he/she/it) is eight years old
rokovanie, -ia; -ia, -í *N* talks, negotiations
Róm, -a; -ovia, -ov *M* Romani, Gypsy
román, -u; -y, -ov *M* novel
romantizmus, -zmu *(usually only Sg) M* romanticism
rovno *Adv* straight
rozhovor, -u; -y, -ov *M* dialogue
rozličný *Adj* various, different
rozpadnúť sa, rozpadne sa *(no 1st or 2nd Pers Sg or Pl)*, rozpadnú sa; Past rozpadol sa *P* to disintegrate
rozprávať, rozprávam, rozprávajú *NP* to talk, to speak
rozprávať sa, -am sa, -ajú sa *NP* to talk (mutually)
rozsiahly extensive
rozumieť, -miem, -mejú; *Past* rozumel *NP*
   to understand
rozvedený *Adj* divorced
rozvoj, -a *(only Sg) M* development
rozvrh, -u; -y, -ov *M* timetable
rožok, rožka; rožky, rožkov *M* roll
ruka, -y; -y, rúk *F* hand; arm;
   do rúk into one's/sb's hands
Rumunsko, -a *N* Roumania
rúra, -y; -y, rúr *F* oven
Rusín, -a; -i, -ov *M* Ruthenian
Rusko, -a *N* Russia
ružový pink
rybí *Adj* pertaining to fish
rýchlik, -a; -y, -ov *M* fast train
rýchlo *Adv* fast, quickly
rýchly *Adj* quick, fast
ryža, -e *(usually only Sg) F* rice
s *+ Instr* with; **s láskou** with love; **s pozdravom**
   sincerely *(literally: with a greeting)*
sadni/te si *(Imper of* sadnúť si*)* sit down
sadnime si *(Imper of* sadnúť si*)* let us sit down
sadnúť si, sadnem si, sadnú si; sadol/sadla si;
   sadni/te si *P* to sit down
saláma, -y; -y, salám *F* salami
sám, sama, samo, sami alone, by oneself
samostatný separate; sovereign, independent
samotný, -á, -é *Adj* itself *(*samotný *precedes the modified noun:* samotná Levoča *- Levoča itself)*
samozrejme of course
scéna, -y; -y, scén *F* scene; stage;
   na najvýznamnejších operných scénach sveta
   on the most prominent operatic stages of the world
sci-fi [sci-fi] *N* sci-fi
science-fiction *(pronounced as in English) Nondecl F*
   science-fiction
sedem seven
sedemdesiat seventy
sedemnásť seventeen
sem *(direction)* here
semester, -stra; -stre, -strov *M* semester
seminár, -a; -e, -ov *M* seminar
september, -bra; -bre, -brov *M* September
servus *(old-fashioned; used by older people)* hello; bye
sesternica, -e; -e, -níc *F* female cousin
sestra, -y; -y, sestier *F* sister
sever, -u *M* north; **na sever** to the north;
   na severe on/in the north
severný *Adj* northern, north
severovýchodný north-eastern; **na severovýchodnom Slovensku** in north-eastern Slovakia
sezónny seasonal
si *(2nd Pers Sg of* byť*)* (you Sg) are
siedmy seventh
sieť, -te; -te, -tí *F* network
silný strong, hefty
sivý *Adj* grey
sklený *Adj* pertaining to glass
skriňa, -e; -e, skríň *F* cabinet, wardrobe
skrinka, -y; -y, skriniek *F* cabinet
skrutka, -y; -y, skrutiek *F* screw
skúsenosť, -ti; -ti, -tí *F* experience, expertise, knowledge
skúsiť, skúsim, skúsia *P + Acc* to try
skúšať, -am, -ajú *NP + Acc* to examine sb/sth
skúška, -y; -y, -šok *F* examination, exam;
   mám skúšku I have an exam
slabý weak
sladký sweet
slaný salty
slanina, -y; -y, slanín *F* bacon
slečna, -y; -y, -čien *F* miss, young lady, unmarried woman
slivka, -y; -y, sliviek *F* plum
slivovica, -e; -e, slivovíc *F* plum brandy
slobodný single; free
slobodný umelec free-lance artist
Slovák, -a; Slováci, Slovákov *M* Slovak (male)
slovenčina, -y *F* Slovak language
Slovenka, -y; -y, Sloveniek *F* Slovak (female)
Slovensko, -a *N*; **na Slovensko** to Slovakia;
   zo Slovenska from Slovakia
slovensky/po slovensky *Adv* (in) Slovak
slovenský *Adj* Slovak
slovník, -a; -y, -ov *M* vocabulary; dictionary
slovo, -a; -á, slov *N* word
sľúbiť, -im, -ia *P + Acc* to promise
slúžiť, -i, -ia *NP (+ na + Acc + pre + Acc)* to serve (for sth for sb)

služobná cesta business trip
smädný thirsty
sme (1st Pers Pl of byť) (we) are
smiať sa, smejem sa, smejú sa; Past smial sa NP to laugh
smieť, smiem, smú; Past smel Mod to be allowed/permitted to
smotana, -y; -y, smotán F cream
smutný sad
sobota, -y; -y, sobôt F Saturday
sóda, -y; -y, sód F soda water (gaseous unsweetened colorless drink)
software, -ru; -ry, -rov M software
soľ, -li; -li, -lí F salt
sólista, -u; -i, -ov M soloist
Solún, -a M Salonika, ancient Thesalonica (a town in Greece)
som (1st Pers Sg of byť) (I) am
spálňa, -e; -e, spální F bedroom
spať, spím, spia NP to sleep
späť Adv back, backward(s)
spätný projektor, -a; -y, -ov M overhead projector
spev, -u; -y, -ov M singing
spiatočný lístok return ticket
spievať, -am, -ajú NP to sing
Spojené štáty americké United States of America
spokojný satisfied
spoločnosť, -ti; -ti, -tí F company
spolu together; **chodiť spolu** to be dating (each other)
spolupracovať, -ujem, -ujú NP to cooperate, to collaborate
sporák, -u; -y, -ov M range, stove (for cooking)
sprievodca, -u; -ovia, -ov M guide (both as book or person declined as +Hum)
srdce, -a; -ia, sŕdc N heart;
 zo srdca (in correspondence) cordially
srdečne cordially (used in correspondence as English sincerely)
srdečný Adj cordial;
 srdečný pozdrav sincere greetings
stále all the time
stanica, -e; -e, staníc F (railway/bus) station
stará dievka, -y; -y, -vok F (derogatory) old maid
stará mama F grandmother
starý old
starý mládenec M bachelor
starý otec M grandfather
starý rodič grandparent
stáť, stojím, stoja NP to stand; to cost;
 čo stojí/stoja...? how much is/are...?
ste (2nd Pers Pl of byť) (you Pl) are
stehno, -a; -á, stehien N thigh
stena, -y; -y, stien F wall
steward, -a; -i, -ov M flight attendant
sto one hundred; **sto korún** one hundred crowns
stolička, -y; -y, -čiek F chair
stolík, -a; -y, -ov M little table
stopa, -y; -y, stôp F (measure of length) foot
storočie, -ia; -ia, -í N century
stôl, stola; stoly, stolov M table
streda, -y; -y, stried F Wednesday
stredisko, -a; -á, stredísk N center (institution)
stredná elektrotechnická škola secondary electrotechnical school
stredný (pertaining to school level) secondary; central
stredoeurópsky Central European
stredoškolák, -a; -láci, -lákov M secondary school student
stredoveký medieval
strecha, -y; -y, striech F roof
stretnutie, -ia; -ia, -í N meeting
strojársky Adj pertaining to machine engineering

strúhaný Adj grated
strúhať, -am, -ajú NP to grate
strýko, -a; -ovia, -ov M uncle (father's brother)
stryná, -ej; -é, strýn F aunt (father's sister)
studený Adj cold
stúpať, -am, -ajú NP to be increasing
sú (3rd Pers Pl of byť) (they) are
súbor, -u; -y, -ov M ensemble
súčasnosť, -ti (usually only Sg) F the present;
 v súčasnosti at present
super Adj or Adv (one form for all genders, Nondecl) (Youth Slang) great, excellent
súrodenec, -nca; -nci, -ncov M sibling (while sibling is not frequently used, súrodenec is a common and frequent reference to brothers and/or sisters)
sused, -a; -ia, -ov M neighbour
svadba, -y; -y, svadieb F wedding
svätý Adj saint
svet, -a; -y, ov M world;
 na celom svete in the whole world
svetlo- light-coloured; **svetlohnedý** light-brown
svetlý Adj light(coloured)
svetová strana, -y; -y, strán F cardinal point
svetový Adj pertaining to the world; universal
svetoznámy Adj world-renowned
sviatok, -tku; -tky, -tkov M holiday
svietiť, -im, -ia NP to shine; to be lit
svoj, -a, -e one's own (mine, yours ...)
svokor, -kra; -krovia, -krov M father-in-law
svokra, -y; -y, -kier F mother-in-law
sympatický nice, pleasant
syn, -a; -ovia, -ov M son
syr, -a; -y, -ov M cheese
šalát, -u; -y, -ov M 1. salad 2. lettuce
šek, -u; -y, -ov M by check; **šekom** by check
šesť six
šesťdesiat sixty
šestnásť sixteen
šiesty sixth
šikovný handy, skillful
široký wide
šiška, -y; -y, -šiek F donut
škandinávsky Adj Scandinavian
škaredý ugly
škoda, -y; -y, škôd F 1. damage 2. pity in:
 (je to) škoda(, že) it is a pity (that)
škodlivý harmful
škola, -y; -y, škôl F school
školenie, -ia; -ia, -í N briefing, training
šofér, -a; -i, -ov M driver
šoférovať, -ujem, -ujú NP (+ Acc) to drive
Španielsko, -a N Spain
špecialista, -u; -i, -ov M specialist
špenát, -u; -y, -ov M spinach
šport, -u; -y, -ov M sport
štartovací Adj) pertaining to taking off or starting
štartovacia dráha runway
štartovať, -ujem, -ujú NP to start
šťastie, -ia; -ia, -í N happiness; (good) luck
šťastnú cestu have a nice trip
šťastný happy
šťastný let have a nice trip (literally: happy flight)
štát, -u; -y, -ov M state
štátna príslušnosť F citizenship
štátny Adj pertaining to state
štíhly slim
štipľavý hot (from spices, above all from hot paprika)
štít, -u; -y, -ov M peak
štrnásť fourteen
študent, -a; -i, -ov M (male) student
študentka, -y; -y, študentiek F (female) student
študentský Adj student, pertaining to students

štúdium, -dia; -diá, -dií *N* studies
študovať, -ujem, -ujú *NP + Acc* to study sth
študovňa, -e; -e, -í *F* reading room
študuje angličtinu/slovenčinu (he/she/it) studies English/Slovak
štvorcový *Adj* square
štvorposteľový *Adj* with/having four beds
štvrť a quarter
štvrtok, -tka; -tky, -ov *M* Thursday
štvrtý fourth
štyridsať forty
šunka, -y; -y, šuniek *F* ham
švagor, -gra; -grovia, -grov *M* brother-in-law
švagriná, ej; -né, švagrín *F* sister-in-law
Švajčiarsko, -a *N* Switzerland
Švédsko, -a *N* Sweden
tabak, -u *(usually only Sg) M* tobacco
tabuľa, -e; -e, tabúľ *F* blackboard; board
tak so; *(a hesitation or contact word to begin a statement)* well, so; **tak ako?** well, how are you? *(in style and tone similar to „how are you doing")*
takmer nearly
takže so (that); hence, thus
Taliansko, -a *N* Italy
tam there
tanier, -a; -e, -ov *M* plate
taška, -y; -y, tašiek *F* bag
taxík, -a; -y, -ov *M* taxi cab; **taxíkom** by taxi
taxikár, -a; -i, -ov *M* taxi-driver (male)
ťažký heavy; difficult
teda hence, thus
technický technological, technical
technika, -y; -y, techník *F* technology, technical equipment
teľací *Adj* pertaining to veal
televízor, -a; -y, -ov *M* television set
telefón, -u; -y, -ov *M* telephone; *(Coll)* telephone call; **máš telefón** you have a phone call
telefonát, -u; -y, -ov *M* telephone call
telefonicky *Adv* by/over the telephone
telefonovať, -ujem, -ujú *NP* to make a telephone call
telo, -a; -á, tiel *N* body
telocvičňa, -e; -e, -í *F* gymnasium
tenis, -u *(only Sg) M* tennis
tenký thin
tenor, -u; -y, -ov *M* tenor
teplý warm
teraz now
teší ma *(after sb is introduced to you)* nice to meet you
tešiť sa, -ím sa, -ia sa *NP (+ na + Acc)* to look forward to
teta, -y; -y, tiet *F* aunt (mother's sister)
text, -u; -y, -ov *M* text
ti *(Dat Sg of ty)* (to) you
tiecť, tečie *(no 1st and 2nd Pers Sg or Pl)*, tečú; *Past* tiekol *NP (+ do + Acc)* to flow (into)
tiež also, too
tichý *Adj* quiet
tisíc one thousand
tlačené písmo *N* printed letters; **tlačeným písmom** in printed letters
tlačiareň, -rne; -rne, -rní *F* printer
tma, -y *(only Sg) F* darkness; **je tma** it is dark *(literally: (there) is darkness)*
tmavo- dark-coloured; **tmavohnedý** dark-brown
tmavý *Adj* dark
to it; that; **to je všetko** that's it, that's all; **to nevadí** *(Coll)* that does not matter
tohtoročný *Adj* pertaining to this year, this year's
torta, -y; -u, tort *F* tart, cake
toto this
továreň, -rne; -rne, -rní *F* factory
tradícia, -ie; -ie, -ií *F* tradition

transkontinentálny transcontinental
trasa, -y; -y, trás *F* itinerary, route
treba (it is/they are) necessary; **im to treba** they need it
tretí third (in sequence)
tretina, -y; -y, tretín *F* (one) third
tri three
tridsať thirty
trieda, -y; -y, tried *F* class, classroom
trinásť thirteen
trištvrte na *(when telling the time)* a quarter to
trochu a bit, a little
trvať, -ám, -ajú *NP* to last, to take
tu here; **tu (je)** *(when identifying oneself in a telephone call)* this is
turista, -u; -i, -ov *M* tourist
turistický *Adj* tourist
tvár, -e; -i, -í *F* face
tvoj, tvoja, tvoje *(Infml 2nd Pers Sg Possessive Pronoun)* your(s)
tvoriť, -ím, -ia *NP + Acc* to form, to be formed by
ty *(2nd Pers Sg Infml)* you
tykať, -ám, -ajú *NP + Dat* to be on „ty" terms, to use the informal form of address
typ, -u; -y, -ov *M* type; **typu** of the type
týždeň, -dňa; -dne, -dňov *M* week
u *+ Gen* at (sb's place or home); **u nás** at our home/place; **u nich (doma)** at their home
ubytovanie, -ia; -ia, -í *N* accommodation
úcta, -y *(only Sg) F* respect; **s úctou** with respect(s)
učebňa, -e; -e, -í *F* classroom; **v učebni** in a/the classroom
učebnica, -e; -e, -níc *F* textbook
učiť, učím, učia *NP + Acc* to teach sb/sth
učiť sa, -ím sa, -ia sa *NP + Acc* to learn, to study, to be learning/studying
učiteľ, -a; -ia, -ov *M* teacher (male)
učiteľka, -y; -y, -liek *F* teacher
údaj, -a; -e, -ov *M (+ o + Loc)* information, data (about)
údený *Adj* smoked
údiť, -ím, -ia *NP + Acc* to smoke (food)
uhorka, -y; -y, uhoriek *F* cucumber
uhorkový *Adj* pertaining to cucumbers
ucho, -a; uši, uší *N* ear
ujo, -a; -ovia, -ov *M* uncle (mother's brother)
ukázať, ukážem, ukážu *NP + Acc* to show
Ukrajina, -y *F* Ukraine
ulica, -e; -e, ulíc *F* street
úloha, -y; -y, úloh *F* role
umelec, -lca; -lci, -lcov *M* artist
umelecký artistic, pertaining to fiction
umenie, -ia; -ia, -í *N* art
umývačka, -y; -y, -čiek riadu *F* dishwasher
unavený tired
univerzita, -y; -y, -zít *F* university; **na univerzite** at a/the university
univerzitný *Adj* pertaining to university
úprimne sincerely
úradníčka, -y; -y, úradníčok *F* clerk, office worker (female)
úradník, -a; úradníci, úradníkov *M* clerk, office worker (male)
úradný *Adj* official
určite certainly
urobiť, -ím, -ia *P* to do, to pass
úroveň, -vne; -vne, -vní *F* level
úspech, -u *(only Sg) M* success; **mať úspech** to be successful, to have success
uťahovať si, uťahujem si, uťahujú si *NP + z + Gen (Coll)* to be pulling sb's leg, to be kidding sb; **ty si zo mňa uťahuješ** you are pulling my leg
utorok, -rka; -rky, -rkov *M* Tuesday
uvádzať, -am, -ajú *NP + Acc* to state

uviesť, uvediem, uvedú; *Past* uviedol *P + Acc* to state sth
územie, -ia; -ia, -í *N* territory
úzky narrow
uznanie, -ia; -ia, -í *N* recognition
už already, yet; **už to je** that's it; it is already done; **už tri dni** for three days already/now (*už is usually not placed at the end of the sentence or statement*)
užitočný useful
v/vo *+ Loc* at, in
väčší bigger
väčšinou mostly
vadiť, vadím, vadia *NP + Dat (Coll)* to matter, to be a matter of objection to sb
vagón, -u; -y, -ov *M* (train) car
Váh, -u *M* the Váh river
váhať, -am, -ajú *NP* to hesitate
vajíčko, -a; -a, vajíčok *N* egg
valuta, -y; -y, valút (*usually only Pl*) *F* hard currency; **za valuty** for hard currency
vám to/for you
vanilkový *Adj* pertaining to vanilla
varený *Adj* boiled; cooked
variť, -ím, -ia *NP + Acc* to boil; to cook
váš, vaša, vaše (*2nd Pers Pl or Fml 2nd Pers Sg Possessive Pronoun*) your(s)
váza, -y; -y, váz *F* vase
vážený *Adj* respected
včera yesterday
vďačný (*+ Dat + za + Acc*) obliged, thankful (to sb for sth)
vďaka, -y (*only Sg*) (*Coll*) *F* (*+ Dat + za + Acc*) thanks (to sb for sth)
vdova, -y; -y, vdov *F* widow
vdovec, -vca; -vci, -vcov *M* widower
vec, -i; -i, -í *M* thing; **to je jej vec** that is her matter/business
večer, -a; -y, -ov *M* evening
večera, -e; -e, -í *F* dinner, supper (evening meal); **na večeru** for dinner
večerať, -iam, -ajú *NP* to have dinner/supper
večierok, -rka; -rky, -rkov *M* party
veď as; (*Interj*) well
vedieť, viem, vedia; *Past* vedel *NP + Acc* to know; **vedieť po anglicky/slovensky** to (be able to) speak English/Slovak; **dajte mi vedieť** let me know
vegetarián, -a; -i, -ov *M* vegetarian
veľa a lot of, many, much
veľa šťastia (lots of) good luck
Veľká Británia *F* Great Britain
Veľká noc Easter
Veľkomoravská ríša Great Moravian Empire - a 9th century Slavonic empire whose main centers (Nitra and Devín) were on the territory of Slovakia
veľkonočný *Adj* pertaining to Easter
veľký big
veľmi very
veselý joyful
vchod, -u; -y, -ov *M* entrance; **pri vchode** at the entrance **viacej** (*a variant of viac*) *Adv* more
Vianoce, Vianoc *Pl* Christmas
vianočný *Adj* pertaining to Christmas
video, -a; -á, videí *N* VCR
videofilm, -u; -y, -ov *M* video (movie)
videotechnika, -y; -y, videotechník *F* video-technology, video technical equipment
vidlička, -y; -y, vidličiek *F* fork
viem (*1st Pers Sg of* vedieť) I know
viera, -y; -y, vier *F* creed, religion, faith
Vihorlat, -u *M* the Vihorlat (mountain)
víkend, -u; -y, -ov *M* weekend
vinič, -a; -e, -ov *M* vine
víno, -a; -a, vín *N* wine
vitaj/te(!) welcome (*2nd Pers Sg Infml/2nd Pers Pl*)

vízum, víza; víza, víz *N* visa
vkus, -u; -y, -ov (*usually only Sg*) *M* taste or preference (in fashion, etc.)
vlak, -u; -y, -ov *M* train; **vlakom** by train
vlas, -u; -y, -ov *M* hair
vlastne *Adv* actually, in fact
vlastný *Adj* one's own
vľavo *Adv* left, on the left; to the left
vlažný lukewarm
vnučka, -y; -y, vnučiek *F* granddaughter
vnuk, -a; vnuci, vnukov *M* grandson
vnútrozemský landlocked
voda, -y; -y, vôd *F* water
vodopád, -u; -y, -ov *M* waterfall
volám sa my name is
volať, -ám, -ajú *NP + Acc* to call
volať sa, -ám sa, -ajú sa *NP* to be called, to have some name
voľné miesto available seat
voľný available, free
von *Adv (direction)* outside
vopred in advance
vozík, -a; -y, -ov *M* shopping cart
vôbec at all
vpravo *Adv* right, on the right
vpredu *Adv* in the front
vreckový *Adj* pocket-size
vstávať, -am, -ajú *NP* to be getting up
všade everywhere
však? right? isn't it? ...
všetko everything, all; **všetko ostatné** everything else; **to je všetko** that's it, that's all
všetko dobré all the best; best wishes
všimnúť si, všimnem si, všimnú si; *Past* všimol/všimla si *P + Acc* to notice
vy you (*Pl or Fml Sg*)
výborný excellent
vybrať, vyberiem, vyberú *P + Acc* to take out, to draw
vybrať si, vyberiem si, vyberú si *P + Acc* to choose
vydať, -ám, -ajú *P + Acc* to publish
vydatá (*about a woman*) married
vydávanie, -ia (*only Sg*) *N* publishing
vydavateľstvo, -a; -á, vydavateľstiev *N* publishing house
vyhlásený *Adj* declared
vyhlásiť, -im, -ia *P + Acc* to declare
výhodný convenient
východ, -u *M* east; **na východe** on/in the east
východný *Adj* eastern, east
východoslovenský *Adj* East Slovak
vykať, -ám, -ajú *NP + Dat* to be on „vy" terms, to use the formal form of address
výlet, -u; -y, -ov *M* trip, excursion, outing; **na výlet** for a trip, for an excursion
vymiesiť, -im, -ia *P + Acc* to knead
vyprážaný *Adj* fried
vyprážať, -am, -ajú *NP + Acc* to fry (*usually after dipping subsequently in flour, eggs and breadcrumbs*)
vypredaný sold out
vypúšťať, -am, -ajú *NP + Acc* to be letting out, to be emitting
výraz, -u; -y, -ov *M* expression
vyrezávať, -am, -ajú *NP + Acc* to carve
výroba, -y; -y, výrob *F* production
výrobok, -bku; -bky, -bkov *M* product
vyskúšať, -am, -ajú *P + Acc* to try out, to test, to examine
vysoká škola university level school
Vysoké Tatry, Vysokých Tatier *Pl* the High Tatras
vysoko *Adv* high, at a great height
vysokoškolský *Adj* pertaining to university
vysoký *Adj* tall, high
vystupovať, -ujem, -ujú *NP* 1. to perform 2. to be getting off

výstava, -y; -y, výstav *F*   exhibition
vysvedčenie, -ia; -ia, -í *N*   grades, student record
vyše   more than, above
výška, -y; -y, výšok *F*   altitude
výtvarný *Adj*   pertaining to visual art(s)
významný   significant, outstanding
vzadu *Adv*   at the back
vzdelanie, -ia *(usually only Sg) N*   education
vzdelanosť, -ti *(only Sg) F*   level of education
vziať, vezmem, vezmú; *Past* vzal *P + Acc*   to take
vziať si, vezmem si, vezmú si; *Past* vzal si *P + Acc*   to take (for oneself)
vzniknúť, -ne *(no 1st or 2nd Pers Sg or Pl)*, -nú; *Past* vznikol *P*   to arise
vždy   always
WC [vécé] *(Nondecl) N*   toilet, restroom (ladies' room, men's room)
whisky *(Nondecl) F*   whisky
z   from
za   for
zábava, -y; -y, zábav *F*   enjoyment, fun
zabaviť sa, -ím sa, -ia sa *P*   to enjoy oneself, to have fun
zábavný   amusing, funny
zabezpečovať, -ujem, -ujú *NP + Acc*   to provide
zabudnúť, -dnem, -dnú; *Past* zabudol *P (+ na + Acc)*   to forget
začiatok, -tku; -tky, -tkov *M*   beginning; **od začiatku** from/since the beginning
zahraničie, -ia *(only Sg) N*   foreign country/countries; **v zahraničí** abroad
zahraničný   foreign
záhrada, -y; -y, záhrad *F*   garden
záchod, -u; -y, -ov *M (Coll)*   toilet
zajtra   tomorrow
zákazník, -a; -ci, -kov *M*   customer
základný *Adj*   basic
založiť, -ím, -ia *P + Acc*   to found, to establish
zameniť, -ím, -ia *P + Acc + za + Acc*   to exchange sth for sth
zamestnanie, -ia; -ia, -í *N*   employment
zamestnaný *Adj*   employed
zamestnávať, -am, -ajú *NP + Acc*   to be employing, to employ
zamestnávateľ, -a; -lia, -ľov *M*   employer
zámok, -mku; -mky, -mkov *M*   chateau
západ, -u *M*   west; **na západe**   on/in the west
západný *Adj*   western, west
zápas, -u; -y, -ov *M*   match, meet
zapísať, zapíšem, zapíšu *P + Acc*   to record in writing
zaplatiť, -ím, -ia *P (+ za + Acc)*   to pay (for)
zariadený *Adj*   furnished
zároveň   at the same time
záruka, -y; -y, záruk *F*   warranty
zas   again
zať, -a; -ovia, -ov *M*   son-in-law
zatiaľ   1. in the meanwhile, during that time   2. so far
zatvorený   closed
zatvoriť, -ím, -ia *P + Acc*   to shut, to close
záujem, -jmu; -jmy, -jmov *M (+ o + Acc)*   interest (in); **mať záujem o**   to be interested in, to have interest in
zaujímať, -am, -ajú *NP + Acc*   to be of interest to; to be interested in; **zaujíma ho architektúra**   he is interested in architecture
zaujímať sa, -am sa, -ajú sa *NP o + Acc*   to be interested in; **zaujíma sa o divadlo**   he is interested in theater
zaujímavý   interesting
zazvoniť, zazvoním, zazvonia *P*   to ring (the bell)
zážitok, -tku; -tky, -tkov *M*   experience
zbierka, -y; -y, -ok *F*   collection; **zbierka básní** collection of poems; **zbierka poviedok**   collection of short stories
zbohom   good-bye

zdravie, -ia *(only Sg) N*   health; **na zdravie** 1. to your health, cheers   2. God bless you *(to sb who is sneezing)*
zdravší   healthier
zdravý   healthy
zdvorilostný   polite, concerning politeness *(used only with inanimate nouns)*
zelenina, -y *(only Sg) F*   vegetables
zelený   green
zeler, -u; -y, -ov *M*   celery
zelovoc, -u; -e, -ov *M*   greengrocer's, produce store
Zem, -e *F*   Earth
zemeguľa, -e; -e, zemegúľ *F*   globe
zemetrasenie, -nia; -nia, -ní *N*   earthquake
zemiak, -a; -y, -ov *M*   potato
zemiaková kaša   potato purée
zemiaková placka, -y; -y, placiek *F*   potato pancake
zemiakové lupienky   potato chips
zemiakový *Adj*   pertaining to potatoes
zima, -y; -y, zím *F*   winter
zimný *Adj*   pertaining to winter
získať si, -am si, -ajú si *P + Acc*   to gain, to achieve
získavať, -am, -ajú *NP + Acc*   to be acquiring
zísť sa, zídem sa, zídu sa; *Past* zišiel sa *P*   to come in handy
zjednotený *Adj*   united, unified
zle   badly
zmeškať, zmeškám, zmeškajú *P + Acc*   to miss, to be late for; **nechcem ju zmeškať**   I do not want to miss it
zmrzlina, -y; -y, zmrzlín *F*   ice cream
známka, -y; -y, -ok *F*   postal stamp
známy   (well-)known
znečistený   polluted
znečistiť, -ím, -ia *P + Acc*   to pollute
znečisťovať, -ujem, -ujú *NP*   to be polluting
znížiť, -i, -ia *P + Acc*   to lower sth
zo   from *(used before z, s or a consonantal cluster)*
zo srdca *(in correspondence)*   cordially
zobrať, zoberiem, zoberú *P + Acc*   to take (along)
zomrieť, -iem, -ú; *Past* zomrel *P*   to die
zreštaurovaný   restored
zreštaurovať, -ujem, -ujú *P (+ Acc)*   to restore
zriedkakedy   rarely, seldom
zrkadlo, -a; -á, zrkadiel *N*   mirror
zrušený *Adj*   cancelled
zub, -a; -y, -ov *M*   tooth
zvedavý *(na + Acc)*   curious (about)
žalúdok, -dka; -dky, -dkov *M*   stomach
žáner, -nru; -nre, -nrov *M*   genre
že   that *(relative conjunction)*
želať, -ám, -ajú *NP + Dat + Acc*   to wish sb sth
želať si, -ám si, -ajú si *NP + Acc*   to wish, to desire
železničný *Adj* pertaining to railroad; **na železničnej stanici**   at a/the railway station
žena, -y; -y, žien *F*   woman; *(Infml)* wife
ženatý   *(about a man)* married
ženský *Adj*   female
žiačka, -y; -y, -čok *F*   pupil (female)
žiaden/žiadny, žiadna, žiadne   no, none, no one
žiadosť, -ti; -ti, -tí *F*   application
žiak, -a; žiaci, žiakov *M*   pupil (male)
žiť, žijem, žijú *NP*   to live
živočíšna výroba   livestock production
živočíšny *Adj*   pertaining to animals
život, -a; -y, -ov *M*   life
životné prostredie   (ecological) environment
životný *Adj*   pertaining to life
životopis, -u; -y, -ov *M*   biography
žltý   yellow
žltý melón   cantaloupe
žurnalistika, -y; -y, žurnalistík *F*   journalism

SLOVENSKO

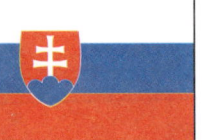

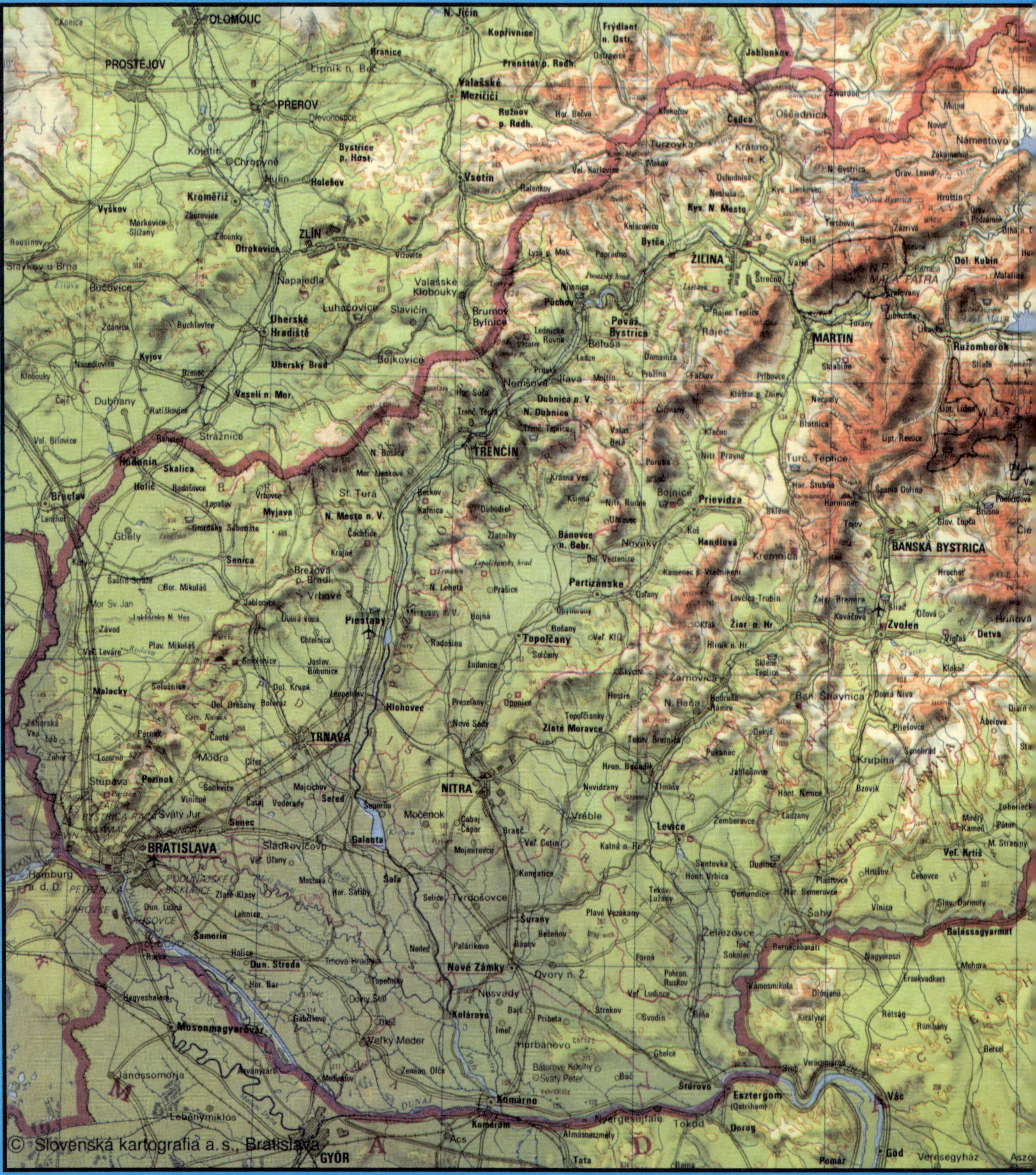
OLOMOUC
PROSTĚJOV
PŘEROV
Kroměříž
Vyškov
ZLÍN
Otrokovice
Uherské Hradiště
Uherský Brod
Veselí n. Mor.
Kyjov
Hodonín
Břeclav
Valašské Meziříčí
Vsetín
Frýdlant n. Ostr.
Jablunkov
Čadca
ŽILINA
MARTIN
Ružomberok
Dol. Kubín
Považ. Bystrica
Púchov
TRENČÍN
Dubnica n. V.
Prievidza
BANSKÁ BYSTRICA
Zvolen
Žiar n. Hr.
Partizánske
Topoľčany
Piešťany
Senica
Skalica
Myjava
Malacky
TRNAVA
Hlohovec
Sereď
NITRA
BRATISLAVA
Senec
Pezinok
Dun. Streda
Galanta
Šaľa
Nové Zámky
Komárno
Levice
Štúrovo
Šahy
Veľ. Krtíš
Krupina
Esztergom
Mosonmagyaróvár
GYŐR
Vác
Balassagyarmat
Gbely
Stupava
Modra
Zlaté Moravce
Kolárovo
Šurany
Vráble
© Slovenská kartografia a.s., Bratislava

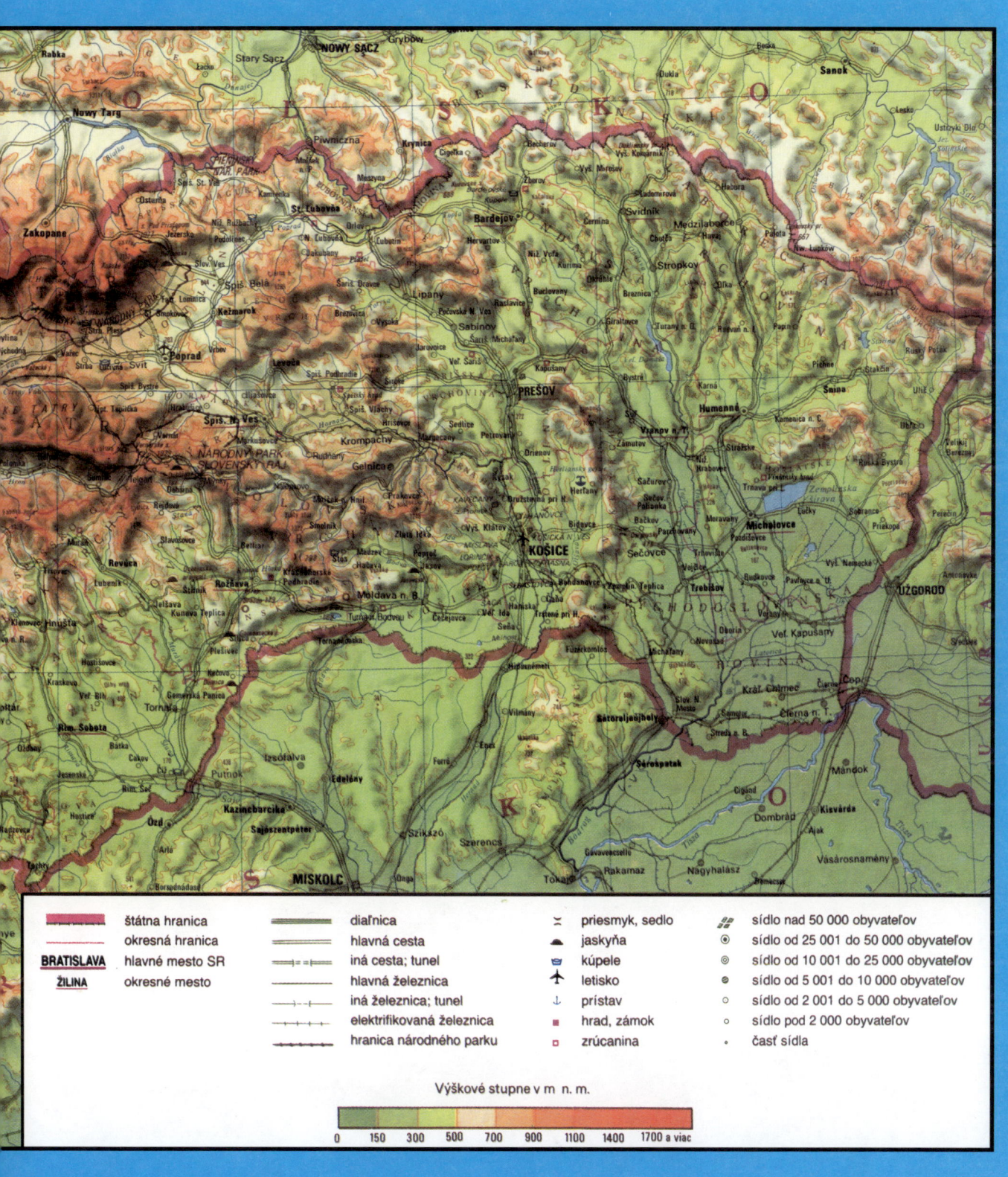